À Michael F[...]
qui s'est lancé courag[eusement]
dans une énorme [...] epuse
Avec mes vœux cordiaux
    André [Sauge?]

ÉTUDES RIMBALDIENNES
sous la direction de Didier Alexandre et Pierre Glaudes

5

Le Soleil et la Chair

Ce volume a été publié sous la direction de Didier Alexandre.

Antoine Fongaro

Le Soleil et la Chair

Lecture de quelques poésies
de Rimbaud

PARIS
ÉDITIONS CLASSIQUES GARNIER
2009

© 2009. Éditions Classiques Garnier, Paris.
Reproduction et traduction, même partielles, interdites.
Tous droits réservés pour tous les pays.

ISBN : 978-2-8124-0087-2

Après avoir enseigné à Rome puis à Florence, Antoine Fongaro a terminé sa carrière à la faculté de lettres de l'Université de Toulouse. Il a publié plusieurs articles et quelques ouvrages sur Baudelaire, Verlaine, Mallarmé, Rimbaud (*De la lettre à l'esprit*, Paris, 2004), Apollinaire (*Culture et sexualité dans la poésie d'Apollinaire*, Paris, 2008), Reverdy, Éluard, Breton.

ABRÉVIATIONS

REVUES

PS = *Parade Sauvage.*

RHLF = *Revue d'Histoire Littéraire de la France.*

RLMC = *Rivista di Letterature Moderne e Comparate.*

RSH = *Revue des Sciences Humaines.*

SF = *Studi Francesi.*

DICTIONNAIRES

Littré = Émile Littré, *Dictionnaire de la langue française*, Hachette, 1863-1869.

GDU = *Grand Dictionnaire Universel du XIXe siècle* de Pierre Larousse, 1866-1876.

TLF = *Trésor de la langue française – Dictionnaire de la langue du XIXe et du XXe siècle (1789-1960)*, Klincksieck-Gallimard, 1971-1994.

AVERTISSEMENT

Les textes de Rimbaud sont cités comme il les écrivait ; voir la reproduction des manuscrits dans le vol. Arthur Rimbaud, *Œuvres complètes*, t. 4, *Fac-similés*, p. p. Steve Murphy, Champion, 2002.

En particulier, à l'époque de Rimbaud la règle était de ne pas accentuer les capitales (même dans l'imprimerie). En outre, l'accentuation est parfois capricieuse chez Rimbaud : par exemple, il ne met jamais le circonflexe sur le *o* minuscule d'exclamation ; mais le circonflexe apparaît sur le *o*, quand le texte qui nous est parvenu est de la main de Verlaine, ou quand le texte a été imprimé dans *Une saison en enfer*.

AVANT-PROPOS

Le premier grand poème de Rimbaud est intitulé *Credo in unam*, quand il l'envoie à Banville le 24 mai 1870, mais le titre devient *Soleil et Chair*, quand il recopie ce texte pour Demeny en octobre 1870 : ce changement est significatif ; on passe d'une affirmation personnelle à une espèce de programme.

Le texte commence par deux vers solennels :

> Le Soleil, le foyer de tendresse et de vie,
> Verse l'amour brûlant à la terre ravie [...]

qui ouvrent un hymne à la vie de la nature. Ensuite, le poème passe à la célébration de l'amour, représenté idéalement par la « Divine mère / Aphrodité marine », et matérialisé dans le corps : « O splendeur de la chair ! ».

On a là, semble-t-il, les deux pôles qui aimantent toute la poésie rimbaldienne.

Visiblement, d'abord, elle est héliotropique. Elle dépend de l'évolution du soleil et elle suit la marche du soleil jusqu'au zénith de midi, elle s'affaiblit au crépuscule, comme on peut le voir dans *Le Bateau ivre*, *Bonne pensée du matin*, *Bannières de mai*, etc. Cet héliotropisme est indiqué en clair dans le poème en prose de Rimbaud le plus connu, *Aube* (*Illuminations*), texte qui mime la progression irrésistible du soleil jusqu'à son zénith, selon le mythe grec de Phoïbos, le brillant, poursuivant Daphné, la brûlante.

Elle est aussi orientée vers le pôle que constitue la notion de « chair », c'est-à-dire la sexualité. Dans *Soleil et Chair*, la sensualité de Rimbaud est dirigée vers la femme, selon une tradition séculaire. Mais Rimbaud s'est écarté très tôt de ce stéréotype ; il a raillé la femme (*Mes Petites amoureuses*, *Venus Anadyomène*, etc.). C'est qu'il a viré de bord. Mais alors il ne peut exprimer librement sa sexualité que dans l'*Album zutique*, recueil manuscrit de textes produits par un groupe privé. Dans le reste de son œuvre, il doit camoufler cette sexualité le plus soigneusement possible : non seulement la condamnation des *Fleurs du Mal* en 1857 rend les écrivains prudents, mais surtout l'homosexualité est, à cette époque, un crime sévèrement puni par la loi.

André Breton, qui connaissait en profondeur l'œuvre[1] et le génie de Rimbaud, avait vu tout cela et l'avait dit de façon elliptique et cryptée.

D'abord au dernier vers du poème *Dans la vallée du monde* (*Clair de terre*, 1923) :

> La mort la petite mort l'héliotropisme.

Ensuite, à la fin du premier chapitre de *L'Amour fou* (1937), dans une phrase où je substitue « la poésie » à « la beauté » :

> [La poésie] sera érotique voilée [...] ou ne sera pas.

---

[1] Ce n'est pas le lieu de relever tous les lambeaux du texte rimbaldien qui se trouvent dans le texte bretonnien.

DE QUELQUES VOCABLES

VESPRÉE

Pour *vesprée*, que Rimbaud emploie dans *Le Cœur supplicié*, Steve Murphy a mis la note suivante dans son ouvrage *Le Premier Rimbaud*[1] :

> À notre connaissance, aucun des commentateurs du poème n'a essayé d'expliquer la valeur contextuelle de ce mot. À l'époque, comme nous l'a signalé Françoise Rubellin, ce mot était un archaïsme, que Littré et le Larousse du XIXe siècle enregistrent en n'en donnant qu'une occurrence, celle d'un poème célèbre de Ronsard : « Mignonne, allons voir si la rose / Qui ce matin avait déclose / Sa robe de pourpre au soleil, / A point perdu cette vesprée / Les plis de sa robe pourprée, / Et son teint au vôtre pareil. » Il peut s'agir ainsi, par une espèce d'automatisme lexical, d'une allusion à la poésie lyrique contre laquelle Rimbaud établit sa vision d'une poétique nouvelle.

Il faut d'abord préciser que le mot *vesprée* n'apparaît pas dans Littré, et n'est enregistré que dans le tome 15 du *GDU*, qui date de 1876 ; ce dictionnaire est donc exclu, le manuscrit du *Cœur supplicié* figurant dans la lettre à Izambard du 13 mai 1871. Le mot n'apparaît pas non plus dans le *Dictionnaire universel* de Boiste (le plus souvent réédité des dictionnaires de la première moitié du XIXe siècle) ; il figure toutefois dans le *Dictionnaire national* de Bescherelle (2e éd. 1855), avec la citation des six premiers vers

---

[1] Steve Murphy, *Le Premier Rimbaud*, CNRS et Presses Universitaires de Lyon, 1990, p. 306, n. 24.

du poème de Ronsard. Mais il est difficile d'imaginer le jeune Rimbaud passant son temps à lire les dictionnaires de A jusqu'à Z. Il vaut mieux chercher dans une autre direction; en particulier, du côté des lectures de Rimbaud[1].

J. Bienvenu[2] pense que Rimbaud a pris directement le terme *vesprée* chez Ronsard. S'il est indiscutable que le fameux poème de Ronsard (on l'apprenait encore par cœur dans les classes, de mon temps) explique la survie du mot *vesprée* dans la langue poétique, cela n'implique pas que Rimbaud remonte à Ronsard en l'employant; exactement comme l'emploi du syntagme *Vierge folle* n'implique pas la remontée jusqu'à l'Évangile : la signification du syntagme avait totalement changé à l'époque de Rimbaud[3].

Si Rimbaud emploie *vesprée*, c'est qu'il a rencontré ce mot chez les poètes contemporains qu'il lisait : il dénonce une mode. *Vesprée* figure, et à la rime, d'abord chez Musset (honni, mais exploité par lui), au vers 33 des *Stances* dans les *Premières poésies* :

> Que j'aime à voir dans les vesprées
> Empourprées[4] [...].

Ensuite, et surtout, chez Verlaine, au v. 11 de *La Chanson des ingénues* dans les *Poëmes saturniens* :

> Et rions et babillons
> Des aubes jusqu'aux vesprées [...].

Si ces exemples de l'emploi du mot *vesprée* chez deux poètes, dont les textes étaient connus de Rimbaud, me viennent à l'es-

---

1 *TLF*, s.v. *vesprée*, renvoie à *vêprée*, où il signale la présence de cette forme dans *Ahasvérus* (1833 – 3ᵉ journée, p. 247) de Quinet : « À la vêprée, sous la lune luisante ». Mais Rimbaud avait-il lu ce livre ?
2 Jacques Bienvenu, « Le Cœur du poète », *PS*, 14, mai 1997, p. 43-54 ; spécialement p. 48-52.
3 Voir le ch. « Matthieu ? Non ! Michelet », aux p. 35-45 du vol. *Matériaux pour lire Rimbaud*, PUM, Toulouse, 1990.
4 Musset a la coquetterie de reprendre la rime de Ronsard.

prit[1], combien d'autres exemples pourraient citer des chercheurs «spécialistes» chez Gautier, Banville et la myriade de poètes aujourd'hui oubliés qui fabriquaient des «fêtes galantes» entre 1835 et 1865.

En tout cas, S. Murphy a bien vu que *vesprée* est une allusion à la poésie des «vignettes pérennelles» contre laquelle Rimbaud élabore une poétique nouvelle (voir le passage de la lettre à Demeny du 10 juin 1871, où Rimbaud insère *Le Cœur du pitre*). C'est une allusion directe à la poésie mièvre de Musset et de Verlaine. On ne peut même pas exclure que le remplacement de «à la vesprée» par «au gouvernail», dans la version *Le Cœur volé* écrite de la main de Verlaine, ait été suggéré ou demandé par celui-ci. Rimbaud, d'ailleurs, ne perdra jamais une occasion de se moquer de la poésie de Verlaine, bien qu'il ait qualifié celui-ci de «voyant» et de «vrai poète», dans la lettre du 15 mai 1871.

D'un point de vue général, il faut admettre que la notion d'archaïsme est complexe. Il me semble que l'archaïcité (si je puis dire) intrinsèque d'un mot ne correspond pas automatiquement à un archaïsme dans l'emploi qu'en fait un écrivain; si le mot est à la mode ou constitue un poncif à l'époque de cet emploi, il ne s'agit plus d'un archaïsme, mais plutôt d'un... néologisme.

POUPE ET *ABRACADABRANTESQUES*

J. Bienvenu (*loc. cit.*) propose de voir dans le mot *poupe*, au premier vers du *Cœur supplicié* (et des deux autres versions du poème), un archaïsme signifiant «mamelle, sein de femme». Mais cette hypothèse se heurte à une double difficulté.

---

1 Que *vesprée* ait été un mot à la mode en poésie au milieu du XIXe siècle, c'est ce que semble prouver un autre petit fait vrai. Dans son poème *Sainte Cécile jouant sur l'aile d'un chérubin* (première version de *Sainte*), envoyé à Madame Cécile Brunet (marraine de la fille du poète), en décembre 1865, Mallarmé a écrit au vers 8 : «Jadis à vesprée et complie», et il a modifié ce vers en : «Jadis selon vêpre et complie».

Une difficulté d'ordre grammatical, d'abord. J. Bienvenu passe du singulier au pluriel. Le mot *poupe* au singulier ne peut pas désigner «les seins» au pluriel, contrairement à ce qu'il écrit (p. 52, l. 17). Le mot désigne «la mamelle», au singulier, comme l'indiquent les dictionnaires (même ceux que cite J. Bienvenu), et le texte anonyme de 1617, allégué par J. Bienvenu (p. 52), fait bien la différence entre «un petit tétin rondelet», au singulier, et «ces poupes et tétasses à la périgourdine», au pluriel. Rimbaud lui-même établit une distinction très nette entre le singulier et le pluriel quand il évoque la poitrine de la femme; par exemple, dans les vers de *Mes Petites amoureuses* que cite justement J. Bienvenu; voici le singulier :

> Pouah! mes salives desséchées
>   Roux laideron
> Infectent encor les tranchées
>   De ton sein rond!

et voici le pluriel :

> O mes petites amoureuses
>   Que je vous hais!
> Plaquez de fouffes douloureuses
>   Vos tétons laids!

Et dans *Les Sœurs de charité* (texte allégué encore par J. Bienvenu), Rimbaud parle des «seins splendidement formés» (v. 16) et de «porteuse de mamelles» (v. 19), avec l'emploi correct du pluriel.

Dans ces conditions, il faudrait supposer qu'au premier vers du *Cœur supplicié* (et des deux autres versions) le «triste cœur» du poète «bave» à[1] un seul tétin ou téton (à une seule mamelle), puisque le mot «poupe» au singulier n'a pas le sens du collectif «le sein» (qui désigne l'ensemble de la poitrine de la femme, et même de l'homme), et encore moins du pluriel «les seins» (pour avoir ce dernier sens, il devrait être, lui aussi, au pluriel).

---

1 Je passe sur la difficulté grammaticale que présenterait ce *à* si *poupe* signifiait mamelle. Tandis que «bave à la poupe» est grammaticalement normal : on se trouve à la poupe ou à la proue, à bâbord ou à tribord d'un bateau.

Mais l'hypothèse de J. Bienvenu se heurte à une autre difficulté, plus importante, qui est d'ordre contextuel.

Le sens banal du mot *poupe* (= arrière d'un bateau) est appelé par le texte. Certes, il n'y a pas beaucoup d'indications maritimes dans les deux premières versions du poème : *Le Cœur supplicié* et *Le Cœur du pitre*. Mais la remarque d'Antoine Adam : « Il est à observer que dans les deux états du texte les plus anciens, rien n'indique qu'il s'agisse d'un bateau[1] » est inacceptable. D'abord, A. Adam semble oublier le mot *poupe*, justement, dont le premier sens, pour un lecteur normal, est « arrière d'un bateau ». Ensuite, il semble exiger que le poème ait uniquement une valeur descriptive réaliste, concrète ; c'est faire fi du langage métaphorique et allusif de la poésie.

Car il y a le vers 13, dont la portée, l'importance sont soulignées par l'adjectif étonnant et démesuré qui le remplit presque tout entier, et qui semble bien être un hapax dans la langue : « O flots abracadabrantesques [...] ».

Il est impossible que le lecteur ne soit pas frappé par ce vers singulier (comme par l'étrange vers qui le précède : « Ithyphalliques et pioupiesques »). Les « flots » sont donc là, impérieusement présents, imposés par le texte. Et il ne serait pas normal de négliger cet adjectif, déjà remarquable par son suffixe. « Abracadabrantesques » n'a rien à voir ici avec abracadabra et la cabale, comme ont prétendu certains[2], qui n'ont pas vu que cet augmentatif dérive d'*abracadabrant*, terme forgé, me semble-t-il, par Gautier[3] avec le sens de « très surprenant, stupéfiant, extraordinaire ».

---

1 Voir Rimbaud, *Œuvres complètes*, Bibliothèque de la Pléiade, 1972, p. 891, n. 8.
2 Cette explication subsiste encore dans maintes éditions des *Œuvres* de Rimbaud.
3 Georges Matoré, *Le Vocabulaire et la société sous Louis-Philippe* (Genève, Droz ; Lille, Giard, 1951), cite (p. 318) la phrase « [...] nous allons examiner [...] les vers abracadabrants du poème *la Magdelaine* [...] » dans l'article « Le Père Pierre de Saint-Louis », 1834 (repris dans le vol. *Les Grotesques* en 1844). Le *GDU* fournit (vol. I, 1866) une autre citation de Gautier, mais sans aucune référence : « *Coquecigrue*... tel est le titre d'une gentille pièce... c'est une spirituelle paysannerie qui ne demandait pas un titre si pantagruélique et si abracadabrant », et la fait suivre de trois autres citations d'auteurs divers. Le *TLF* donne une citation de Nerval, dans *La Pandora* (1855) : « Là, je demandai un pot de vin nouveau, que je mélangeai d'un pot de vin vieux ; et

A. Adam (et d'autres…) ne s'est pas demandé pourquoi Rimbaud qualifiait d'« abracadabrantesques » les « flots » qui apparaissent dans son poème, et au beau milieu, puisque les vers

> Ithyphalliques et pioupiesques.
> O flots abracadabrantesques [...]

occupent les places 12 et 13 d'un poème de 24 vers (il y a 11 vers avant eux et 11 vers après eux) : c'est bien le cœur du poème. Ces flots sont abracadabrantesques pour le lecteur inattentif ou hâtif. Pourtant Rimbaud a la gentillesse de tendre la perche (comme on dit) au lecteur qui risque de se noyer : il avertit que les flots en question, si surprenants, si stupéfiants, doivent être considérés, justement, comme surprenants et stupéfiants ; et qu'il ne faut donc pas les prendre seulement à la lettre (en limitant la portée du texte poétique à sa seule valeur énonciative, réaliste, concrète, comme fait A. Adam), mais leur donner une valeur poétique. Je crois que c'est à cette valeur de son texte que fait allusion Rimbaud, quand il écrit à Georges Izambard, le 13 mai 1871, avant de citer *Le Cœur supplicié* :

> Je vous donne ceci : est-ce de la satire, comme vous diriez ? Est-ce de la poésie ? C'est de la fantaisie, toujours.

« Fantaisie », voilà la mot essentiel ; c'est le mot noble qui correspond à « abracadabrantesques », pour dire que les « flots » relèvent de la « fantaisie », entendue au sens de la liberté de la création poétique, comme le sonnet *Ma Bohême* a pour sous-titre *Fantaisie*[1].

---

j'écrivis à la déesse une lettre de quatre pages d'un style abracadabrant » ; et une autre citation de Gautier (*Diogène*, 15 décembre 1860) : « ces phrases… forment ensemble l'amalgame le plus abracadabrant ». Le mot *abracadabrant* est donc courant vers 1870. Il n'est pas sans intérêt de noter que le *GDU* enregistre *abracadabresque*, « moins usité », dit-il, qu'*abracadabrant*, et cite un exemple de Gautier (toujours sans aucune référence) : « Une foule d'ombres abracadabresques et chinoises ». *Abracadabresque* est formé sur « abracadabra » ; *abracadabrantesque* sur « abracadabrant ». Au total, il est permis de se demander si Rimbaud a vraiment « créé » l'adjectif « abracadabrantesque ».

1 Dans *Le Premier Rimbaud* (cité n. 1), S. Murphy consacre une partie à la « Figure du pitre : *Le Cœur volé* » (p. 269-316) ; je renvoie au ch. 9 (« Fonctions et disfonctionnements du lecteur ») et au ch. 10 (« Du réel et des tropes ») de cette partie.

On pourrait chercher s'il s'agit d'hypallage ou de métaphore. Ce qui est sûr, c'est que poétiquement les flots stupéfiants baignent tout le poème (ou tout le poème baigne en eux), l'imprègnent (l'infusent, dirait Rimbaud), et donnent, en quelque sorte, une teinte générale, un ton dominant, à l'ensemble du texte. Il y a ainsi un effet rétroactif sur le premier vers, interdisant d'interpréter *poupe* au sens de «mamelle».

Ce n'est pas tout. Il n'est pas possible de ne pas tenir compte, pour comprendre le sens du texte, de la version intitulée *Le Cœur volé*, qui est de la main de Verlaine, à moins de supposer que ce dernier a, de son chef, manipulé le texte (hypothèse hardie ; mais sait-on jamais avec Verlaine?).

Or cette dernière version souligne la métaphore maritime qui court au long du poème : au vers 11, «à la vesprée» est remplacé par «au gouvernail»; et au vers 14, «qu'il soit sauvé» est remplacé par «qu'il soit lavé[1]». Il n'y a plus aucun doute, le poète transpose l'épisode vécu en aventure maritime : poupe, gouvernail, flots, lavé. Transpose, car il ne s'agit pas de détails réalistes. Un lecteur normal est tout de même capable de jouer sur deux tableaux en lisant un texte. Jouer sur deux ou plusieurs tableaux, c'est la définition du texte poétique (ce qui ne l'empêche pas de n'avoir qu'un seul sens). Ainsi il est impossible de voir dans *poupe* un archaïsme signifiant «mamelle» dans le texte du *Cœur volé*; et rétroactivement, de nouveau, la chose est impossible pour les deux premières versions.

Dès lors, «Mon triste cœur bave à la poupe» renvoie à l'expression banale «avoir mal au cœur», c'est-à-dire avoir la nausée ; ce qui est, physiologiquement, un des effets du mal de mer; et ce qui désigne, moralement, toute réaction de dégoût profond devant un spectacle, une expérience repoussants (ici encore le poète joue sur deux tableaux) : interprétation confirmée par le vers 21 : «J'aurai des sursauts stomachiques».

---

1 Comparer le cinquième quatrain du *Bateau ivre* : «Plus douce qu'aux enfants la chair des pommes sûres / L'eau verte pénétra ma coque de sapin / Et des taches de vins bleus et des vomissures / Me lava, dispersant gouvernail et grappin.»

Il y aurait à dire sur le sens du vers : « Mon triste cœur bave à la poupe ». D'après J. Bienvenu, il « traduit à la fois un aveu et un regret ; il exprime l'incapacité du poète, à ce moment-là – et semble-t-il pour toujours – d'aimer une femme » (p. 52, l. 24 et 25) : c'est là une interprétation très libre. Si l'on pense au sens de « baver » et à l'autre sens possible de « cœur » chez Rimbaud, alors la signification banale de *poupe* comme « arrière du bateau » serait dans le droit fil de l'homosexualité de Rimbaud. Homosexualité que J. Bienvenu signale à la fin de son article (p. 53), où il cite le « vice » dont parle *Une saison en enfer* et continue : « Or, dans les brouillons de la *Saison*, Rimbaud avait évoqué à propos de ce vice son "cœur infirme", expression proche du *cœur supplicié* et qui ne laisse pas de doute, à mon sens, sur la nature du vice ». J'ajoute que Verlaine semble bien proposer l'interprétation obscène dans le sens de l'homosexualité, quand il parodie ce vers dans le cinquième des *Vieux Coppées* : « Mon pauvre cœur bave à la quoi ! bave à la merde ! ».

ALME ET *PANADIF*

Il ne saurait être question d'envisager ici l'ensemble des problèmes des archaïsmes chez Rimbaud ; il faut se limiter à indiquer et baliser quelques pistes.

Il faut commencer par éliminer les faux archaïsmes.

C'est le cas pour *vesprée*, on l'a vu. C'est encore le cas pour *alme*, par exemple, au vers 31 des *Sœurs de charité* : « la science aux bras almes », emploi étrange pour le moins : comment des « bras » peuvent-ils être « almes » ?

Il est inutile de remonter à Rabelais (en classe de seconde nous nous amusions à répéter la réponse de l'écolier limousin : « de l'alme, inclyte et célèbre académie que l'on vocite Lutèce », au chapitre 6 du premier livre de *Pantagruel*[1]) ou à Ronsard. Le *GDU* observe (en 1866) : « Ce mot a été rajeuni de nos jours par la plume énergique de M. Proudhon : L'alme nature ne fait jamais de mal[2] à ceux qui lui appartiennent ».

Mais il n'est même pas besoin de supposer que Rimbaud avait lu Proudhon (qui, lui, emploie correctement l'adjectif « alme »), parce qu'il est indiscutable qu'il avait rencontré l'adjectif *alme* chez Verlaine, et employé d'une façon aussi « abracadabrantesque » que chez lui. D'abord dans l'extraordinaire vers 17 du *Prologue* des *Poëmes saturniens* : « Une connexité grandiosement alme » où il faut espérer que Verlaine plaisante avec cette « connexité » (et « grandiosement alme » par-dessus le marché). Puis au vers 17, tout aussi surprenant, d'*À Clymène* dans *Les Fêtes galantes* : « sur d'almes cadences ». C'est Verlaine qui a appris à Rimbaud à employer « alme » n'importe comment[3].

Dès lors, comme il serait erroné de voir un archaïsme dans l'emploi que fait Rimbaud de l'adjectif *alme*, il serait erroné d'y voir un latinisme. Chez les classiques latins (que, certes, Rimbaud avait lus), *almus* a toujours le sens de « nourricier, bienfaisant, bon » (*cf.* Horace, *Odes*, III, 4, v. 42, pour les Camènes). Et même dans les chants de la primitive Église (que Rimbaud avait probablement chantés) l'adjectif *alme* est correctement rapporté à *mater* : « Alma Redemptoris mater [...] », « Ave maris stella / Dei mater alma [...] ».

---

1   Le *GDU* donne une autre citation de Rabelais : « le dernier embrasement de l'alme et grande terre », mais sans référence (comme d'habitude).
2   Faut-il voir un jeu paronomastique alme / mal ?
3   Il y a, chez Verlaine, d'autres exemples de l'emploi plus ou moins fumiste de l'adjectif *alme*. Citons, dans le récit en vers *La Grâce*, les vers 64-65 : « [...] La loi / Des âmes, je te dis, c'est l'alme indifférence / Pour la félicité comme pour la souffrance [...] », parce que ce poème, publié en 1884 (*Jadis et Naguère*), est certainement une œuvre de jeunesse. Et le vers 12 du poème *À la Princesse Roukhine* (le premier de la section *Filles* dans *Parallèlement*, 1889) : « L'alme, la dive toison d'or », parce qu'il fait penser à Rabelais non seulement à cause d'*alme* (voir plus haut), mais aussi à cause de *dive*. Il y a encore dans la quatorzième des *Chansons pour elle* (1891) : « Nappe d'autel pour l'alme messe » (il s'agit de la chemise).

Allons vite pour *panadif* qualifiant Musset, voué aux gémonies dans la lettre à Demeny du 15 mai 1871. Ici l'autorité d'Étiemble semble avoir entraîné les commentateurs. Étiemble voit dans « panadif » un dérivé du verbe « se panader », en usage au XVIe siècle et encore au XVIIe siècle, au sens de « se pavaner ». Mais le suffixe *-if* fait difficulté : avec un verbe d'action le suffixe désignant l'agent de cette action est en général *-eur* ou *-ier* (armateur, chercheur, promeneur... bombardier, chapelier, officier...) ; le suffixe *-if* marque une espèce de passivité (habitude, disposition) par rapport au mot radical (un enfant maladif est un enfant qui est souvent malade). L'explication que proposait Jules Mouquet est de loin préférable. D'abord pour la dérivation : « panadif » dérive de panade comme craintif dérive de crainte, et un « panadif » est celui qui se nourrit de panade. Mais surtout pour le sens : la raillerie y gagne en violence et en vulgarité (et donc en rimbaldicité) : Musset est un bouffeur de bouillie, c'est-à-dire un être sans nerfs, sans vigueur. Or Littré enregistre bien cet emploi péjoratif de « panade » comme adjectif ou comme nom : « Fig. et populairement. Qui est sans énergie, sans consistance. Il est joliment panade. C'est une panade ». Le *GDU* dit de son côté : « Adjectif. Pop. qui a un caractère mou. Il est un peu panade (Balzac) ». Cet emploi de « panade » comme adjectif facilite la dérivation en *-if* : panade donne « panadif », comme malade donne maladif.

VIBREMENT ET *BOMBINENT*

Il faut, ensuite, se garder de faire automatiquement de Rimbaud le « créateur » des mots rares qu'on rencontre dans ses textes.

Ici l'exemple emblématique est fourni par la note d'A. Adam au vers 9 de *Voyelles* : « *Vibrement* est un mot créé sur le verbe *vibrer*[1] ».

---

1 *Op. cit.*, p. 902, n. 5.

Parbleu ! Mais créé par qui ? Certainement pas par Rimbaud (comme pourrait le croire un lecteur d'A. Adam), puisqu'on rencontre ce mot quarante ans avant lui, dans *Sonnet I* des *Premières Poésies* (1830) de Gautier, au vers 9 : « Alors les vibrements de la cloche qui tinte [...] », et encore dans le récit *La Cafetière* (1831) toujours de Gautier (il est repris dans les *Contes humoristiques*) :

> La pendule sonne onze heures, le vibrement du dernier coup retentit longtemps.

Mais, rendu prudent par l'exemple d'A. Adam, je me garderai d'affirmer que Gautier a « créé » ce mot[1].

Le cas est analogue pour la forme verbale « bombinent », qui apparaît au vers 18 des *Mains de Jeanne-Marie* :

> Mains chasseresses des diptères
> Dont bombinent les bleuisons [...]

et revient au vers 4 de *Voyelles* :

> A, noir corset velu des mouches éclatantes
> Qui bombinent autour des puanteurs cruelles.

On a signalé depuis longtemps[2] la forme latine *bombinans* au chapitre 7 du premier livre de *Pantagruel* où est la liste des « beaux livres de la librairie de Sainct Victor », parmi lesquels on trouve :

---

1 On voit (une fois de plus) le caractère aléatoire de la lexicologie. Le terme *vibrement* ne figure ni dans Littré, ni dans le *GDU*. Le *TLF* enregistre ce terme, et le date de « 1831, Gautier, *La Cafetière* » ; il semble que l'auteur de cette « entrée » ait vu dans l'ouvrage de G. Matoré (cité ci-dessus, note 10) le renvoi à la p. 138 où figure la référence à *La Cafetière*, mais n'ait pas vu le renvoi à la p. 200, où est donnée la référence à : *Poésies* de 1830, I, 11 (dans l'éd. Jasinski des *Poésies complètes* de Gautier). Plus fantaisiste encore, le *Dictionnaire étymologique et historique du français* de Dubois, Mitterrand, Dauzat (Larousse, 1944) donne : « 1832, Matoré ».
2 Voir, par exemple, G. Pettenati, « Un "neologismo" di Rimbaud », *Paragone*, fév. 1969, p. 127-128. Mais, bien avant lui, Gengoux, dans *La Symbolique de Rimbaud* en 1947, dont il va être question un peu plus loin.

> *Quaestio subtilissima, Utrum Chimera in vacuo bombinans possit comedere secundas intentiones ? et fuit debatuta per decem hebdomadas in concilio Constantiensi.*

Il n'est pas extravagant de supposer que Rimbaud a pu jeter un coup d'œil dans l'œuvre de Rabelais[1]. Cependant, je suis allé voir les dictionnaires. Dans le *Dictionnaire de la langue française du XVIe siècle* de Huguet, au tome I, on lit :

> *Bombinant* (transcription de *bombinans*). Bourdonnant. Enfanter une chimère bombinante, dans la creuse vanité du cerveau de nos maîtres de Sorbonne. Ph. de Marnix, *Differ. de la Religion*, I, IV, 5. – C'est une vraie chimère couvée et bombinante *in vacuo, Id., ibid.*, II, II, 9.

Il est évident que Rimbaud n'a pas lu les œuvres de Philippe de Marnix de Sainte-Aldegonde (qui, lui, avait bien lu Rabelais) ; là n'est pas la question. Comme il ne servirait pas à grand-chose d'arguer du fait qu'un lexicographe, si vaillant qu'il soit, ne saurait relever toutes les occurrences d'un mot, pour alléguer qu'il y a certainement d'autres exemples de «bombiner» au XVIe siècle, – et aussi dans les siècles suivants.

Parmi les occurrences de *bombinans* venant après le texte de Rabelais, il en est au moins une qui ne peut pas ne pas attirer l'attention des rimbaldicoles (pour parler comme maître Alcofribas). Dans le *Dictionnaire philosophique, s.v. Athéisme,* Voltaire reprend le titre latin fourni par Rabelais :

---

[1] On a le témoignage de Delahaye, dans le vol. *Delahaye témoin de Rimbaud* (À la Baconnière, 1974) : p. 106 «Le petit bois de sapins qui descend le long du Boisenval nous abrita tous deux pour des lectures et notes copieuses dans Rabelais», p. 114 «Il faut savoir que Rimbaud venait de savourer très avidement, très profondément le Gargantua puis le Pantagruel». Et celui de G. Izambard, dans *Rimbaud tel que je l'ai connu* (Mercure de France, 1963) p. 151 «C'est qu'il m'avait envoyé récemment "Un hydrolat lacrimal", pièce sans titre, qui devint *Mes petites amoureuses.* Je ne lui cachai pas que je la jugeais déplaisante. Est-ce là tout ce que vous rapportez de la lecture de Rabelais?». On retrouvera Rabelais, plus loin, à propos d'«éclanches». Et il ne faut pas oublier Riflandouille, dans *Un cœur sous une soutane.*

C'était un pauvre prêtre napolitain, prédicateur et théologien de son métier, disputeur à outrance sur les quiddités et sur les universaux, et *utrum chimera bombinans in vacuo possit comedere secundas intentiones.*

Il n'est pas impossible que celui qui, paraît-il, écrivait : «Merde à Dieu» sur les bancs publics de Charleville, soit allé lire le *Dictionnaire philosophique*, et spécialement l'article *Athéisme*.
En outre, il existe chez Voltaire une variante de «bombinans». La lettre au marquis d'Argenson, du 15 avril [1744], commence ainsi dans l'édition Moland des *Œuvres complètes* de Voltaire :

> *Vanitas vanitatum*, et metaphysica *vanitas*. C'est ce que j'ai toujours pensé, monsieur; et toute métaphysique ressemble assez à la coquecigrue de Rabelais bombillant ou bombinant dans le vide[1].

Mais l'édition Besterman de la *Correspondance de Voltaire*[2], et l'édition de la Pléiade[3], par le même Besterman, donnent :

> *Vanitas vanitatum et metaphysica vanitas*. C'est ce que j'ai toujours pensé, monsieur; et toute métaphysique ressemble assez à la coxigrue de Rabelais, bombilant dans le vide.

De fait, c'est la forme *bombilo, -are*, qu'enregistrent les dictionnaires latins, la forme *bombino, -are* étant une variante[4].

---

1 *Œuvres Complètes* de Voltaire, Garnier, en 52 vol., 1877-1889, au vol. XXXVI, qui est le tome IV de la *Correspondance*, publié en 1880. À partir de cette citation, A. Adam, à propos du terme *bombillent* qui figure au v. 4 de *Voyelles* dans *Les Poètes maudits* en 1884, observe : «Il ne faudrait pas prétendre que le mot est une erreur» (*op. cit.*, p. 902, n. 2).
2 Institut et Musée Voltaire, Les Délices, Genève ; au vol. XIII, 1955, p. 209.
3 Au tome II, 1965, p. 754.
4 Il y a aussi la variante *bombico, -are*. Et Huguet (*op. cit.*, t. I, 1928) enregistre : «*Bombiser*. – Aucuns n'ont soing ni occupation autre que de bourdonner ou bombiser jour et nuict en la Ruche avec un horrifique bruit. Ph. de Marnix, *Ruche de mouches à miel*, ch. 3 (IV, 209).» Le jeune Arthur aurait-il trouvé le verbe «bombiner», en même temps que le «noir corset velu», dans un livre «instructif» sur les insectes ? Il transforme en tout cas les «mouches à miel» en mouches à merde, aux vers 3 et 4 de *Voyelles*.

En tout cas, le titre intégral fourni par Rabelais revient une autre fois au moins sous la plume de Voltaire dans ses *Lettres à S.A. Mgr le Prince de ***** sur Rabelais et sur d'autres accusés d'avoir mal parlé de la religion chrétienne*[1]. Dans la *Lettre première sur François Rabelais,* Voltaire déclare : « On ne s'est jamais tant moqué de tous nos livres de théologie que dans le catalogue des livres que trouva Pantagruel dans la bibliothèque de Saint-Victor », et il transcrit une liste de titres, parmi lesquels :

> *utrum chimaera in vacuo bombinans possit comedere secundas intentiones : debatuta per decem hebdomadas in concilio Constantiensi.*

Il est clair que Rimbaud n'avait pas lu ces textes. Cependant la répétition chez Voltaire du titre rabelaisien où figure *bombinans* a pu répandre la connaissance de ce titre dans les milieux cultivés du XVIIIe siècle, à moins qu'inversement elle n'atteste la diffusion de cette connaissance. Si le phénomène a continué au XIXe siècle, Rimbaud a pu rencontrer *bombinans* ou « bombinent » au cours de ses lectures « sauvages ». Or il existe au moins trois indices de la chose, pour si faibles qu'ils soient.

Jacques Gengoux, dans *La Symbolique de Rimbaud* (La Colombe, p. 69) en 1947, citait l'apostrophe d'Éliphas Levi à Rabelais, dans *Le Grand Arcane* (ch. XIII) :

> O Rabelais, mon maître, toi seul peux apporter la panacée qui convient à toute cette démence : un éclat de rire démesuré. Dis-nous : « utrum chimaera in vacuo bombinans possit comedere intentiones secundas ».

Et J. Gengoux ne remontait pas à Rabelais, parce qu'il était convaincu que Rimbaud avait lu Éliphas Levi.

Il n'est pas non plus sans intérêt que le chapitre 7 de *Pantagruel* ait été publié, à part, en 1862 par Paul Lacroix (le bibliophile Jacob) :

---

1 Dans l'éd. de Kehl des *Œuvres* de Voltaire, tome 47, p. 325-412. Dans le vol. *Mélanges*, Pléiade, 1961, p. 1163-1223 (la citation est à la p. 1166).

> *Catalogue de la bibliothèque de l'abbaye de Saint-Victor au XVIe siècle* rédigé par François Rabelais, commenté par le bibliophile Jacob, et suivi d'un *Essai sur les bibliothèques imaginaires* par Gustave Brunet – Paris, J. Techner, 1862, in -8°, XVI – 407 p.

Mais le bibliophile Jacob traduit *bombinans* par «bourdonnant».

Enfin, dans leur *Journal*, à la date du 2 août 1858[1], les Goncourt font allusion à «l'ironie à la Michel-Ange» du critique Paul Saint-Victor

> comparant Janin et son œuvre à la Chimère de Rabelais «bombicynant dans le vide, *chimera bombicynans in vagum*».

L'étrange forme *bombicynans* (où semble entrer le bombyx, papillon du ver à soie) et l'erreur de l'accusatif *in vagum*, sans compter la transformation de *vacuo* en *vagum*, atteste que les Goncourt (ignoraient-ils le latin ?) rapportent de mémoire une citation qu'ils ont mal entendue, mais qu'ils ont vraiment ouïe[2].

Il ne semble pas inutile de rappeler que le verbe *bombiler* figure dans le *Complément du dictionnaire de l'Académie Française* 1842, dans le *Dictionnaire national* de Bescherelle 1845, et dans le *GDU* (au tome II, 1867). Il n'y a pas loin de *bombiner* à *bombiler*, et la forme «bombinent», au moment où Rimbaud l'emploie, n'était certainement pas aussi extraordinaire ou étrange qu'elle ne paraît aujourd'hui.

---

1 Éd. Charpentier, 1887, I, p. 249.
2 André Gide a cité (sans rien y changer) ce passage du *Journal* des Goncourt parmi les «mots exquis» qu'il y a trouvés, dans son propre *Journal* à la date du 10 juillet 1889 (voir *Journal*, Pléiade, t. I, p. 75, 1997). Et Gide a repris l'étrange «bombicyne» dans sa lettre à Henri de Régnier à la fin d'août 1893, où il écrit, à propos de Camille Mauclair : «Il bombicyne un peu, mais en beaux termes» (voir André Gide-Henri de Régnier, *Correspondance, 1891-1911*, AAAG-PUL, 1997, p. 98).

ÉCLANCHES

Dans sa communication au colloque du 13 au 15 septembre 2002, intitulée « Lexique rimbaldien[1] », Maria-Luisa Premuda Perosa s'en tient sagement aux *éclanches*, aux *becs de canne* et aux *autels de Salomon*. Encore plus prudent qu'elle, je me limiterai ici au seul mot « éclanches », et je ne rappellerai pas tout ce qui a été écrit sur ce mot[2]. M.-L. Premuda Perosa apporte deux citations qui prouveraient que derrière le mot « éclanches » il y a une allusion aux mains. L'une tirée de *La Fille Elisa* (1877) : « [...] Le carcan m'a rudement mené, disait-il en promenant une main comme une éclanche de mouton, sur la croupe de la bête [...] ». L'autre dans *Vingt ans après* (1845) : « Ah ! le poignet est encore bon, je vous jure, dit Porthos en étendant une main pareille à une épaule de mouton ». Elle écrit que Rimbaud « ne pouvait qu'être fasciné » par « ce rapprochement haut en couleur et quelque peu grand-guignolesque entre un morceau de boucherie et des mains énormes, inélégantes, d'une coupe grossière » ; et elle constate les « limites évidentes d'une exégèse uniquement fondée sur l'analyse des éléments linguistiques du texte – analyse qui avait amené à exclure d'une façon nette tout rapprochement entre *éclanches* et *mains* ».

Laissons de côté l'arbitraire qui consiste à décider ce qui pouvait « fasciner » Rimbaud dans ses lectures. Il faut avant tout être sûr que celui-ci a lu les textes proposés. Or il est évident qu'il n'a pas pu lire *La Fille Élisa* avant d'écrire *Mes Petites amoureuses* ; et il est plus que douteux qu'il ait perdu son temps à lire *Vingt ans après*, où, de toute façon, le mot « éclanches » n'apparaît pas dans le passage cité par M.-L. Premuda Perosa.

---

1 *PS, Colloque n° 4*, 2004, p. 135-144. Le passage qui intéresse ici est aux p. 135-138.
2 M.-L. Perosa donne plusieurs références, *loc. cit.*, notes 2 et 7.

On pourrait, d'ailleurs, trouver des exemples de la comparaison entre une main puissante et une éclanche dans des textes antérieurs aux textes de Rimbaud. C'est ainsi qu'on lit au début de *Partie carrée* de Gautier, roman publié en 1851 : « il étendit sa large main coupée en éclanche de mouton d'un air de menace railleuse[1] ». Mais le problème n'est pas là ; l'essentiel est de voir qu'une comparaison est la négation d'une identité : si la main est comme une éclanche, c'est que l'éclanche n'est pas la main. Dans *Mes Petites amoureuses*, le mot *éclanches* n'est pas utilisé comme comparant, c'est donc le sens premier du mot *éclanches* qu'il faut préciser. Il existe des textes, connus de Rimbaud, qui permettent d'avancer dans cette voie.

Il y a d'abord Rabelais, dont Rimbaud avait certainement parcouru l'œuvre[2]. Le terme revient à deux reprises dans le *Quart livre*.

Au chapitre VII, *Continuation du marché entre Panurge et Dindenault*, Dindenault vante son mouton :

> Et quand vous aurais-je [...] dignement loué les membres internes, l'espaule, les esclanges, les gigotz, le haut cousté, la poictrine, le faye, la ratelle, les trippes, la guogue, la vessie [...].

Au chapitre LIX, *De la ridicule statue appelée Manduce, et comment, et quelles choses sacrifient les Gastrolatres à leur dieu Ventripotent*, on peut lire dans la liste des offrandes :

> Esclanches à l'aillade
> [...]
> Espaules de mouton aux capres
> Poictrine de veau [...].

Déjà il ne saurait y avoir de doute : les *éclanches* sont une pièce de boucherie tirée du mouton. Mais Rabelais n'est pas très précis : dans le passage du chapitre VII, il place les « esclanges »

---
1 Voir Gautier, *Romans, contes et nouvelles*, Pléiade, II, 2002, p. 8.
2 On a vu plus haut (n. 19) les témoignages attestant que Rimbaud a lu Rabelais.

entre « l'espaule » et « les gigotz », et l'on voit ce que ce mot peut désigner ; dans le passage du chapitre LIX, les « Esclanches » semblent distinguées des « Espaules[1] ».

Une confusion analogue règne chez les lexicographes. On trouvera un relevé de nombreuses citations tirées des dictionnaires depuis Richelet jusqu'à Littré et au *GDU* dans l'article de Pierre Délot, « *Mes Petites amoureuses*. Notes critiques[2] ».

Heureusement, il y a les textes de poètes que Rimbaud avait lus, sans aucun doute.

En *Post scriptum* de son article déjà cité, P. Délot dit que S. Murphy lui a signalé le poème de Banville *Pièces Féeries* (*Nouvelles Odes Funambulesques*, 1869), où on lit :

> [...] Je vois les dos connus
> De cinquante ingénues [...]
> Bien que leur bouche rie
> On pense voir ces chairs mortes que le boucher
> Vend à la boucherie. [...]
> Vous fuyez, muses blanches,
> Vers l'invincible azur, en voyant ces amas,
> De poitrines, d'éclanches [...].

Dans ces vers, le mot *éclanches* est employé dans le même contexte (le corps des « petites amoureuses ») et avec la même ironie que dans *Mes Petites amoureuses*.

Et il est sûr que Rimbaud avait lu les poésies de l'exécré Musset[3]. Voici donc un passage du poème *Le Voyage à Pontchartrain* (1843)

---

1. Rabelais est plus précis quand il fait en II, 6 baragouiner en latin de cuisine l'écolier limousin. Celui-ci dit qu'il mange « belles spatules vervecines, perforaminées de pétrosil » ; « spatule » est vraiment du latin de cuisine, puisqu'il vient de l'ouvrage de Caelius Apicius, intitulé *De re coquinaria*, où il signifie : omoplate d'un animal. On peut regretter que Rabelais n'ait pas employé à cet endroit le terme *éclanches*. Rimbaud a-t-il lu ce passage de Rabelais ? A-t-il vu la traduction du mot « spatules » par omoplates ? Il reste qu'au vers 33 de *Mes Petites amoureuses* il a écrit : « Vos omoplates se déboîtent ».
2. *PS*, 5, juillet 1988, p. 38-49 ; pour *éclanches*, voir les p. 44-45.
3. Pour faire bref, je ne relèverai pas ici tout ce qui a été écrit sur la dette de Rimbaud envers Musset.

qui figure dans les *Poésies posthumes* (1860) ; le mot « éclanche » y a le sens d'épaule de mouton, et même préparée pour être mangée :

> Mais, déjà, sur la nappe blanche,
> L'éclanche
> Fumait, écrasant de son poids
> Des pois.
>
> Et, couvrant d'un vin délectable
> La table,
> Une jeune enfant, douce à voir,
> L'œil noir,
>
> Le front baissé sous sa cornette
> Fort nette,
> Faisait frou frou de son jupon
> Fripon.

Texte où l'on voit apparaître non seulement les « éclanches » mais encore les « pois » (si embarrassants à la première strophe d'« Entends comme brame »), et la « cornette » (qui est portée par « une jeune enfant » et non par une religieuse[1]), et même « frou frou » (qui passera aux étoiles dans *Ma Bohême*) ; et, après tout, cette « jeune enfant, douce à voir » pourrait faire partie des « petites amoureuses » ou des « malines ».

Décidément, il faudrait réussir à lire ce que Rimbaud avait *vraiment* lu.

---

1 On sait que « sa cornette » a fait prendre par les commentateurs « ma sœur Louise Vanaen », dans *Dévotion*, pour une religieuse, malgré la présence de « ma » et du nom de famille. *Cf.* « Double lecture de *Dévotion* », dans le vol. *De la lettre à l'esprit*, Champion, 2004, p. 391.

LATINISMES

Il reste les *latinismes* que Rimbaud, selon divers commentateurs, aurait « créés ».

Je commence une petite liste, qui ne prétend pas être exhaustive, par *pubescences* (*Les Poètes de sept ans*, v. 53 ; *Ce qu'on dit au Poète à propos de fleurs*, v. 118) : ce terme, Dieu merci ! figure dans les dictionnaires ; il est donc correctement glosé, en général ; et nul ne dit que Rimbaud l'a « créé ».

Viennent ensuite, au hasard du souvenir :

- *pérennelles* (lettre à Demeny du juin 1871) ;
- *gemmeuses* (*Ce qu'on dit au Poète à propos de fleurs*, v. 128) ;
- *virides* (*Voyelles*, v. 9 ; et, au singulier, au vers 4 d'« Entends comme brame ») ;
- *lactescent* (*Le Bateau ivre*, v. 22).

En lexicographie, ces termes présentent un trait commun : quand il arrive que l'un ou plusieurs soient enregistrés dans tel dictionnaire ou tel autre, ils sont toujours référés à l'histoire naturelle et, plus précisément, à la botanique. À commencer par *pubescence*, pour lequel il faudrait citer des dizaines de dictionnaires. C'est aussi le cas pour *pérennel*, à propos duquel le *TLF* fournit l'exemple : « floraison pérennelle » au sens de « qui dure toute l'année » ; et, à ce point, on peut se demander si Rimbaud ne s'est pas amusé à écrire « les vignettes pérennelles » en jouant sur l'étymon de « vignettes ». C'est le cas pour *gemmeux*, qui, comme le verbe gemmer et les dérivés gemmifère, gemmipare, vient du latin *gemma* = bourgeon. Même chose pour *viride*[1], que

---

1 Littré, qui n'enregistre pas *viride*, enregistre *viridité* : « état ou qualité de ce qui est vert. La viridité des huîtres de Marennes, *Correspondant*, 25 mars 1869, p. 1059 ». Mystères de la lexicographie.

Rimbaud utilise littéralement pour « la rame / Viride du pois » dans « Entends comme brame », et applique aux « mers » au vers 9 de *Voyelles*, ce qui n'a rien de surprenant puisque l'eau de la mer est dite « verte » au vers 18 du *Bateau ivre*[1]. Et aussi pour *lactescent*, « qui se dit des plantes qui renferment un suc laiteux » (selon Littré, le *GDU*, etc.) et que Rimbaud transpose au « Poème de la mer » (*Le Bateau ivre*) parce que celui-ci est « infusé d'astres » et que les astres sont « lactés » (*L'homme juste*, v. 5) : « [...] bourdonner les flueurs / D'astres lactés »), à cause de la Voie lactée, bien sûr.

On pense alors au poème *Ce qu'on dit au Poète à propos de fleurs*, où Rimbaud demande au poète :

> Ne peux-tu pas, ne dois-tu pas
> Connaître un peu la botanique ? (v. 63-64)

et lui conseille à la fin, s'il veut composer « des poèmes pleins de mystère » :

> [...] rachète
> Des Tomes de Monsieur Figuier
> – Illustrés ! – chez Monsieur Hachette !

Je suggérerais donc que les latinismes qu'aurait « créés » Rimbaud devraient être cherchés (sans oublier que le latin est la langue des « spécialistes ») dans les tomes des *Tableaux de la Nature* de Figuier, et en particulier dans celui qui a pour titre : *Histoire des plantes*. Il ne faudrait pas prendre pour « création » ce qui est (au sens large du terme) « érudition » de raccroc.

---

1 Je ne sais si l'on a étudié les couleurs dans le texte rimbaldien. En tout cas, il semble bien que Rimbaud fasse un emploi élastique de l'adjectif *vert* : la nuit est « verte », par exemple, dans *Le Bateau ivre* (v. 37) ; et Rimbaud arrive à écrire « les azurs verts » dans le même poème (v. 23).

DE QUELQUES SYNTAGMES

ON SENT UN GOÛT

Au quatrième paragraphe de son article «Régionalismes rimbaldiens?», dans *Parade sauvage*, 5 (juillet 1988, p. 20-27), Jean-Pierre Chambon relève (p. 24-25) les exemples où, dans l'ensemble de l'œuvre de Rimbaud (surtout dans *Un cœur sous une soutane*), le mot «goût» a le sens d'«odeur»; il n'est pas utile de les citer ici. Après avoir rappelé que ce sens est «largement répandu dans l'est de la France», J.-P. Chambon ajoute : «Notons toutefois que Littré ("par abus"), l'Académie ("quelquefois") et Lar 1872 ("populaire") enregistrent aussi cette signification». Je suppose que c'est la raison pour laquelle J.-P. Chambon a, sagement, affecté du point d'interrogation le titre de son article.

Sans intervenir dans le domaine linguistique, j'utiliserai une méthode qui souvent donne des résultats : aller voir les textes que l'écrivain au sujet duquel il y a un problème avait sûrement lus avant d'écrire son propre texte.

Dans le cas de Rimbaud, on pense tout de suite à Verlaine. Dans les *Poëmes saturniens*, publiés en 1866, le bref poème *Un Dahlia* devait avoir retenu l'attention du jeune poète par sa structure : quatre tercets aux rimes toutes masculines, à la disposition originale, abb, acc, dde, ffe. Or il avait pu y lire, aux vers 4-5 : «autour de toi ne flotte aucun / Arôme», et aux vers 7-8 :

> Tu ne sens même pas ce goût qu'au moins
> Exhalent celles-là qui vont fanant les foins [...]

où les verbes « tu ne sens même pas » et « exhalent » ne laissent aucun doute sur la signification de « senteur », « odeur », que prend le mot « goût » à cet endroit.

Mais ce n'est peut-être que reculer le problème : la famille de Verlaine, du côté paternel comme du côté maternel, est de la région du nord-est (Ardennes belges et Pas-de-Calais). Il faudrait donc voir chez Banville, chez Glatigny, chez Mendès, entre autres, qui étaient la pâture de Verlaine, et que le jeune Rimbaud lisait, lui aussi.

Voici, en tout cas, au hasard des lectures, un exemple tiré d'un texte que Rimbaud n'avait pas lu (mais sait-on jamais, avec le philomathe...), mais qui semble n'avoir aucun rapport avec les régionalismes de l'est de la France : il relèverait plutôt du parler populaire parisien, puisqu'il se trouve dans un « proverbe-comédie-parade » de Dorvigny[1], qui eut un énorme succès à Paris en 1779. Dans *Janot ou Les battus paient l'amende*, à la scène 6, Janot reçoit un pot de chambre « sur le corps » ; à la scène suivante, il se heurte à son ami Dodinet ; celui-ci, reniflant la mauvaise odeur, déclare à Janot, qui ne la perçoit pas : « Si fait, je te dis : ça sent un goût[2]... »

Note conjointe

Le mot « goût » revient dans le premier et le dernier des fragments contenus dans le feuillet 12 du manuscrit des *Illuminations* :

- Un goût de cendre vole dans l'air [...]
- Avivant un agréable goût d'encre de Chine une poudre noire pleut doucement sur ma veillée[3].

---

1 Dorvigny était fils de Louis XV ; il s'appelait Louis Archambault, du nom de sa mère : rien n'indique que celle-ci fût originaire des régions de l'est de la France. Il n'y a pas un seul mot sur le langage dans l'ar. de Marcel Astruc, « Dorvigny et le langage populaire au XVIIIe siècle », *Vie et langage*, avril 1966, p. 208-212.
2 Voir *Théâtre du XVIIIe siècle*, Pléiade, II, 1974, p. 981.
3 En épigraphe à la troisième des *Ariettes oubliées*, dans *Romances sans paroles*, Verlaine a mis : « Il pleut doucement sur la ville. Arthur Rimbaud. » Cet octosyllabe ne figure nulle part dans l'œuvre de Rimbaud. Si l'on suppose que Verlaine, en prison lors de la mise au net de son recueil, cite de mémoire, en mettant « ville » pour

Dans ces passages, ne pas tenir compte du sens olfactif du mot « goût » risque de produire des gloses arbitraires. C'est ainsi que dans l'édition Garnier des *Œuvres* de Rimbaud (1961) figure au bout de la deuxième phrase citée la note suivante (c'est la note 5) : « Ici c'est la sensation du goût qui est associée à une sensation visuelle (*noire* et *encre de Chine*). L'ombre de la nuit favorise les visions ». C'est oublier l'adjectif « agréable » qui qualifie le « goût » d'encre de Chine. Je peux garantir, à partir de mes souvenirs d'enfance, que la saveur (le goût, au sens gustatif) de l'encre (de Chine ou autre) est le contraire d'« agréable ». À l'inverse, l'odeur de l'encre de Chine est agréable. Dès lors, il n'y a ici aucune fusion des sensations, théorie chère à Suzanne Bernard.

De même, dans la première phrase citée (pas de note dans l'édition Garnier), la sensation gustative de la « cendre » serait abominable, tandis que l'odeur de la cendre n'a rien de répugnant. Le texte continue, d'ailleurs, avec une notation olfactive très réaliste et précise : « une odeur de bois suant dans l'âtre […] ».

Au total, la première phrase citée est normale, sauf la présence du verbe « voler », plus poétique, à la place du banal se répandre, habituellement employé pour les odeurs.

La deuxième phrase dit que l'odeur de l'encre de Chine est avivée par « une poudre noire » qui « pleut doucement sur ma veillée ». C'est cette « poudre noire » qu'il faudrait expliquer[1].

« veille », une phrase qu'il a lue dans un texte de Rimbaud, ou qu'il a entendu dire par celui-ci, il faudrait penser que « pleut doucement sur la veillée » est antérieur à juillet 1873. Mais il se peut qu'il s'agisse d'une citation faite par Rimbaud, comme « Prends-y garde, ô ma vie absente » qui vient de Marceline Desbordes-Valmore, comme l'a montré Olivier Bivort.

1 Il n'est pas impossible que Rimbaud, à partir du sens du mot « poudre » dans la langue classique (= poussière), joue sur l'expression familière « avoir du sable dans les yeux » (le marchand de sable est passé), pour dire que le sommeil le gagne.

TISONNANT SON CŒUR

Dans son édition commentée d'*Un cœur sous une soutane* (Musée-Bibliothèque Arthur Rimbaud, 1991), Steve Murphy, après avoir parlé du sens phallique du mot *cœur* chez Rimbaud, discute l'interprétation d'un critique qui « considère que l'utilisation de *cœur* n'est amusante que si les deux sens, cardiaque et phallique, sont simultanément retenus : dans *Le châtiment de Tartufe*, par exemple, le cœur tisonné ne serait pas drôle parce que le sens cardiaque ne saurait être présent » (p. 95). S. Murphy objecte très justement : « [...] la métaphore de tisonner les cendres de l'amour presque éteint est assez courante et Rimbaud ne fait que donner une version plus matérielle de l'image ».

Mais Rimbaud ne fait même pas cela, et S. Murphy aurait pu citer un passage du fameux poème de Hugo, *Oceano Nox* (*Les Rayons et les Ombres*), passage où les éditions scolaires signalent, bien sûr, une « alliance hardie » au dernier vers :

> Seules, durant ces nuits où l'orage est vainqueur
> Vos veuves aux fronts blancs, lasses de vous attendre,
> Parlent encor de vous en remuant la cendre
> De leur foyer et de leur cœur !

Ce rapprochement me paraît utile pour deux motifs.

D'abord, il confirme la présence du texte hugolien derrière le texte rimbaldien ; présence déjà indiquée par le mot *châtiment* dans le titre et au vers 9 du sonnet. Que Rimbaud ait lu les *Châtiments*, cela est confirmé non seulement par la lettre du 15 mai 1871 à Paul Demeny, mais encore par de nombreux échos dans les textes rimbaldiens antibonapartistes et autres de 1870 à 1872. Et il est vraisemblable qu'il connaissait *Oceano Nox*. Le recueil *Les Rayons et les Ombres* a été publié en 1840, la gloire de Hugo a été immense très tôt, le poème *Oceano Nox* est à la fois simple et moral, c'est-à-dire tout à fait approprié à la jeunesse, il est probable qu'il figurait déjà dans les anthologies scolaires avant 1870.

Ensuite, le rapprochement apporte quelque lumière sur le travail « créateur » de Rimbaud. Celui-ci trouve réalisé chez Hugo le passage de l'abstrait, « remuer les cendres d'un amour », au concret : « remuer les cendres du cœur » (ou au quasi concret, car le mot « cœur » est voisin du mot « amour »). Mais il existait aussi l'image « tisonner les cendres d'un amour » pour le ranimer, comme on tisonne les cendres pour raviver un feu. Rimbaud combine les deux éléments « matériels », « tisonner » et « cœur », séparés dans l'usage courant. Ce qui lui fournit une double allusion obscène : celle du cœur phallus et celle du tison[1].

PIALATS RONDS

On trouvera presque toutes les nombreuses explications qu'on a proposées jusqu'ici pour les « pialats ronds » au vers 6 de *Mes Petites amoureuses* dans l'article de Pierre Délot, « *Mes Petites amoureuses* Notes critiques », publié dans *Parade Sauvage*[2] de juillet 1988. Je m'en tiendrai au texte.

Il faut d'abord observer qu'il n'y a pas de ponctuation entre la première et la deuxième strophe du poème ; elles enjambent donc, malgré le tiret que Rimbaud a placé entre toutes les strophes du poème. Dès lors, le texte se lit ainsi : « Sous l'arbre tendronnier qui bave, / Vos caoutchoucs // Blancs de lunes particulières / Aux pialats ronds, / Entrechoquez vos genouillères, / Mes laiderons ! ».

---

1 Celle du tison est expliquée par S. Murphy à la p. 162 du vol. *Rimbaud et la ménagerie impériale*, Éd. du C.N.R.S. – PUL, 1991.
2 Aux p. 38-49. Voir pour *pialat* les p. 40-41 et les notes 11-24 (où la n. 14 occupe trois-quarts de page en petit caractère, avec une liste de diverses interprétations).

Syntaxiquement la phrase est simple : la proposition principale est
« Sous l'arbre […] Entrechoquez vos genouillères » ; et il suffit de
sous-entendre *étant* dans l'espèce d'ablatif absolu que constitue le
segment placé entre virgules : « Vos caoutchoucs (étant) // Blancs
de lunes particulières / Aux pialats ronds ».

Les « caoutchoucs » sont les imperméables (voir Littré) que portent les « laiderons », puisqu'il pleut, comme l'indiquent les deux
premiers vers du poème : « Un hydrolat lacrymal lave / Les cieux
vert-chou », où « hydrolat lacrymal » correspond terme à terme à
« eau larmoyante », c'est-à-dire des pleurs d'eau, l'assimilation de
la pluie à des pleurs étant un lieu commun poétique (*cf.* Verlaine :
« Il pleure dans mon cœur / Comme il pleut sur la ville »).

Ces « caoutchoucs » sont « Blancs de lunes particulières ». Sans
se lancer dans une dissertation sur la valeur de l'adjectif « particulier » chez Rimbaud, il suffit de dire que ces « lunes particulières »
ne sont pas dans le ciel, mais désignent les taches plus ou moins
blanchâtres qui se voient sur un vêtement de propreté douteuse.
Ces taches méritent le nom de « lunes » pour deux raisons : parce
qu'elles sont plus ou moins blanches et parce qu'elles sont plus
ou moins rondes. Rimbaud peut donc dire que ces « lunes particulières », qui sont blanches sur les imperméables, forment (valeur
de « aux ») des « pialats ronds ».

Le mot *pialat* semble un hapax, une création de Rimbaud (je dis
« semble », parce que, le nombre des chercheurs se multipliant, les
chances de trouver se multiplient). Il dériverait d'un verbe *pialer*
(plus ou moins régional) ayant le sens de *pleurer* : ce seraient donc
des larmes. En tout cas, son sens est clair : il s'agit des bavures
plus ou moins rondes (et plus ou moins blanches) que font les
taches sur les vêtements : ce sont des taches de saleté.

Mais pour qu'il y ait des taches de saleté sur les imperméables
il faut autre chose que la simple pluie. C'est ici qu'intervient le
complément circonstanciel : « Sous l'arbre tendronnier qui bave »,
que Rimbaud n'a certes pas mis là pour rien. À la lettre, ce qu'un
« arbre tendronnier », c'est-à-dire encore tendre au printemps (le

poème a été envoyé à Demeny le 15 mai 1871), «bave», c'est de la sève. Or il y a un sens obscène des mots *arbre, tendronnier, bave* et *sève*. Ce sens, «Alcide Bava» le connaît bien (voir les «larmes blanches», les «filaments de lait», etc.). Inutile d'expliciter : il suffit de transporter du règne végétal au règne animal[1].

Rimbaud «bave» ou crache de toutes les façons sur les imperméables souillés de saletés des «laiderons[2]».

Pour qui verrait ici un excès d'obscénité critique, il suffira de citer un passage du *Testament d'un blagueur* de Jules Vallès, texte publié en feuilleton dans *La Parodie* du 30 octobre au 12 décembre 1869, et que Rimbaud, après tout, aurait pu lire :

> C'est une malle recouverte d'une peau de cochon, mais une peau malade, chauve par places, avec des ronds blancs et obscènes. Elle fait horreur aux pudibonds et pitié aux bienveillants[3].

MAINS DE COUSINE

Dans le premier numéro de *Circeto* (oct. 1983, p. 48), J.-P. Chambon, constatant que personne n'avait expliqué le syntagme «mains de cousine» au vers 29 des *Mains de Jeanne-Marie*, suggérait que Rimbaud aurait «féminisé plaisamment» le mot *cousin* dont le *Dictionnaire de Trévoux* (1752-1771) dit qu'il signifie «ouvrier au service de la forge dans la métallurgie».

---

1 De ce point de vue, l'«hydrolat lacrymal» du premier vers se prête à toutes les équivoques.
2 La dernière strophe du poème reprend la deuxième. Cela provoque une modification de la phrase qui comprenait les deux derniers vers de la première strophe soudés à la deuxième. On a ainsi «Sous les lunes particulières / Aux pialats ronds, / Entrechoquez vos genouillères, / Mes laiderons!». Les «caoutchoucs» ont disparu, ainsi que le complément circonstanciel «Sous l'arbre tendronnier qui bave», et les «laiderons» sont directement «sous» les taches blanches et rondes de leurs imperméables.
3 Jules Vallès, *Œuvres*, Pléiade, I, 1975, p. 1120.

C. A. Hacket, dans le premier numéro de *Parade Sauvage* (oct. 1984, p. 87), pense que « cette hypothèse est tout à fait plausible », mais ajoute qu'il a trouvé dans le *Dictionnaire national* de Bescherelle (1871) l'indication : « On disait, au XIIe siècle, d'une fille peu sage, qu'elle était de nos cousines. On a ainsi donné ce nom aux courtisanes. Il va voir les cousines ». Et il conclut que, dans le contexte, le sens proposé par J.-P. Chambon ou le sens de courtisane semblent possibles.

À son tour, Albert Henry reprend la question dans le numéro 2 de *Parade Sauvage* (avril 1985, p. 42-43). Il écarte l'hypothèse de J.-P. Chambon : le témoignage du *Dictionnaire de Trévoux* étant unique et situé bien loin de Rimbaud dans le temps. Il rectifie, ensuite, l'indication du *Dictionnaire national* de Bescherelle, l'emploi de « cousine » au sens de fille de joie n'apparaît qu'en moyen français dans les *Cent nouvelles nouvelles* (1461), c'est encore loin de Rimbaud, mais ce sens est enregistré comme « vieux » dans le *Vocabulaire Wallon-français : dialecte givetois* de J. Waslet (Sedan, 1923). *Cousine* serait alors un régionalisme, comme *darne*, *fouffe*, etc.

Mais A. Henry n'a peut-être pas assez tenu compte de la mention qui figure dans le *TLF* et qu'il cite lui-même :

> Arg. péj. *Cousin, cousine* Sodomite. Syn. tante (Lar. XIXe s., France, 1907).

Il suffit, en effet, de se reporter *ad vocem* dans le *GDU* (dont le cinquième volume paraît en 1869), pour trouver, à la fin de l'article :

> s. f. Argot. Homme qui a pour d'autres des complaisances honteuses.

P. Larousse employait un langage pudique. Mais son dictionnaire (comme le *TLF*), s'il enregistre une acception qui devait être courante à l'époque de Rimbaud, reste un peu dans le vague des généralités. Ce sont les textes qui éclaireront le sens des mots.

Dans la quatrième partie de *Splendeurs et misères des courtisanes*, *La Dernière incarnation de Vautrin* (qui est de 1847), Balzac utilise l'argot de la pègre. Il parle, en particulier, de la *tante*, et en racontant une anecdote relative à Lord Durham (1792-1840), il explique que ce mot désigne «le troisième sexe». Au tome VI (1977) de *La Comédie Humaine*, dans la Bibliothèque de la Pléiade, P. Citron a mis au mot *tante* la note[1] :

> Vidocq, dans *Les Voleurs*, en 1837, est le premier à mentionner le mot dans l'acception que Balzac lui donne ici [...]. Moreau-Christophe (art. cité, p. 90-91) l'écrit également, en précisant qu'il désigne les homosexuels adultes : enfants, ce sont des *mômes*, ou des *gosselins*; adolescents, des *cousines*. Il s'agit des invertis efféminés, qui arrangent leurs cheveux en tire-bouchon, prennent des noms de femmes, lavent, cousent et raccommodent pour les autres. P. Joigneaux[2] [...] leur consacre aussi quelques lignes.

L'article auquel se réfère ici P. Citron a été publié par Moreau-Christophe, sous le titre *Les Détenus*, en 1840, dans le tome IV des *Français peints par eux-mêmes*.

Le diabolique Arthur, une fois de plus, se moque cruellement d'abord de son lecteur, qui ne peut comprendre ces «mains de cousine» s'il n'est pas initié aux rites du troisième sexe, mais aussi de lui-même, parfait «cousine», homosexuel adolescent : faut-il rappeler le «Mademoiselle Rimbaud au bras de Verlaine» de Lepelletier[3], et surtout la phrase de l'article de Banville dans *Le National* du 16 mai 1872 :

> M. Arthur Rimbaut [*sic*], un tout jeune homme, un enfant de l'âge de Chérubin, dont la jolie tête s'étonne sous une farouche broussaille de cheveux [...]

en renvoyant au «Chérubin» de *Parade*?

---
1 Il s'agit de la n. 1 de la p. 840; elle se trouve à la p. 1466.
2 P. Citron renvoie là au livre de P. Joigneaux, *Les Prisons de Paris*, 1839.
3 Sous la signature de Gaston Valentin (pseudonyme d'Edmond Lepelletier), à la «Chronique des théâtres», dans *Le Peuple souverain* du 16 nov. 1871, on lit : «Le poète saturnien, Paul Verlaine, donnait le bras à une charmante personne, Mlle Rimbaut [*sic*]».

Rimbaud n'a même pas eu à «féminiser» le mot *cousin* pour opposer les mains de ce féminin-masculin *cousine* (comme *tante*) aux «mains fortes» (etc.) de Jeanne-Marie. Et l'on voit, par ce seul détail, jusqu'où allait le calcul chez celui qu'on a voulu faire passer pour un «voyant» illuminé ! En tout cas, tant que les commentateurs ne tiendront pas compte de la composante sarcastique d'une part et de la référence «personnelle» de l'autre, chez Rimbaud, il se condamneront à manquer le sens du texte rimbaldien.

A. Henry concluait (*loc. cit.*, p. 43) : «Avec ce garçon il vaut mieux, parfois, se tourner vers la Wallonie plutôt que vers Paris». Je dirai : «Avec ce garçon, Chérubin-cousine, il vaut mieux se tourner vers les hommes».

LA STRIDEUR DES CLAIRONS

Il convient d'éliminer, tout d'abord, une erreur qui traîne encore çà et là[1] : le mot *strideur*, que Rimbaud emploie dans *L'Orgie parisienne* et dans *Voyelles*, n'est pas un néologisme qu'il aurait créé. Le mot est enregistré dans Littré, et les dictionnaires historiques le font remonter au XVIe siècle dans sa forme actuelle[2].

Il n'est pas sans intérêt, ensuite, d'observer, avec S. Bernard, que les deux fois où Rimbaud emploie le mot, il l'associe au *clairon*, et à «un clairon silencieux, dont la musique est latente, ou à venir[3]» :

---

1 Voir, par exemple, Anne-Marie Franck, « *Voyelles*, un adieu aux vers latins », *Poétique*, 60, nov. 1984, p. 411-422.
2 Et au XIIe siècle sous les formes «strendor», «straindor», «stridour». Huguet (*Dictionnaire de la langue française du XVIe siècle*), s.v. strideur, cite 6 exemples pour le sens de «bruit strident» et 2 exemples pour le sens de «grincement» chez les écrivains du XVIe siècle. Littré cite deux exemples de «strideur» chez Buffon (à propos des grillons et à propos des cygnes).
3 *Op. cit.*, p. 412, l. 1-3.

> Amasse des strideurs au cœur du clairon sourd
> (*L'Orgie parisienne*, v. 68)
> O, Suprême Clairon plein des strideurs étranges
> (*Voyelles*, v. 12).

J'ai, ailleurs[1], émis l'hypothèse que Rimbaud avait pu trouver *strideur* chez Hugo ; et pas seulement parce qu'il y a *tout* chez Hugo, mais bien parce que dans chacun des deux vers cités le « clairon » rimbaldien rappelle un clairon hugolien.

Pour le vers 68 de *L'Orgie parisienne*, le clairon apparaît au moment où Rimbaud appelle la montée de la révolte destructrice, il s'agit donc du clairon qui donnera le signal de l'anéantissement du Paris des riches, « ulcère puant », par les révoltés ; on peut dès lors penser aux trompettes de Jéricho, évoquées par Hugo dans le fameux poème des *Châtiments* qui commence par ce vers : « Sonnez, sonnez toujours, clairons de la pensée. »

Pour le vers 12 de *Voyelles*, il y a longtemps que J.-B. Barrère[2] a signalé que le « Suprême Clairon » évoque la trompette de l'Apocalypse qui convoquera les morts au Jugement dernier, et il citait le poème *La Trompette du Jugement*, dans la première série de *La Légende des siècles* (1859) :

> Je vis dans la nuée un clairon monstrueux.
> Et ce clairon semblait, au seuil profond des cieux,
> Calme, attendre le souffle immense de l'archange.

Mais il semble que le mot *strideur* n'ait jamais été employé par Hugo[3]. Ce fait, s'il est confirmé par les index et les tables de concordance qui ne manqueront pas de se multiplier, ne peut que rendre plus frappante la présence de l'expression « La strideur

---

1 Voir *SF*, 91, janv.-avril 1987, p. 145 b.
2 J.-B. Barrère, « En rêvant aux *Voyelles* », *RHLF*, janv.-mars 1956 (article repris dans le vol. *Le Regard d'Orphée*, Sedes, 1977).
3 Je dis « il semble », parce que mes recherches pour répérer ce mot dans le *corpus* hugolien sont demeurées vaines. Mais il n'est pas impossible que d'autres chercheurs (ou les machines) ne parviennent à trouver ce mot dans l'immense océan verbal de Hugo.

des clairons » dans le recueil *Feu et Flamme* (1833) de Philotée O'Neddy. On lit en effet, dans la section *Mosaïque*, au vers 53 du *Fragment premier*, intitulé *Spleen* :

> La strideur des clairons, l'arôme du carnage!

La rencontre, même si Rimbaud a mis le pluriel là où était le singulier chez O'Neddy et le singulier là où était le pluriel[1], est d'autant plus significative que la strophe où se trouve ce vers n'est pas sans rappeler un des mouvements de révolte désespérée de Rimbaud au début d'*Une saison en enfer* :

> Un cheval, un cheval!... et qu'à bride abattue
> Je tombe au plus épais de ces rangs où l'on tue!
> – Reçois, bruyant chaos, celui qui veut mourir...
> Oh! l'éclair des cimiers! le spasme du courage!
> La strideur des clairons, l'arôme du carnage!
> Quelle sublime fête à mon dernier soupir!

J'ajoute que ce poème d'O'Neddy se termine par le vers :

> – Et point d'amis encore! – Il te faut pleurer seul.

qui peut faire penser au mouvement « Que parlais-je de main amie! » à la fin d'*Adieu* qui termine *Une saison en enfer*.

Enfin, au début de l'avant-propos de son recueil, O'Neddy appelle les poètes : « travailleurs » et « ouvriers » de la « Babel artistique et morale ». Voilà qui fait penser à « ces Ouvriers charmants / Sujets d'un roi de Babylone » et aux « travailleurs » de *Bonne pensée du matin* et à *Ouvriers* dans *Illuminations*. Mais considérer les poètes comme des « ouvriers » est un poncif, vieux comme la civilisation occidentale (et que les Parnassiens reprendront) ; Rimbaud le ravive en donnant un sens très spécial à ces mots « ouvriers » et « travailleurs[2] ».

---

1 Mais O'Neddy a employé « strideur » au pluriel à la cinquième strophe de la *Nuit sixième* (*Succube*) : « J'eus le frisson, mes dents jetèrent des strideurs. »
2 Voir, plus loin, le ch. « De *Bonne pensée du matin* à "A quatre heures du matin" ».

On peut raisonnablement penser que Rimbaud, dans le sillage de Baudelaire[1], est allé lire les petits romantiques ; c'est chez eux que, par-delà Baudelaire, il a trouvé des modèles de littérature paroxystique.

RIMBAUD, LAUTRÉAMONT, ET LES RIDES VERTES DU FRONT

Les commentateurs achoppent sur «la paix des rides / Que l'alchimie imprime aux grands fronts studieux», dans le premier tercet de *Voyelles*, consacré à l'*u* déclaré «vert» dès le premier vers du sonnet, et effectivement les autres éléments du tercet relèvent de la couleur verte : «mers virides», «pâtis semés d'animaux». Inutile de rappeler les innombrables hypothèses sur cette couleur verte attribuée à «la paix des rides» des «fronts studieux» ; ceux que la chose intéresse les trouveront chez Étiemble.

Il me semble plus utile de signaler une étrange coïncidence. Vers la fin du premier quart du premier des *Chants de Maldoror*, celui qui dit «je» déclare : «Nul n'a vu les rides vertes de mon front». Voilà qui expliquerait pourquoi Rimbaud a pu mettre les «rides» des «fronts studieux» dans la voyelle *u*, qu'il fait verte[2]. Mais il faudrait être sûr que Rimbaud avait lu le premier des *Chants de Maldoror*. Chronologiquement la chose n'est pas impossible. Le texte de *Voyelles* date certainement du début de 1872 : la plaquette *Les Chants de Maldoror – Chant premier* a été publiée à Paris par l'imprimerie Balitout, Questroy et Cie en août 1868, et dès la première quinzaine de septembre un petit journal d'étudiants, *La Jeunesse*, en donnait un bref compte rendu. Il est permis de

---

1 Baudelaire, on le sait, a consacré une étude à Petrus Borel, par exemple.
2 Il va de soi que Rimbaud aurait pu, facilement, trouver autre chose pour remplir son vers, même si «rides», «alchimie» et «imprime» lui fournissaient abondance de *i*, sonorité dominante du tercet consacré à *u*, devenu i grec dès le mot «cycles».

penser que dans le milieu de l'album Zutique quelqu'un avait pu se procurer cette plaquette. Mais ce n'est qu'une hypothèse, dans l'état actuel des connaissances.

Cependant, même s'il était prouvé que Rimbaud a lu le premier des *Chants de Maldoror*, le problème ne serait que déplacé ; il faudrait expliquer pourquoi Ducasse a parlé de « rides vertes de mon front ». Essayons une autre voie.

Rimbaud emploie parfois l'adjectif « vert » de façon surprenante. Non pas dans « la nuit verte » du *Bateau ivre*, qui s'explique par les phosphorescences évoquées au dernier vers du quatrain (« Et l'éveil jaune et bleu des phosphores chanteurs ! ») ni même « la Muse verte » des *Sœurs de charité*, où A. Adam a raison de voir l'absinthe (inspiratrice des poètes au XIXe siècle, et spécialement de Verlaine), puisqu'on lit : « L'absinthe aux verts piliers » dans *Comédie de la soif*. Les choses sont un peu plus compliquées avec les « sourires verts » des « Dames des quartiers / Distingués » dans *Les Pauvres à l'Eglise* ; là, il semble qu'on ait affaire à la combinaison d'une hypallage, ces dames étant « malades du foie » leur teint verdâtre passe à leur sourire, avec une réfection plus colorée du cliché « rire jaune », dont l'adjectif est employé par Rimbaud pour « les doigts jaunes » de ces dames. C'est cette seconde opération que fait aussi Jules Vallès, un peu plus tard, dans *Le Bachelier*, au chapitre XXVII : « Je me fis une figure noire, un rire vert, des yeux jaunes » : ayant utilisé le jaune pour les yeux, il lui fallait renforcer la couleur du rire. La complication est au carré en quelque sorte avec « les lèvres vertes » à la fin de *Métropolitain* : à partir du sourire ou du rire « verts » on donne, par image, la couleur verte au support du rire ou du sourire : les lèvres[1].

---

1 Dans l'article « Pour l'exégèse d'*Illuminations* » (*SF*, 39, sept.-déc. 1969, repris dans le vol. *De la lettre à l'esprit*, 2004, Champion, p. 67, n. 5), je proposais en note un rapprochement avec *Poésies* d'Isidore Ducasse, publiées en 1870, où l'on trouve : « le canard du doute, aux lèvres de vermouth » ; un jeu de potache traduisant « vermouth » par : bouche (= mouth en anglais) verte.

Mais tout cela ne nous fait guère avancer pour l'explication des « rides » qui seraient vertes « aux grands fronts studieux ». Alors je propose de chercher si une variation vers le haut ou vers le bas ne donnerait pas quelque lumière. Une variation vers le haut serait ici difficile, puisque les vers de *Voyelles* parlent d'« alchimie », la forme la plus haute du savoir dans la mentalité romantique et populaire[1]. Mais il y a une variation vers le bas dans l'œuvre même de Rimbaud, car enfin ces « fronts studieux », s'ils déchoient, donnent les « assis ». Et justement l'adjectif « vert » revient deux fois dans le poème qui porte ce titre. On a dès les premiers vers : « les yeux cerclés de bagues / Vertes ». Le seul commentaire que je connaisse, celui de S. Bernard, dit :

> Rimbaud a donné à ses *assis* des teintes vertes (*cf.* plus loin « verts pianistes »), qui ne viennent pas, comme dans *Voyelles*, de la sérénité « que l'alchimie imprime aux grands fronts studieux », mais plutôt d'un excès de bile[2].

Passons sur la teinte verte produite par la sérénité... Il me semble que les « bagues vertes » qui cerclent les yeux des « assis » ne viennent pas d'un excès de bile. Il suffit d'observer que le texte des *Assis* est fortement obscène voilé : « leurs doigts boulus crispés à leurs fémurs[3] », « amours épileptiques », « sièges fécondés », « crachant des pollens en virgule », et surtout que le dernier vers est obscène sans aucun voile : « – Et leur membre s'agace à des barbes d'épis », pour comprendre qu'elles sont dues à l'épuisement

---

[1] Je subodore cependant quelque ricanement de Rimbaud : il place ces « fronts studieux » des alchimistes à côté « des pâtis semés d'animaux » ; pas très flatteurs ces animaux ; sans compter que les alchimistes et les animaux sont, les uns comme les autres, dans la « paix » (est-ce la même ?), et que la répétition de « paix » à côté de « pâtis » entraîne vers le verbe paître (*cf.* « pais mes agneaux, pais mes brebis »), pas très flatteur non plus. Le texte de Rimbaud étant plus homogène qu'on ne le dit en général, on retrouve l'association : animaux – paître – paix dans *Enfance IV* : « les bêtes pacifiques paissent ». On dirait que pour le sarcastique Alcide Bava la paix et les ruminants ne fassent qu'un. Cela viendrait-il de *La Vache* du père à tous ?
[2] *Op. cit.*, p. 386, n. 2.
[3] Pour faire bref je renvoie, à propos de « fémurs », à « Rimbaud, Chateaubriand, le fémur et la cuisse », dans le vol. *De la lettre à l'esprit, op. cit.*, p. 141-145.

procuré par ce que Rimbaud appelle « l'habitude » au dernier vers du *Vieux Coppée*, « L'Enfant qui ramassa les balles ». Il s'agit d'une notation récurrente chez Rimbaud. Dans *Un cœur sous une soutane*, des yeux de Timothina (« vierge au bol » qui « essuyai[t] [son] vase ») « courait un sillon bleuâtre jusqu'au milieu de sa joue » ; et dans *Les Poètes de sept ans* les seuls enfants familiers du poète en herbe ont un « œil déteignant sur la joue » (ce dernier syntagme a été le plus souvent commenté de façon bizarre[1]).

Plus intéressante est la seconde occurrence de l'adjectif « vert » dans *Les Assis* :

> Et les Assis, genoux aux dents, verts pianistes
> Les dix doigts sous leur siège aux rumeurs de tambour,
> S'écoutent clapoter des barcarolles tristes,
> Et leurs caboches vont dans des roulis d'amour.

Laissons de côté le tambourinage des dix doigts qui entraîne la tête des assis « dans des roulis d'amour », non sans observer que nous sommes bien dans l'atmosphère obscène voilée de l'ensemble du poème. Reste l'emploi de l'adjectif « vert » pour qualifier ces « pianistes » très « particuliers » (au sens rimbaldien de ce terme). Chez Rimbaud la couleur verte est la teinte où baignent aussi bien « les grands fronts studieux » des penseurs, que les grotesques « assis », leur caricature. Faut-il voir là quelque « vision inédite », quelque allusion cabalistique, quelque notion métaphysique, quelque formule sacrée réservée à l'illisibilité, etc. ? Sans craindre d'attirer sur moi la colère ou la pitié de tous ceux qui ne jurent que par la « voyance » ou la sublimité inaccessible du génie, je dirai que ce vert où baignent penseurs et « assis » est tout simplement la couleur de l'espèce de visière[2] que portaient ceux qui lisaient beaucoup au XIXe siècle, afin de protéger leurs yeux de la lumière trop violente des lampes,

---

1 Voir, par exemple, la note (n. 14) que met à cet endroit S. Bernard (*op. cit.*).
2 Au début du *Père Goriot* : « La vieille demoiselle Michonneau gardait sur ses yeux fatigués un crasseux abat-jour en taffetas vert, cerclé par du fil d'archal qui aurait effarouché l'ange de la Pitié ». Cette vieille chouette craint même la lumière du jour.

et je renvoie à Balzac ou à d'autres romanciers de cette époque[1]. Les «assis» sont bien munis de cet accessoire : «Quand l'austère sommeil a baissé leurs visières» (v. 37 ; quand ils s'endorment, leurs têtes s'inclinent sur leur poitrine et leurs visières s'abaissent).

FILS DU TRAVAIL

On rencontre dans deux textes de Rimbaud, voisins par la date où ils ont été écrits, mais différents par la matière qu'il traitent, un syntagme en apparence identique : «fils du travail».

Dans *Les Remembrances du vieillard idiot,* poème obscène, qui figure dan l'*Album zutique,* probablement en novembre 1871, d'après le relevé de l'ordre des poèmes dans l'album, on lit aux vers 8-9 :

> Ma mère qui montait au lit avec un bruit
> – Fils du travail pourtant, – [...].

Dans *Mémoire,* poème certainement antérieur au début de juillet 1872, date du départ de Paris de Rimbaud avec Verlaine, puisque le titre apparaît dans le brouillon de ce qui deviendra *Alchimie du Verbe,* et qui reprend avec des modifications le texte, qui lui est antérieur, de *Famille maudite,* mais sans aucun changement pour le passage qui nous intéresse, on lit aux vers 17-18 :

> Madame se tient trop debout dans la prairie
> prochaine où neigent les fils du travail ; [...].

---

[1] On utilisait aussi des lunettes à verres colorés, appelées «conserves». Quand ils lisent le soir, «Pour se garantir de la lampe, Bouvard avait des conserves bleues ; Pécuchet portait la visière de sa casquette inclinée sur le front» (*Bouvard et Pécuchet,* début du ch. v). Et il existait, bien entendu, des lunettes vertes. *Cf.* les mots que Baudelaire met dans la bouche d'Emma Bovary : «Ah! que ne suis-je *au moins* la femme d'un de ces savants chauves et voûtés, dont les yeux abrités de lunettes vertes sont toujours braqués sur les archives de la science» (article sur *Madame Bovary,* in *Œuvres complètes,* Pléiade, II, p. 83). Je signale aussi les obsédantes et inquiétantes lunettes bleues de la Claire Lenoir de Villiers.

La différence radicale du sens du syntagme «fils du travail» est évidente, selon le contexte où il est employé.

Dans *Les Remembrances du vieillard idiot*, aucun doute n'est possible : la mère dans son effort pour «monter au lit» (les lits de l'époque étaient hauts) émet un «bruit» (tout le monde sait de quoi il s'agit), qui est l'effet («fils de») dont la cause est le «travail», c'est-à-dire l'effort qu'il faut faire pour monter au lit et aussi la fatigue de la mère après son travail quotidien. Dans *Mémoire* : «les fils du travail» qui «neigent» «dans la prairie» sont les filaments (filandres) «secrétés par certaines jeunes araignées et qui assurent leur transport au gré du vent» (*Petit Larousse*) ; ce qu'on appelle «les fils de la Vierge».

C'est la prononciation qui distingue les deux sens : dans *Les Remembrances du vieillard idiot*, il faut prononcer **fis*; dans *Mémoire*, il faut prononcer **fil*.

Serait-il hasardeux de signaler d'autres correspondances singulières ? «Remembrances» est un synonyme de «mémoire», mais contenant le «membre» indispensable à l'atmosphère zutique (au verso de la page de l'*Album zutique* où figure *Les Remembrances du vieillard idiot*, Rimbaud a écrit le texte intitulé *Ressouvenir*). Dans *Mémoire*, «Madame» ou «Elle» désignent la mère des enfants, et, à coup sûr, la mère de Rimbaud (métaphorisée aussi par la rivière). Le «vieillard idiot» serait-il le «vieux» qui, «dans sa barque immobile», «peine» à draguer ? draguer quoi ? des souvenirs peut-être.

Note conjointe

Il y a dans l'œuvre de Rimbaud un autre exemple du pluriel de *fil*, où *fils* conserve l'articulation de *l* à la finale. Il s'agit du syntagme «fils d'harmonie», au premier paragraphe de *Soir historique* (*Illuminations*) :

> On a les saintes, les voiles, et les fils d'harmonie, et les chromatismes légendaires, sur le couchant.

Là, le mot *fil* est employé dans le domaine acoustique. Ce n'est pas la portée du syntagme qui fait difficulté : et il est dépréciatif dans la phrase où il se trouve, comme est dépréciatif tout le paragraphe où se trouve cette phrase ; c'est une raillerie de la poésie de Verlaine[1] et, en généralisant, de toute la « vieillerie poétique ».

Mais il est difficile d'expliquer philologiquement la *junctura verborum* et le sens précis qu'y a le mot « fils ». Faut-il penser à la locution banale « un filet de voix », qui est la transposition d'une autre locution banale « un filet d'eau[2] » ? On peut songer aussi au déverbal du verbe *filer* dont l'emploi, en musique, pour indiquer qu'un son est conduit et prolongé d'une manière égale et soutenue, est connu de Rimbaud de façon précise[3] au vers 43 des *reparties de Nina* : « L'oiseau filerait son andante ».

À propos de cette phrase de *Soir historique*, Bruno Claisse[4] a cité une strophe du poème de Mérat *Coucher de soleil sur le golfe* (dans le recueil *Les Villes de marbre*, 1873) :

[...] L'on voit mieux,
Quand l'éblouissement recule,
A la lyre du crépuscule,
Les rayons, fils harmonieux.

Rimbaud aurait alors utilisé le matériel que lui fournissait le texte de Mérat, mais en coupant, selon son habitude, les référents qui l'expliquaient (surtout les mots « lyre » et « rayons ») : ce sont les rayons du soleil couchant qui semblent les fils de la lyre du

---

1 Voir *De la lettre à l'esprit*, *op. cit.*, p. 37-38.
2 Voir, dans le poème « Les soirs d'été » de l'*Album zutique*, les vers 8-9 : « Je songe que l'hiver figera le Filet / D'eau propre qui bruit ».
3 Il est utilisé sous une forme intransitive et audacieuse dans *Les Ponts* (*Illuminations*) : « Des accords mineurs se croisent, et filent [...] ». Et sous la forme transitive dans *Mystique* (*ibid.*) : « [...] tous les bruits désastreux filent leur courbe » où on a le mélange de l'auditif et du visuel.
4 Voir B. Claisse, « *Soir historique* et l'illusoire », *PS, Colloque n° 5*, déc. 2005, p. 547-563, spécialement p. 551-552.

crépuscule[1]. Le terrible scotomiseur, dans une phrase où il est question du couchant («sur le couchant»), se contente d'écrire «les fils d'harmonie», avec le complément «d'harmonie» qui rend le syntagme plus mystérieux que s'il y avait l'adjectif «harmonieux». Si cette hypothèse est exacte, le recueil de Mérat étant de 1873, *Soir historique* serait postérieur à cette date, à moins que le poème *Coucher du soleil sur le golfe* ait été publié dans quelque revue, avant sa reprise dans le recueil.

Je ne cesserai de répéter qu'il faudrait avoir lu ce que Rimbaud avait vraiment lu.

---

1 Notons que le moyen terme absent dans l'image de Mérat (et de Rimbaud) est le mot «cordes», car on ne dit pas les *fils* de la lyre, mais les *cordes* de la lyre. Voilà qui explique peut-être le passage surprenant d'«accords» à «cordes» dans la phrase des *Ponts* (*Illuminations*) : «Des accords mineurs, se croisent et filent, des cordes montent des berges». Mais il y a aussi le passage phonique d'*accords* à *cordes*.

PRÉSENCE DE BANVILLE

Il n'est pas question de reprendre ici dans son ensemble le problème des emprunts faits à Banville par Rimbaud, surtout à ses débuts. Sur ce point l'apport de Gengoux, dans son ouvrage de 1950, a été considérable[1]. Je ne me lancerai même pas dans l'examen des nombreuses «sources» banvillesques qu'il a signalées : les éléments indiscutables ont été enregistrés dans les éditions des œuvres de Rimbaud, en particulier dans les éditions procurées par Suzanne Bernard chez Garnier, et par Antoine Adam pour la Bibliothèque de la Pléiade (1972). Ces deux critiques ont, à leur tour, ajouté quelques rapprochements littéraux qui confirment l'importance de la lecture des textes de Banville dans la création rimbaldienne ; lecture indubitable comme l'atteste la lettre à Izambard du 12 juillet 1871.
Voici quelques données nouvelles.

I

Le cas le plus élémentaire est l'*utilisation* pure et simple d'un texte antérieur par l'écrivain qui vient après.
Dans leurs commentaires de *Soleil et Chair*, à propos des vers 92 à 95 qui évoquent la marche du troupeau stellaire, S. Bernard et A. Adam citent trois vers du *Chant d'Orphée*, que Banville publia

---

*   Actes du colloque : *Arthur Rimbaud : poesia e avventura* (Grosseto, 11-14 sept. 1987).
1   Voir Jacques Gengoux, *La Pensée poétique de Rimbaud*, Nizet, 1950.

dans le *Parnasse contemporain* de 1869, et qui prendra le titre de *La Cithare* dans l'édition de 1874 des *Exilés* :

> Et des Astres pasteurs, près des fleuves de blancs
> Diamants, dont les flots sont des rayons tremblants
> Conduisent leur troupeau d'étoiles qui flamboie [...].

Il me semble que le rapprochement s'impose plutôt avec un autre poème de Banville, *Le Berger* (daté de « mars 1864 »), qui figure dans la première édition des *Exilés* en 1867[1]. Il suffit de juxtaposer les deux textes pour voir comment Rimbaud a magistralement concentré en 4 vers les 22 vers du poème de Banville, grâce à l'élimination de tout élément narratif, et comment il en a augmenté la charge émotive en remplaçant l'affirmation par une interrogation qui laisse l'esprit du lecteur en suspens.

Voici le bref poème de Banville, dont la couleur et l'allure « hugoliennes » n'échapperont à personne :

> Tandis qu'autour de nous la Nature se dore
> Ivre de fleurs, d'amour et de clartés d'aurore,
> Et que tout s'embellit de rayons souriants,
> Les chercheurs, les penseurs, les esprits, les voyants,
> Les sages, dont la main croit à ce qu'elle touche,
> Tiennent dans leur compas l'immensité farouche,
> Et disent : « Ce berger, que vous appelez Dieu,
> N'existe pas. Là-haut, dans les plaines de feu,
> Les blancs troupeaux, suivant la trace coutumière,
> Sans nul guide, au hasard, marchent dans la lumière
> Et, sans que jamais rien ne gêne leur essor,
> Rentrent, quand ils sont las, dans leur caverne d'or».
> Puis dans leur noir réduit, plein d'ombre et de fumée,
> Les orgueilleux savants, dont l'oreille est fermée,
> Murmurent, en montrant d'en bas les vastes cieux :
> « Là tout est vide, car tout est silencieux ».
> Cependant, pour bercer l'infini qui respire,

---

1 La première édition du recueil *Les Exilés*, chez Lemerre, porte bien, imprimée à la page de titre, la date 1867, mais sur l'exemplaire de la Bibliothèque Nationale le Dépôt légal est daté de 1866. Le poème *Le Berger* s'y trouve aux p. 119-120.

> Le doux Berger pensif touche sa grande lyre ;
> Il conduit par ses chants tous les monstres vermeils,
> Les Constellations, les Hydres, les Soleils,
> Et, sans souci du vil chasseur qui tend des toiles,
> Fait marcher devant lui ses grands troupeaux d'Étoiles.

Voici maintenant les vers 92-95 de *Soleil et Chair* :

> Un Pasteur mène-t-il cet immense troupeau
> De mondes cheminant dans l'horreur de l'espace ?
> Et tous ces mondes-là, que l'éther vaste embrasse,
> Vibrent-ils aux accents d'une éternelle voix ?

On peut constater que Rimbaud est parvenu à « faire du Hugo » mieux encore que Banville. D'abord, en mettant le « Pasteur[1] » à la place du « Berger » (voir le titre fameux : *Pasteurs et troupeaux*). Ensuite, en instillant dans son texte... du Baudelaire, grâce à la formule « l'horreur de l'espace », qui semble *plus* hugolienne que « l'immensité farouche » du vers 6 de Banville déjà si hugolienne.

Tout commentaire sur la maîtrise de l'adolescent âgé à peine de 15 ans 1/2, et sur la nature élaborée, savante, de sa poésie, serait superfétatoire. Bornons-nous à trois remarques.

D'abord il faut rappeler la source lointaine, au moins dans la littérature française, de l'image assimilant les étoiles à un troupeau. Il s'agit du début du sonnet 83 de *L'Olive* :

> Déjà la nuit en son parc amassait
> Un grand troupeau d'étoiles vagabondes [...].

Ensuite, on peut penser que si Rimbaud a supprimé dans le « recueil Demeny » (en octobre 1870) tout le passage qui va du vers 81 au vers 116, c'est parce qu'il a compris ou quelqu'un

---

[1] Noter cependant que Banville avait déjà utilisé la formule « des Astres pasteurs » dans les vers du *Chant d'Orphée*, cités plus haut.

(Izambard ? Banville[1] ?) lui a fait comprendre que le démarcage de Banville aux vers 92-95 et le démarcage de Hugo[2] aux vers 96-103 étaient par trop criants.

Enfin, il n'est pas sans intérêt de souligner la formule de Banville :

> Les chercheurs, les penseurs, les esprits, les voyants,
> Les sages, dont la main croit à ce qu'elle touche [...].

Non seulement ces vers replacent bien le terme « voyant » dans un ensemble nettement hugolien (il y a lontemps que je répète qu'il suffit des *Contemplations* pour expliquer le mot « voyant » chez Rimbaud[3]). Mais surtout ces vers de Banville permettent de préciser le sens tout à fait *matérialiste* que Rimbaud donnait au mot « voyant » : les voyants sont confondus avec les chercheurs, les penseurs, les sages, « dont la main croit à ce qu'elle touche » ; la formule banvillesque ne laisse aucun doute. Comme ne laissent aucun doute les vers 96 et 97 de *Soleil et Chair* :

> Et l'homme peut-il voir ? peut-il dire : je crois ?
> La voix de la pensée est-elle plus qu'un rêve ?

---

1 Banville, en effet, a répondu à la lettre de Rimbaud du 24 mai 1870 (contenant *Sensation*, *Ophélie*, et *Credo in unam*), comme l'atteste la lettre de Rimbaud à Banville, du 15 août 1871, accompagnant l'envoi du poème *Ce qu'on dit au Poète à propos de fleurs* : « Vous fûtes assez bon pour répondre ».

2 Voici, sans commentaires, les vers 96-103 de *Soleil et Chair* : Et l'Homme peut-il voir, peut-il dire : Je crois ? / La voix de la pensée est-elle plus qu'un rêve ? / Si l'homme naît si tôt, si la vie est si brève, / D'où vient-il ? Sombre-t-il dans l'Océan profond / Des Germes, des Fœtus, des Embryons, au fond / De l'immense Creuset d'où la Mère-Nature / Le ressuscitera, vivante créature, / Pour aimer dans la rose, et croître dans les blés ?...

3 C'est bien au « savant » et au « philosophe » que Victor Hugo avait associé le « voyant », déjà dans le poème *Force des choses* (*Les Châtiments*, VIII, 12) : « Une vague lueur dans son œil éclatant, / Le voyant, le savant, le philosophe, entend / Dans l'avenir, déjà vivant sous ses prunelles, / La palpitation de ces millions d'ailes. » On a pu constater que *La Cithare* de Banville est un texte fortement hugolien. Mais Rimbaud aussi avait lu *Les Châtiments* (voir la lettre à Demeny du 15 mai 1871 : « J'ai les *Châtiments* sous main ») ; et Roger Pons, dans *L'Information Littéraire* de nov.-déc. 1950 (p. 203), a signalé les vers de *Force des choses*, cités ci-dessus, comme source du v. 88 du *Bateau ivre* : « Millions d'oiseaux d'or, o future vigueur ».

d'où il apparaît que pour Rimbaud *voir* n'est pas *rêver*. Dès lors, contrairement à ce qu'écrivent certains commentateurs, la formule «cet avenir sera matérialiste, vous le voyez» de la lettre à Demeny du 15 mai 1871 n'est pas une «affirmation inattendue[1]». Elle est préparée et confirmée non seulement par la notion de «marche au Progrès» qui la précède immédiatement, mais encore par la conception du travail systématique et raisonné que doit effectuer le poète, «horrible travailleur», pour «se faire voyant», selon Rimbaud, et surtout par le fait que ce travail raisonné porte sur «tous les sens», car les sens sont «matérialistes».

II

Faute de mot précis pour désigner le deuxième cas, je propose le terme de *transposition*, pris dans le sens qu'il a en musique : les éléments empruntés (qui seront, cette fois, de dimensions réduites) sont placés dans un registre de tonalité différente. Un exemple fera voir de quoi il s'agit.

Toujours dans leurs commentaires de *Soleil et Chair*, S. Bernard et A. Adam citent tous deux[2] les vers 15 et 16 de *Prosopopée d'une Vénus* (*Les Cariatides*, 1842) :

> Hélas! devant le noir feuillage de cet arbre,
> J'ai le cœur tout glacé dans ma robe de marbre,
> Et par mes yeux, troués d'ulcères inconnus,
> La pluie en gémissant pleure sur mes bras nus.

---

1 Expression employée par S. Bernard, *op. cit.*, p. 552, dernière ligne.
2 Mais, curieusement, S. Bernard les accroche à un passage où il n'est pas question d'Astarté : voir *op. cit.*, p. 42, n. 16 (relative au v. 63). Quant à A. Adam, s'il les place où il faut, il les orne de coquilles : voir *op. cit.*, p. 847, n. 10 (relative au v. 39), où il faut mettre un point d'exclamation après «Hélas» et rétablir le titre *Prosopopée d'une Vénus*.

Certes, chez Banville les « ulcères » affectent les yeux d'une statue, et sont flanqués de l'*eptitheton ornans* (comme les « chiens dévorants » de Racine) ; il reste que le mot *ulcères* était cru et violent en poésie en 1842. Rimbaud, le sarcastique, en remet ; il place l'ulcère (sans adjectif cette fois) « à l'anus » (et la rime avec *Venus*, et aussi avec *inconnus* et *nus*, me semble une raison suffisante) d'une pseudo-Vénus en chair et en os, au dernier vers de son sonnet.

Sans compter qu'un autre passage de *Prosopopée d'une Vénus* peut expliquer le vers 12 de *Venus Anadyomène* : « Les reins portent deux mots gravés : Clara Venus ». Ici les deux commentateurs rappellent que dans le poème *Les Antres malsains* (où d'autres éléments ont pu être empruntés par Rimbaud pour son sonnet) Glatigny dit que la prostituée dont il parle a le bras orné « de ces mots au poinçon gravés : Pierre et Lolotte ». Mais je crois que Rimbaud, tout en utilisant le poème de Glatigny, est parti des vers 19 et 20 de *Prosopopée d'une Vénus*. Aux vers 15 et 16, déjà cités, Banville y faisait dire à Vénus :

> Hélas ! qui me rendra ces jours pleins de clarté
> Où l'on ne m'appelait que Vénus Astarté

puis le texte continue :

> Où Glycère et Lydie, où Clymène et Phyllis
> Portaient mes noms écrits sur leurs gorges de lys [...].

Certes, chez Banville il s'agit d'une inscription métaphorique, évoquée par la beauté des « gorges de lys », et d'une inscription sur la partie du corps féminin considérée comme la plus esthétique. Que fait Rimbaud dans son entreprise désacralisante ? Il passe du métaphorique au concret (là, le terme *gravés* signale l'influence de Glatigny) et, en même temps, il passe de la partie renflée antérieure, considérée comme noble, du corps féminin, à son symétrique postérieur, considéré comme ignoble, cette partie que les femmes cachaient autrefois sous vertugadins, crinolines et autres coussinets.

III

Les choses sont moins évidentes quand il s'agit de la reprise d'un *motif*. J'emploie ici le terme motif pour désigner un élément beaucoup plus circonscrit et précis que le thème. Les thèmes appartiennent en quelque sorte à tout le monde ; ils constituent le fonds commun de la poésie (et il est pratiquement impossible de déterminer des « sources » pour la présence d'un thème chez un poète). Le motif, au contraire, est considéré, en général, comme un élément personnel : on a donc de la peine à admettre qu'un motif a été fourni à un écrivain par un de ses prédécesseurs. Pourtant il est des cas où les indices sont tels qu'on ne peut guère avoir de doutes sur cette transmission.

Le texte du fac-similé Messein, adopté par les éditeurs actuels, donne au vers 8 de *Bannières de mai* : « L'azur et l'onde communient », avec l'article et la minuscule à l'initiale des mots « azur » et « onde ». Le manuscrit suivi par Vanier en 1895 est intitulé *Patience* et présente pour ce vers la forme « Azur et Onde communient », sans l'article et avec la majuscule à l'initiale des mots « Azur » et « Onde ».

Les commentateurs relèvent dans ce vers la présence de ce qu'ils appellent un « thème » rimbaldien (je préfère l'appeler un *motif*) : la fusion de la mer et du ciel. Ils signalent d'autres passages où ce prétendu « thème » reparaît chez Rimbaud, et ils soulignent son caractère au plus haut point personnel.

Or, dans *Les Stalactites* (1846) figure le poème *Ronde sentimentale* (daté de mars 1845). Sa structure est à double chiasme enveloppant : les quatrains 1 et 4 sont en chiasme, et ils encadrent les quatrains 2 et 3, eux mêmes en chiasme. Les quatrains 2 et 3 mettent en scène « la Rose » et « l'Étoile » : au quatrain 2 c'est la rose qui dit son amour à l'étoile ; au quatrain 3 c'est l'étoile qui dit son amour à la rose. Voici les quatrains 1 et 4 :

> Tout brûlant d'amour le Ciel dit à l'Onde :
> Je ne puis descendre et baiser tes flots,
> Ni dans tes beaux yeux, par le soir déclos,
> Voir se refléter ton âme profonde.
> [...]
> Frémissant encor, l'Onde sous la flamme
> Apaise ses flots et dit à l'Azur :
> Le meilleur de toi dans mon lit obscur
> Sommeille à demi sur mon sein qui pâme.

Il y a là le *motif* de la fusion amoureuse entre «l'Azur» et «l'Onde» (et Banville met à la fois l'article et la majuscule aux deux mots; l'hésitation chez Rimbaud entre l'article et la majuscule me semble le petit signe révélateur de l'emprunt). Qu'il s'agisse bien d'un motif chez Banville, c'est ce que prouve, par exemple, un passage du poème *Tristesse au jardin* (daté de juin 1846) dans le recueil *Le Sang de la coupe* figurant dans les *Poésies complètes* de Banville, publiées en 1857 par Poulet-Malassis :

> Et rien ne peut troubler les sereines amours
> Du soleil et des ondes!

Certes, au vers 8 de *Bannières de mai*, Rimbaud donne au motif de la fusion de la mer et du ciel une expression extraordinairement plus concentrée que chez Banville : c'est bien là sa marque personnelle. Cependant il vaut la peine d'observer que dans les vers de Banville à peine cités on trouve aussi quelques éléments essentiels du poème *Mémoire* («le lit obscur» de l'onde, en particulier, associé à l'image de l'étreinte amoureuse avec le ciel) : là Rimbaud, pour une fois, a été plus long que Banville, c'est qu'il a organisé autour du motif tout un drame, tiré de la réalité familiale vécue, drame où les amours «du soleil et des ondes» sont le contraire de «sereines». Mais Rimbaud trouve une formule concise, encore plus frappante que le vers 8 de *Bannières de mai*, dans le refrain de *L'Eternité* : «C'est la mer allée / Avec le soleil», ou : «C'est la mer mêlée / Au soleil».

Je passe sur les commentaires alchimico-cabalistico-ésotérico-mystiques qui pullulent à propos de ce motif rimbaldien. Je souligne seulement que Rimbaud n'a pas oublié ses lectures de Banville, même après la rupture violente marquée par *Ce qu'on dit au Poète à propos de fleurs*.

IV

Il y a des cas où l'indice d'une présence, à l'arrière-plan d'un texte donné, du texte d'un prédécesseur se réduit à un seul détail, voire à un seul mot. Ce ne sont pas les moins intéressants, même si leur dépistage est des plus aléatoires.

Soit, par exemple, la neuvième strophe de *L'homme juste*

> Cependant que, silencieux sous les pilastres
> D'azur, allongeant les comètes et les nœuds
> D'univers, remuement énorme sans désastres,
> L'ordre, éternel veilleur, rame aux cieux lumineux
> Et de sa drague en feu laisse filer les astres !

Qu'il ait fallu attendre l'article d'Yves Reboul[1] pour identifier cet « homme juste » avec Hugo, a de quoi surprendre. Depuis longtemps le caractère hugolien de cette strophe avait été signalé par les commentateurs. Suzanne Bernard[2] cite la pièce *Abîme*, dans *La Légende des siècles*, pour « les bleus pilastres ». Là on peut ajouter *Ibo*, dans *Les Contemplations* (VI, 2) ; « Vous savez bien », dit Hugo,

> Que j'irai jusqu'aux bleus pilastres
> Et que mon pas
> Sur l'échelle qui monte aux astres
> Ne tremble pas !

---

1 Voir Yves Reboul, « À propos de *L'Homme juste* », *PS*, 2, avril 1985, p. 44-54.
2 Voir *op. cit.*, p. 415, n. 19 et 20 (relatives à cette strophe, p. 113).

En outre, l'image du dernier vers dans la strophe rimbaldienne : « Et de sa drague en feu laisse filer les astres », vient elle aussi de Hugo. Rimbaud a, en quelque sorte, inversé l'image qu'offrent les vers 106 à 111 de *Plein ciel* (*La Légende des siècles*, 1859), et il a fait jaillir hors de la drague en feu (mais là il a pu se souvenir de l'image du *crible* que Hugo utilise pour le ciel étoilé) les astres que la Nuit, chez Hugo, prenait dans son filet :

> La Nuit tire du fond des gouffres inconnus
> Son filet où luit Mars, où rayonne Vénus,
>   Et pendant que les heures sonnent,
> Ce filet grandit, monte, emplit le ciel des soirs,
> Et dans ses mailles d'ombre et dans ses réseaux noirs
>   Les constellations frissonnent.

Mais il reste un détail beaucoup moins hugolien dans la strophe en question, c'est la formule « les nœuds / D'univers » ; encore que l'on trouve dans *Ce que dit la bouche d'ombre* : « De la création compte les sombres nœuds, / Viens, vois, sonde ». On serait tenté d'y voir un apport original de Rimbaud, sa note personnelle dans ce quasi-pastiche de Hugo. Pour constater qu'il n'en est rien, il suffit de lire un passage du poème de Banville *Le Cher Fantôme* (daté de juin 1860) dans le recueil *Les Exilés* (première édition 1867). De nouveau le passage est d'allure hugolienne ; on y trouve même, reprise de Hugo, l'expression « bleus pilastres ». C'est le fantôme de l'aimée disparue qui parle :

> La musique des cieux, le chant jadis obscur
> Des sphères, dans son rythme arrive à mon oreille ;
> Les constellations de la voûte vermeille
> Pendent à ma portée, et je touche à leurs nœuds
> Epars, et dénouant mes cheveux lumineux
> Au vent du ciel baigné dans le concert des astres,
> Je l'écoute, appuyé au pied des bleus pilastres [...]

Laissons de côté « dénouant mes cheveux lumineux » qui a pu suggérer « les comètes » à Rimbaud. L'essentiel est l'expression

« nœuds épars » employée pour les constellations. Rimbaud en fait des « nœuds d'univers ». Ce que l'on risquait de prendre pour une création de son imagination, est d'origine littéraire.

L'adolescent impitoyable n'en a pas moins imposé sa marque sur cet emprunt ; marque qui constitue la preuve de l'emprunt. Banville, probablement sans y voir malice, avait fait dire à sa morte qu'elle « touchait » « aux nœuds » des constellations ; Alcide Bava, selon la « mécanique érotique », strictement physiologique, fait, par conséquent, « allonger » ces « nœuds[1] ». Sarcasme souligné par la reprise du rejet déjà utilisé par Banville :

Banville –   Les constellations de la voûte vermeille
              Pendent à ma portée, et je touche à leurs nœuds
              Épars [...]
Rimbaud –   [...] allongeant les comètes et les nœuds
              D'univers [...].

Pour ceux qui seraient scandalisés par cette interprétation obscène, je rappelle que le dernier vers du poème de Rimbaud est : « O Justes, nous chierons dans vos ventres de grès ! ».

V

Enfin, le texte du prédécesseur peut agir comme excitateur, devenir le point de départ pour faire plus ou mieux.

Je signale, dans le recueil *Occidentales* (1869) de Banville, le poème intitulé *Et Tartuffe ?*. Il s'agit d'une satire sociale. Banville, reprenant les formules de Molière « Et Tartuffe ? » et « Le pauvre homme », dénonce les hypocrisies de la classe dominante à son époque. Rimbaud, dans *Le châtiment de Tartufe*, a concentré

---

1 Avec pertinence, S. Murphy m'a fait observer que la chevelure de la comète s'appelle la « queue ». Décidément Rimbaud est terriblement systématique.

l'attaque sur un seul objectif : « la religion » ; et surtout l'a rendue infiniment plus violente ; au point que le rapprochement avec le poème de Banville semblerait tout à fait gratuit, s'il n'y avait (comme toujours dans ces cas-là) un petit indice révélateur, analogue au lapsus dans d'autres domaines. Dans le sonnet de Rimbaud, survient, un peu comme un cheveu sur la soupe (ainsi qu'en témoigne le vague des commentaires sur ce point), le mot « oremus » au vers 5 :

> Un jour qu'il s'en allait, « Oremus », – un Méchant
> Le prit rudement par son oreille benoîte [...].

Or ce mot « oremus » était amené beaucoup plus naturellement au début de la deuxième strophe de Banville, qui fait allusion aux menées politico-cléricales du moment sur la question romaine :

> – Et Tartuffe ? – Il nous dit, entre deux oremus,
> Que pour tout bon Français la patrie est à Rome [...].

Deux remarques pour conclure.

La première concerne Rimbaud. Il ne me semble pas indispensable de faire appel à des lectures extraordinaires, d'ordre ésotérique ou philosophique, pour expliquer le texte rimbaldien. Une bonne part du matériel que ce texte contient, se trouve dans la littérature ambiante (et il faut y inclure les journaux, les revues, etc.). Le matériel, mais non, bien sûr, la griffe ou la dent de Rimbaud.

La deuxième remarque s'étend à tous les écrivains et à tous les artistes. Max Jacob la formulait ainsi : « L'érudition, c'est la mémoire ; et la mémoire, c'est l'imagination ». Les Anciens, eux, disaient que les Muses sont filles de Mnémosyne. Rimbaud, lui, réserve équitablement une part à la sensation : « Ta mémoire et tes sens ne seront que la nourriture de ton impulsion créatrice » (*Jeunesse IV*). Et il a eu la gentillesse de nous avertir : « J'observe l'histoire des trésors que vous trouvâtes » (*Vies I*).

Note conjointe
Encore un exemple. Il fera voir la complexité des choses. Pour *Being Beautous*, C. A. Hackett a bien indiqué que la formule se trouve au premier vers de la sixième strophe de *Footsteps of Angels* dans le recueil *Voices of the Night* de Longfellow[1]. Mais comment n'être pas troublé en lisant le vers 4 du poème de Banville *Hermaphrodite* (daté de « mars 1858 ») toujours dans *Les Exilés* (1867) : « Le bel Être est assis auprès d'une fontaine » avec la majuscule à l'initiale du mot « Être », comme dans l'« illumination » de Rimbaud. Sans compter que celui-ci a dû s'intéresser à ce poème de Banville, ne serait-ce qu'à cause d'*Antique* dans *Illuminations*.

Ce n'est pas tout. Voici le dernier vers d'*Hermaphrodite* : « Et des pleurs font briller ses yeux de violettes ». Je ne dirai pas que le « rayon violet de Ses Yeux » du dernier vers de *Voyelles* vient de là, puisqu'il reprend (comme on l'a indiqué depuis longtemps) le vers de Leconte de Lisle : « Le rayon d'or qui nage en ses yeux violets » dans *Péristéris* des *Poèmes antiques*. Mais j'ai l'impression que la mystérieuse « jeune fille aux yeux de violettes », qui aurait suivi Rimbaud à Paris en février 1871, selon Delahaye et Pierquin, détail repris par les biographes, vient tout simplement de Banville (chez qui « les yeux de violettes » constituent un tic ou une cheville[2]), que le jeune Arthur a cité à ses copains, incapables de faire la distinction entre la réalité et la littérature.

---

1 Voir Cecil Arthur Hackett, « Longfellow et Rimbaud », *RHLF*, janv.-mars 1965, p. 109-112 ; ar. repris dans le vol. *Autour de Rimbaud*, Klincksieck, 1967.
2 On rencontre l'expression « yeux de violettes » une douzaine de fois dans les vers de Banville.

LES PREMIÈRES COMMUNIONS. I

Que *Les Premières Communions* soient une attaque virulente contre la religion catholique, cela tombe sous le sens, et point n'est besoin de le souligner. Au point qu'on peut se demander si des commentaires trop subtils et trop compliqués ne risquent pas de fausser la signification et la portée d'un poème qui ne s'écarte guère des lieux-communs anti-cléricaux et anti-religieux des environs de 1870. C'est le danger que n'a pas évité, me semble-t-il, la lecture[1] qu'a faite Marc Ascione de la première et de la deuxième partie du poème[2], où il va jusqu'à mobiliser «l'opium du peuple» (p. 41 et n. 23).

Sans aller chercher dans les journaux et les pamphlets de l'époque tous les clichés repris par Rimbaud[3], je me bornerai à relever quelques bévues de Marc Ascione[4]. Travail ingrat, mais nécessaire, puisqu'il s'agit d'une communication devant le public d'un colloque, public qui ne paraît pas avoir réagi.

---

* Dans le vol. *«fraguemants» rimbaldiques*, PUM, Toulouse, 1989, p. 173-179.
1 « Premières (et dernières) communions », dans *Actes du Colloque tenu à Charleville-Mézières* du 11 au 13 septembre, n° hors série de *PS*, 1987, p. 30-44. Les renvois à ces pages seront faits, entre parenthèses, dans le texte.
2 Pour la deuxième partie, voir Jean-Pierre Chambon, « Matériaux pour l'exégèse des *Premières Communions*», *PS*, 3, avril 1986, p. 43-46.
3 La présence du texte de *Madame Bovary* derrière certains passages des parties III-IX a été signalée depuis longtemps; voir Jacques Gengoux, *La Pensée poétique de Rimbaud*, Nizet, 1950.
4 Il va de soi que je ne partage pas l'enthousiasme d'Ascione pour la forme («la voix» dit-il) de cette partie du poème qui, selon lui, «contient tous les enchantements de la révolte, tous les sortilèges de l'alchimie poétique» (p. 41); toujours selon lui, «lorsque nous entendons» les vers 5-6 («Mais le soleil éveille, à travers les feuillages / Les vieilles couleurs des vitraux irréguliers.») et le vers 7 («La pierre sent toujours la terre maternelle»), «nous avons l'impression d'une sorte d'incantation» (*ibid.*). Rien de plus subjectif que ces questions d'alchimie poétique; mais ce n'est pas là le problème.

Commençons par une réflexion générale qui fait difficulté. Ascione déclare : « Ce prologue des *Premières Communions* dessine même un tableau remarquable de l'abandon de la pratique religieuse là où l'on s'y attendait le moins, c'est-à-dire dans les campagnes » (p. 33). Ici il faudrait au moins préciser, car « les campagnes » ne sont pas identiques dans toute la France. Quand on lit les romans ou les nouvelles (Balzac, Zola, Maupassant, etc.) du XIXe siècle consacrés à la vie paysanne, on constate que la déchristianisation y est complète : les pratiques religieuses y sont considérées comme des actes sans aucune signification, occasion en général de ripailles, et elles sont abandonnées aux femmes. De ce point de vue le texte de Rimbaud ne détonne absolument pas : il confirme seulement que la région de Charleville est comme le reste de la France, sauf quelques exceptions comme la Bretagne ou la Vendée. Rien là de surprenant : de tout temps dans les campagnes la christianisation a été seulement de surface ou d'apparence, le paganisme s'y étant maintenu à travers les siècles (*païen* est, on le sait, un doublet de *paysan*).

Plus gênantes sont quelques interprétations du texte proposées par Ascione.

Il dit, par exemple, que le curé « vit cloîtré (*dans le clos*), à l'ombre, fuyant le grand soleil, tel un hibou ou un cloporte » (p. 32). Certes, Rimbaud, en réaliste précis, a écrit : « On paie au Prêtre un toit ombré d'une charmille » (v. 23), croquis schématique et exact des presbytères de campagne. Mais cela n'implique pas que le curé vive toujours à l'ombre. Et lorsque, un peu plus loin (strophe 7), Rimbaud évoque le curé qui, « dans son clos » entendant la musique du bal villageois, est entraîné (« en dépit des célestes défenses ») à marquer la mesure avec ses pieds et ses mollets, il ne dit pas que le curé « vit cloîtré » (comme prétend Ascione), ce qui serait insoutenable, étant donné la vie des curés de campagne vers 1870, qui étaient en contact avec leurs ouailles (ici encore, il suffit d'avoir lu quelques romans de l'époque, sans même déranger les historiens). En fait, on a affaire à un nouveau détail réaliste, croqué sur le vif par Rimbaud. Car le « clos » n'est pas le cloître. C'est le doublet campagnard de « l'enclos », c'est tout simplement le jardin du curé[1], endroit agréable où le curé était à l'air, au soleil, dans la nature, et pas du tout comme un hibou ou un cloporte.

À propos des vers 21-22 :

> Ils sortent, oubliant que la peau leur fournille
> Où le Prêtre du Christ plaqua ses doigts puissants.

Marc Ascione écrit (p. 35) :

> Rimbaud a profité de cette allusion à la confirmation, ce sacrement destiné à conforter l'engagement du catholique et couramment administré en même temps que la première communion, pour glisser une perfidie. C'est bien de la *confirmation* qu'il s'agit en effet dans ces deux vers d'un burlesque typiquement rimbaldien : l'éloquence un peu grandiloquente de l'alexandrin, la noblesse toute classique de la périphrase, introduite par un relatif sans antécédent, l'épithète épique *doigts puissants*, toute cette emphase pour désigner un petit geste assez saugrenu de la liturgie catholique ! [suit une citation du *GDU*, s.v. *confirmer*]. Rimbaud plaisante lui aussi, car sa périphrase tend à insinuer, évidemment, que le « prêtre du Christ » a « plaqué » ailleurs que sur la joue des communiants et communiantes « ses doigts puissants ». Tant d'insistance ne se justifierait point autrement. On voit en tout cas quelle réaction proprement épidermique provoque le contact de l'homme d'église. La peau « fourmille » : ce toucher (cet attouchement ?) répugne. Curieuse affirmation où s'affirme plutôt l'empressement à prendre congé des prêtres, – où le novice, en âge de savoir les choses de la vie, s'empare d'une arme satirique chère à Rimbaud et nargue l'obscurantisme à coups d'obscénité ; où s'affermit la méfiance face à la proverbiale tartuferie de curés définitivement réputés vicieux.

Curieuse confirmation, en effet ; l'ennui est qu'elle constitue une pure élucubration du commentateur. Dans son envolée lyrique, il aurait dû se rendre compte qu'il confondait la taloche vigoureuse

---

1 Je peux témoigner que dans mon enfance, à mon village, on appelait encore « l'enclos » le jardin du curé.

du curé («plaqua ses doigts puissants») et le petit soufflet épiscopal et qu'il s'égarait de la joue à d'autres parties du corps. Il aurait dû se rendre compte surtout qu'il confondait le prêtre avec l'évêque[1], confusion que ne saurait faire l'ancien «petit cagot» de Rimbaud. Sans compter qu'il y a lieu de rectifier une erreur socio-historique dans ce commentaire : *dans les villages* (je souligne), au XIXe siècle et jusqu'au premier tiers du XXe, il était impossible que la confirmation fût administrée en même temps que la première communion ; la solennité de la première communion avait lieu partout à peu près simultanément au cours des dimanches du mois de juin, l'évêque ne pouvait donc pas se trouver en même temps le même jour dans le tiers ou le quart des paroisses rurales de son diocèse ; en réalité, la confirmation avait lieu lors des tournées pastorales de l'évêque et était administrée aux communiants de plusieurs années antérieures.

Le texte n'évoque pas l'effleurement de *deux doigts* (je souligne) de l'évêque (Ascione parle, on l'a vu, de «petit geste assez saugrenu de la liturgie catholique»), il dit clairement que le prêtre donne de fortes claques aux enfants du catéchisme. Et c'est encore une notation de réalisme très précis chez Rimbaud : la taloche, vigoureusement appliquée (d'où «la peau» qui «fourmille» : encore un détail physiologiquement réaliste ; est-il vécu?) constituait, jusqu'au premier quart du XXe siècle (et même au-delà...), un instrument pédagogique efficace et largement utilisé dans l'instruction de la jeunesse, et pas seulement par les curés. Inutile d'ajouter qu'il n'y a aucune grandiloquence dans les deux vers cités, mais expression réaliste de l'effet produit sur la joue d'un enfant d'une douzaine d'années par la gifle que lui administre un homme dans la force de l'âge.

---

1 Certains, pour défendre l'interprétation des vers 21-22 comme caricature de la confirmation, ont prétendu que le curé d'une paroisse pouvait recevoir de son évêque une délégation pour administrer la confirmation. Mais seul le pape peut conférer à un prêtre le pouvoir d'administrer la confirmation. Et il ne faut pas oublier que l'évêque n'avait guère d'autre possibilité que l'administration des confirmations pour visiter les paroisses rurales de son diocèse, contrôler leur marche, et surveiller le comportement de ses curés. Et, de toute façon, le «petit geste assez saugrenu de la liturgie catholique» ne peut pas être traduit par «plaqua ses doigts puissants».

Pour ce détail il existe au moins une caution littéraire indiscutable. De même qu'il utilise le texte de *Madame Bovary* pour décrire l'hystérie de la petite communiante aux sections III-IX du poème, Rimbaud a sûrement présent à sa mémoire, dans cette première partie, le chapitre VI de la deuxième partie du roman de Flaubert, où est racontée la visite d'Emma au curé Bournisien[1]. Emma arrive à l'église au moment où le curé va y entrer pour commencer la leçon de catéchisme :

> Voilà les premières communions qui vont venir [dit-il]. Nous serons encore surpris, j'en ai peur ! Aussi, à partir de l'Ascension[2], je les tiens *recta* tous les mercredis une heure de plus. Ces pauvres enfants ! on ne saurait les diriger trop tôt dans la voie du Seigneur [...]

Flaubert décrit la turbulence des enfants ; le curé doit intervenir :

> – Attends, attends, Riboudet, cria l'ecclésiastique d'une voix colère, je m'en vas aller te chauffer les oreilles, mauvais galopin !

et un peu plus loin, interrompant sa conversation avec Emma :

> [...] Mais pardon ! Longuemarre et Boudet ! sac à papier ! Voulez-vous bien finir ! Et, d'un bond, il s'élança dans l'église.
> Les gamins, alors, se pressaient autour du grand pupitre, grimpaient sur le tabouret du chantre, ouvraient le missel ; et d'autres, à pas de loup, allaient se hasarder bientôt jusque dans le confessionnal. Mais le curé, soudain, distribua sur tous une grêle de soufflets. Les prenant par le collet de la veste, il les enlevait de terre et les reposait à deux genoux sur les pavés du chœur, fortement, comme s'il eût voulu les y planter.

Inutile de gloser. Rimbaud emploie un lieu commun.

---

1 Je signale cette phrase : « et ce fut sans en avoir conscience qu'elle s'achemina vers l'église, disposée à n'importe quelle dévotion, pourvu qu'elle y courbât son âme et que l'existence entière disparût ». Le roman de Flaubert serait-il même derrière *Dévotion* ?
2 Ce qui confirme que la cérémonie de la première communion avait lieu en juin.

En fait, Ascione croit que la strophe 4 décrit les enfants sortant de la cérémonie de la première communion (il dit : « les communiants et les communiantes ») alors qu'il s'agit précisément des enfants qui sortent « du catéchisme » (come on disait naguère) : les strophes 2 et 3 étant la description incidente des « églises de village », la strophe 4 fait logiquement suite à la strophe 1 ; et la seule strophe qui fasse allusion à la première communion, dans cet étrange prologue, est la strophe 5.

Ce n'est pas la seule bévue commise par Ascione. Il écrit, par exemple :

> Pour les garçons des villages, elles [les premières communions] sont non seulement l'occasion d'être « blousés neuf », mais encore celle du premier « habit noir » : toge prétexte et presque virile, car, nous l'avons vu et Rimbaud le souligne, la virilité des garçons se manifeste bruyamment (p. 34).

Il y a là une contamination abusive entre deux moments différents du récit rimbaldien. La strophe 5 évoque bien le jour de la première communion, le jour du « premier habit noir, le plus beau jour de tartes[1] » (v. 25) ; mais la strophe 6 passe à l'étape suivante, à la période qui vient *après* la première communion, lorsque l'enfant est devenu adolescent. Il suffit de lire le texte :

> Les filles vont toujours à l'église, contentes
> De s'entendre appeler garces par les garçons
> Qui font du genre après messe ou vêpres chantantes.
> Eux qui sont destinés au chic des garnisons
> Ils narguent au café les maisons importantes
> Blousés neuf, et gueulant d'effroyables chansons.

Ce n'est donc pas le jour de leur première communion que les garçons sont « blousés neuf » (ce qui serait en contradiction avec le port du « premier habit noir » ce jour-là), mais les dimanches

---

1 Belle confirmation que les cérémonies religieuses sont l'occasion de ripaille (inutile de citer tous les repas de noces de la littérature ; rappelons seulement celui qui figure dans *Madame Bovary*).

(jour où les filles vont à la messe et aux vêpres) des années de leur jeunesse, quand l'époque du service militaire (fixé à 21 ans, je le rappelle) approche, et qu'ils vont boire au café. Il va de soi que la blouse, dont parle ici le texte, n'est pas celle des écoliers qui vont au catéchisme, mais la blouse qui était en quelque sorte l'uniforme des paysans et des ouvriers au XIXe siècle.

Il est, enfin, un autre genre d'erreur dans lequel Ascione tombe parfois, quand il pousse trop loin son système d'explication par la sexualité. Lui laissant la responsabilité de certaines interprétations pour le moins hasardeuses[1], je me limite à un seul exemple, où le texte, très clair et très simple, exclut tout sous-entendu lubrique.

Dans la strophe 5, évoquant le jour précis de la première communion, Rimbaud dit que les «seuls doux souvenirs» qui restent à l'enfant (= «lui») «du grand jour» sont, avec «le premier habit noir» et les «tartes» :

> Quelque enluminure où les Josephs et les Marthes
> Tirent la langue avec un excessif amour [...].

À propos de ces deux vers Ascione écrit :

> Ils témoignent, fétiches malsains ou joyeusetés impies, de la misère sexuelle et de la violence du refoulement, comme d'une verte et gaillarde santé ou plus encore d'une belle ingénuité. (p. 32-33)

et plus loin :

> Lorsque nous avons «Tirent la langue avec un excessif amour», nous pouvons entendre le *sexe* de cet amour «poussif», – et cela d'autant plus que *tirer la langue* figure dans *Les Poètes de sept ans* et semble appartenir à la rhétorique érotique rimbaldienne. (p. 41)

---

1 Je signale au moins celle qui voit dans le vers «La Nuit vient, noir pirate aux cieux d'or débarquant» (v. 42) l'équivalent de l'expression populaire «les Anglais ont débarqué» pour désigner l'arrivée des règles chez la femme ; ce qui entraîne toute une acrobatie sur les couleurs noir et rouge, avec le recours au vers «Et quelque vigne folle aux noirceurs purpurines» (p. 37) ; il est vrai qu'Ascione reconnaît : «Si toutefois nous ne lui [à Rimbaud] prêtons pas trop !».

Qu'il y ait sarcasme dans l'adjectif «excessif», qu'il y ait raillerie dans «tirent la langue», c'est évident; mais Ascione va chercher trop loin quelque signification érotique. Rimbaud, tout simplement, parle des images pieuses («enluminure») portant une inscription souvenir (noms et date) et qu'on distribue aux parents et aux amis le jour de la première communion, images qui représentent souvent un petit garçon ou une petite fille (que Rimbaud appelle plaisamment «Joseph» et «Marthe», noms de l'Évangile[1]) en train de recevoir la communion des mains mêmes du Seigneur. C'est encore une fois d'une façon toute «réaliste» qu'est caricaturé hyperboliquement («avec un amour excessif») le geste même que fait le communiant au moment où il reçoit sur la langue, légèrement avancée, l'hostie consacrée. Mais peut-être Ascione n'a-t-il jamais vu communier selon le rite de la messe de Saint Pie V.

Au total, je pense qu'il vaut mieux s'en tenir au texte tel qu'il est et ne pas en remettre.

Texte étrange, en tout cas, que ces *Premières Communions*, fait au moins de deux morceaux mal unis entre eux. On a d'abord sept sixains consacrés à une évocation générale des églises de village, du catéchisme, du jour de la première communion, puis de la période qui suit cette solennité avec le service militaire, avec, à la dernière de ces strophes, la description du curé qui entend la musique du bal. Brusquement un autre sixain vient changer le décor et nous transporte en ville; sixain mal bâti, avec une licence de versification[2] et un emploi impossible du mot «catéchistes» pour désigner les enfants qui suivent les leçons de catéchisme[3].

---

1 Il n'est pas impossible que, comme le signale B. de Cornulier («La *Chanson de la plus haute Tour*», PS, *Colloque n° 4*, paru en septembre 2004, p. 161, n. 29), que «*les Josephs et les Marthes des images reçues par les petits paysans soient des modèles religieux du travail*»; Joseph est charpentier, Marthe s'occupe du ménage.
2 Le mot «catéchistes» rime avec lui-même aux vers 43 et 47.
3 Ces enfants qui suivent les cours de catéchisme ne sont évidemment pas des *catéchumènes*, contrairement à ce qu'affirme la n. 8 de la p. 421 du vol. Rimbaud, *Œuvres*, Garnier (1961), puisqu'ils ont été baptisés depuis longtemps.

Viennent ensuite vingt-deux quatrains relatant la nuit précédant la communion d'une petite fille, puis les conséquences lors du mariage, et dans ce sous-ensemble, subdivisé en sept sections (de III à IX), ne manquent pas les ruptures, marquées à deux reprises par une ligne de points. Il n'est pas jusqu'au retour de termes ou de formules analogues ou identiques d'un sous-ensemble à l'autre, qui ne constitue une preuve que le poème n'est pas homogène, contrairement à l'opinion d'Ascione, qui les relève soigneusement (dans sa note 4) et y voit «un très dense réseau de correspondances» suturant à l'ensemble le premier morceau (p. 30).

Ce texte n'est connu que par des manuscrits de la main de Verlaine. Dès lors on est en droit de soupçonner quelque cafouillage de la part de celui-ci. Tant qu'on n'aura pas pour ce texte le manuscrit *de la main de Rimbaud*, la question restera, me semble-t-il, ouverte.

LES PREMIÈRES COMMUNIONS. II

Les pages précédentes signalent quelques erreurs évidentes du commentaire que Marc Ascione a proposé des *Premières Communions*; Steve Murphy a contesté certaines de mes interprétations[1]. J'examinerai successivement les trois points sur lesquels porte la discussion : 1) Que faut-il voir dans l'expression «la peau fourmille [aux enfants] / Où le Prêtre du Christ plaqua ses doigts puissants»? 2) Comment comprendre le vers 23 : «On paie au Prêtre un toit ombré d'une charmille», et 38 «[le Curé] dans son clos»? 3) Quelle est la structure du texte présenté sous le titre *Les Premières Communions*?

UNE FESSÉE FANTASME

Murphy voit une fessée là où il y a des taloches. Rimbaud a dit au début de son texte que dans les églises des villages «quinze laids marmots [...] écoutent [...] un noir grotesque [le curé]» qui leur enseigne le catéchisme puis, à la quatrième strophe, on a les vers suivants à propos de ces marmots :

> Ils sortent, oubliant que la peau leur fourmille
> Où le Prêtre du Christ plaqua ses doigts puissants.

---

* *PS*, 9, février 1994, p. 12-31.
1 Au ch. IV, *La Femme et l'Église* : «*Les Premières Communions*», aux p. 87-124, du vol. *Le Premier Rimbaud ou l'apprentissage de la subversion*, C.N.R.S. et PUL, 1990. Les références aux p. de ce vol. seront faites entre parenthèses.

Voici ce qu'écrit Murphy :

> Certes, comme l'a montré A. F., Ascione a eu tort de voir ici une allusion à la confirmation : il est question plutôt d'une bonne fessée. Cependant, A. F. se trompe lui aussi en niant les connotations vicieuses de cet acte. Rimbaud, à l'opposé de Flaubert dans *Madame Bovary*, où Bournisien n'a en effet rien de malsain, reste dans la tradition anticléricale de Béranger, dont tout le monde, à l'époque, connaissait les vers suivants, prêtés à des curés :
>
> > C'est nous qui fessons
> > Et qui refessons
> > Les jolis petits, les jolis garçons.
>
> Bien sûr, la fessée collective suggérée par Rimbaud se passe en public. Mais le retour du fourmillement, plus loin dans le poème, confirmera la signification sexuelle de cette action accomplie par les mains *puissantes* du curé, l'adjectif étant trop éloquent pour ne pas corroborer métonymiquement l'interprétation. (94)

Je ne pouvais pas nier les connotations vicieuses de la fessée, pour la bonne raison que je n'ai jamais vu dans le texte de Rimbaud une fessée, qui ne s'y trouve pas. Dans mon étude de 1989 je répète : «fortes claques», «taloche vigoureuse», «gifle». Le sens de ces termes est clair.

Comment Murphy peut-il dire : «Bien sûr, la fessée collective, suggérée par Rimbaud, se passe en public»? Qu'entend-il par «fessée collective»? Et surtout d'où tire-t-il cette «fessée collective»? Comment oublie-t-il que cette «fessée collective» devrait, selon le texte de Rimbaud, se dérouler dans l'église? Et puisque la peau des enfants «fourmille» après coup, faut-il supposer que cette «fessée collective» est administrée culotte bas (car l'épaisseur du tissu atténuerait considérablement ses effets)?

Il suffit de s'interroger sur le sens du verbe «plaquer» dans le contexte du poème. Littré signale l'emploi «figuré et populaire» du mot à cette époque, avec l'exemple : «plaquer un soufflet sur la joue». Cet emploi est tombé en désuétude ; le *GDU* le signale encore, mais il ne figure plus dans le Hatzfeld et Darmesteter. Il semble bien, en tout cas, qu'on ne puisse pas l'utiliser en parlant de la fessée.

En réalité, le texte des *Premières Communions* évoque des taloches vigoureuses comme je le disais en 1989, que le curé applique sur les joues, les oreilles[1], la tête des enfants chahuteurs[2], très exactement comme le curé Bournisien dans le passage de *Madame Bovary* (II, 6) que je citais alors («Mais le curé, soudain, distribua sur tous une grêle de soufflets»). Et j'ajoutais qu'il s'agit là d'un lieu commun.

Les vers de Béranger que cite Murphy ne sont pas «prêtés à des curés», comme il écrit, mais ils sont tirés d'une chanson qui porte un titre très clair, *Les Révérends Pères*, et dont le cinquième vers est : «Nous sommes fils de Loyola». Béranger ne vise donc pas les curés, mais les Jésuites; il ne parle pas des leçons de catéchisme en milieu rural, mais des collèges. Aucun rapport avec *Les Premières Communions*. Les Jésuites dans leurs collèges avaient à leur disposition la férule et le fouet (ou martinet), tandis que le curé de campagne dans son église-grange n'a que sa main («plaqua ses doigts puissants») pour faire régner un peu d'ordre dans sa troupe de «marmots» remuants. Enfin la chanson de Béranger porte un sous-titre très précis : *Décembre 1819*. Qui pourrait soutenir que les choses n'ont pas changé au cours du demi-siècle qui la sépare du poème de Rimbaud ? Je le répète : c'est l'épisode de *Madame Bovary* qui constitue un document vrai sur ce que pouvait être une leçon de catéchisme dans une église de campagne au cours des années 1850-1870.

Cela étant précisé, je laisse à Murphy la responsabilité de son interprétation sexuelle de l'adjectif «puissant»; mais elle l'engage dans une voie périlleuse. Plus loin dans son livre (153-154), évoquant l'allusion à l'harmonica de verre au chapitre VII de

---

1 *Cf.* les locutions archaïques : «donner sur les oreilles», «frotter les oreilles» (une «frottée» est une volée de coups); et j'ai entendu dire plus d'une fois l'expression ironique familière : «je vais lui caresser les oreilles». L'abbé Bournisien dans *Madame Bovary* (II, 6) menace un galopin de lui «chauffer les oreilles».
2 Marc Ascione, lui aussi, voit bien des taloches dans le texte de Rimbaud, puisqu'il déraille vers la Confirmation (tout en disant que celle-ci est un «petit geste saugrenu de la liturgie catholique»).

Bouvard et Pécuchet, il parle de Mesmer à propos des « doigts électriques » des « deux grandes sœurs » dans *Les Chercheuses de poux*, et ajoute :

> L'harmonica, le mot délirer qui s'y associe, l'électricité statique[1], suggèrent bien une allusion à la thérapie magnétique de Mesmer. Mais on n'est à coup sûr pas loin de la guérison par le toucher que paraît promettre le prêtre des *Premières Communions*, qui a un étrange pouvoir de transmettre un « fourmillement » à ses ouailles.

Murphy met les « ouailles » du curé là où Rimbaud nommait clairement les « marmots » du catéchisme. À partir de cette distorsion, la dérive est immanquable. Accrocher le mesmérisme et la guérison par le toucher à la notation tout à fait banale et anodine : « que la peau [...] fourmille » aux enfants, là où ils ont reçu des claques, et parler d'« un étrange pouvoir de transmettre un fourmillement » à propos d'ordinaires taloches, c'est oublier le sens du texte.

LE CLOS ET LA CHARMILLE

Pour la clarté de la discussion, il est indispensable de citer toute une page de Murphy (je ne fais qu'y abréger les noms propres) :

> Dans *Les Premières Communions*, on n'est plus à l'époque de la Révolution française, mais des rapports économiques subsistent :
>
> On paie au Prêtre un toit ombré d'une charmille
> Pour qu'il laisse au soleil tous ces fronts brunissants

---

[1] Enfants, nous nous amusions à voir les étincelles quand les filles passaient le peigne dans leurs cheveux ou quand nous effleurions de l'ongle un tissu de soie : est-ce que cela « suggère bien une allusion à la thérapie de Mesmer » ?

Ce paiement serait comme un pot-de-vin donné par les paysans pour que le prêtre les laisse tranquilles dans leur vie païenne de tous les jours. Pour Ascione, « ce rustique est d'ailleurs un oisif, un parasite qu'"on paie", qui vit cloîtré ("dans son clos"), à l'ombre, fuyant le grand soleil, tel un hibou ou un cloporte » / A 32 /. Fongaro rappelle cependant que le curé ne peut vivre cloîtré, « étant donné la vie des curés de campagne vers 1870, qui étaient en contact avec leurs ouailles [...] le "clos" n'est pas le cloître ! C'est le doublet campagnard de "l'enclos", et l'enclos, c'est tout simplement le jardin du curé, endroit agréable où le curé était à l'air, au soleil, dans la nature, et pas du tout comme un hibou ou un cloporte / F 174 /. »
On n'a sans doute pas besoin d'invoquer un « doublet campagnard » pour signaler la signification première de *clos*, mais s'il est vrai que ce n'est pas ainsi qu'on vit comme un hibou ou comme un cloporte, c'est à tort qu'A. F. néglige la signification *pour Rimbaud*, de termes tels que *ombré* et *clos*. Si sa description de la mise en scène s'avère en effet inexacte, Ascione a parfaitement raison en ceci : la clôture et l'ombre de ce portrait sont soulignées afin de montrer la peur de la lumière et de la nature extérieure du curé, tandis que les paysans aiment vivre sous le soleil. Il ne s'agit plus du « Chanoine au soleil » épanoui du *Forgeron*, mais du curé post-révolutionnaire, qui a peur du soleil, comme le frère Milotus dans *Accroupissements*. Celui-ci essaie, comme le frère Archangias dans *La Faute de l'abbé Mouret*, de coller du papier aux fenêtres pour en bloquer les rayons, mais des rayons passant par une lucarne lui donnent une migraine. L'obscurantisme des prêtres et autres réactionnaires apparaît dans presque tous les poèmes que R. a composés vers cette époque, que cela prenne la forme d'une peur du soleil (*Les Assis*, v. 110-12, *Ce qu'on dit au Poète...*, v. 82-84 et 93) ou d'une tentative de tuer jusqu'aux symboles de l'énergie solaire (les héliotropes de *Chant de guerre Parisien*). La mort du soleil y possède une indéniable signification négative, suggérant les forces contre-révolutionnaires (*Les Pauvres à l'Eglise*, v. 33, *L'homme juste*, v. 12). La formulation d'A. F., suivant laquelle ce curé dans sa charmille est « à l'air, au soleil, dans la nature », est donc passablement trompeuse. La nature sert ici à exclure la Nature et les rayons solaires. Autrement dit, le *clos* (« terrain cultivé et clos de haies, de murs, de fossés », *Petit Robert*) est clos, justement à l'aide d'une haie et d'un toit de charmes, qui sert à humaniser et à réglementer la nature, dans la logique d'*A la Musique* :

> Sur la place taillée en mesquines pelouses,
> Square où tout est correct, les arbres et les fleurs,
> Tous les bourgeois poussifs qu'étranglent les chaleurs [...]

> Il ne s'agit donc pas de la nature romantique ou païenne, mais d'une version mutilée et ordonnée de ce qui, dans la campagne française, loin de constituer un espace protecteur, s'attaque à l'Église. (95-96)

Murphy, ne pouvant récuser l'histoire et la sociologie, admet que le curé de campagne vers 1870 ne vit pas cloîtré, ni comme un hibou, ni comme un cloporte, mais qu'il est mêlé à la vie des paysans, et pas seulement à cause des sacrements confondus avec des rites sociaux : baptême, communion solennelle (qui implique l'assiduité au cours de catéchisme), confirmation, mariage (c'est cela que signale Rimbaud dans son texte), à quoi il faut ajouter les cérémonies de la sépulture ; et pas seulement à cause de la messe dominicale et même des vêpres à cette époque (cela aussi Rimbaud le signale), ou encore à cause des fêtes patronales ou d'autres manifestations, comme la Fête-Dieu, par exemple[1] ; mais surtout par les visites aux malades[2], par le secours porté aux pauvres, etc. Sans aller jusqu'à faire appel aux études socio-historiques

---

1 Voir le dernier chapitre d'*Un Cœur simple*. La cérémonie décrite par Flaubert, à laquelle participe *tout* Pont-l'Évêque, se déroule aux environs de 1860, puisque après la mort de Mme Aubain, qui survient « au mois de mars 1853 », « bien des années se passèrent » (comme écrit Flaubert) avant la mort de Félicité. On a un témoignage de la participation générale aux cérémonies de la fin de la semaine sainte dans le fragment *Pâques* de la section *Souvenirs* dans *La Rue* de Jules Vallès, volume publié en 1866, et donc contemporain de la période qu'évoque Rimbaud dans *Les Premières Communions*. Les pages de Vallès (voir *Œuvres*, Pléiade, I, 1975, p. 688-692) sont fortement satiriques et caricaturales, elles n'en témoignent pas moins du caractère collectif des cérémonies religieuses au siècle dernier (on y retrouve, comme dans *Un Cœur simple*, la foule, les enfants des écoles, les chantres, les pompiers, la musique, le suisse, etc., preuve de la vérité de la peinture). De même Zola, dans *Nouveaux Contes à Ninon* (1874), évoque, dans le deuxième des textes groupés sous le titre *Souvenirs*, les processions de la Fête-Dieu en Provence (exactement à Aix) aux environs de 1860 ; là encore la participation populaire est générale (voir le vol. *Contes et Nouvelles*, Pléiade, 1976, p. 472-476). Encore dans mon enfance, pour la Noël, pour Pâques ou à la procession de la Fête-Dieu, le concours populaire était grand.
2 À mon village du Midi *rouge*, vers 1930, le prêtre portait le viatique aux malades, revêtu du surplis et du voile huméral, tenant la custode des deux mains devant sa poitrine ; il était précédé de l'enfant de chœur en aube, ceinture et camail rouges, qui sonnait de la clochette ; et les femmes se signaient à son passage.

spécialisées, il suffit d'évoquer les romans de l'époque (en particulier, *Madame Bovary* que Rimbaud exploite largement dans son poème ; et même, une fois éliminées les thèses que veut systématiquement y soutenir Zola, *La Faute de l'abbé Mouret*, que Murphy cite souvent) pour confirmer la symbiose du curé avec ses paroissiens vers 1870.

Mais Murphy prétend, à partir de « la signification *pour Rimbaud* de termes tels que *ombré* et *clos* », que le texte montre « la peur de la lumière et de la nature extérieure du curé, tandis que les paysans aiment à vivre sous le soleil ». Est-il possible que Rimbaud donne aux mots un sens qu'ils n'ont pas dans la langue ?

Ce qui met la puce à l'oreille, c'est la distorsion que Murphy fait subir à mon texte : « la formulation d'A. F. suivant laquelle ce curé dans sa charmille est *à l'air, au soleil, dans la nature*, est passablement trompeuse », écrit-il ; or j'avais dit cela du curé *dans son jardin*, dans les lignes que cite Murphy lui-même ; confondrait-il la charmille et le clos ?

Il semble bien qu'il n'ait pas une idée exacte de ce qu'est une charmille, quand il écrit à propos du vers « On paie au Prêtre un toit ombré d'une charmille » : « le *clos* [...] est clos à l'aide d'une haie et d'un toit de charmes [...] ». Que le *clos* soit clos à l'aide d'une haie, c'est possible, et même probable[1], la haie constituant la clôture traditionnelle d'un clos. Mais qu'est-ce qu'un clos « clos à l'aide d'un toit de charmes » ? Murphy met-il un toit sur le clos, qui est un jardin ? Et comment des charmes pourraient-ils faire un toit à un jardin, quand ils forment tout au plus un berceau au-dessus d'une allée ?

Il se pourrait que ce clos pourvu d'un toit de charmes provienne du fait que Murphy ait pris « d'une charmille » pour un génitif, et bloqué le syntagme « toit d'une charmille ». Pour interpréter ainsi, il faudrait dans la phrase de Rimbaud ou bien que « toit »

---

[1] Chez La Fontaine, on le verra, il est « fermé de plant vif ». Mais il peut aussi être clôturé par un mur.

soit précédé de l'article défini et non pas de l'indéfini (= on paie au Prêtre *le* toit d'une charmille), ou bien que charmille n'ait pas d'article (= on paie au Prêtre *un* toit de charmille). Mais un toit de charmille, ça n'existe pas ; tout au plus peut-on parler de berceau ou de tonnelle de charmille. Et cela, en dehors de l'opération extraordinaire qui consisterait à mettre ce «toit de charmes» sur le clos ou jardin.

En plus de l'emploi du double indéfini, la place de la césure rend le texte très clair, puisqu'elle oblige à lire : «On paie au Prêtre un toit / [ici se place l'arrêt de la coupe] ombré d'une charmille» ; c'est-à-dire un toit qui est ombré d'une charmille, «d'une charmille» étant le complément du participe passé passif «ombré» (= au moyen d'une charmille, par une charmille).

Enfin la présence du verbe «payer[1]» détermine le seul sens que peut avoir le mot «toit» dans le syntagme : «on paie au Prêtre un toit» ; il va de soi qu'on ne saurait payer un toit au sens premier de ce mot, c'est-à-dire : couverture d'une construction ; ici *un toit* est pris, selon un usage banal, par synecdoque, pour désigner l'habitation, la maison.

Reste le sens d'«ombré», qui ne se confond pas avec «ombragé», bien sûr. Littré définit le verbe ombrer : «mettre des ombres à un tableau» ; et pour le participe passé il cite un vers du poème fameux de Hugo, *La Vache* (*Voix intérieures*) : «Son beau flanc plus ombré qu'un flanc de léopard». Il s'agit d'un terme de la technique du dessin, un équivalent du verbe «estomper», que Littré définit : «ombrer avec l'estompe». Ce qui pourrait surprendre,

---

[1] Murphy écrit : «Ce paiement serait comme un pot-de-vin donné par les paysans pour que le prêtre les laisse tranquilles dans leur vie païenne de tous les jours». La supposition est étonnante. Depuis le Concordat de 1801, c'était l'État qui payait les membres du clergé selon un barème analogue à celui des fonctionnaires ; cela dura jusqu'en 1905 (mais, dans le territoire d'Alsace-Lorraine, partie intégrante de l'Empire Allemand à cette date-là, le régime du Concordat subsiste encore). Quant au presbytère et au jardin, ils étaient fournis par la Commune (et le sont encore, quand il y a un curé dans la Commune). Être curé était alors une carrière (voir la fin d'*Un cœur sous une soutane*).

c'est la *junctura verborum* un peu hardie à cause de l'emploi synecdochique de « toit » : « un toit ombré d'une charmille » ; mais il n'est pas difficile de voir que, « le toit » signifiant ici la maison, la seule partie de celle-ci où la charmille peut « mettre des ombres » (= ombrer) est la façade.

Il existe au moins un passage de *La Comédie humaine* où la distinction entre « ombragé » et « ombré » est très nette. Dans le deuxième épisode (*Comment mourut le fils*) de *L'Enfant maudit*, depuis la maison d'Antoine Beauvaloir jusqu'à la double haie qui borde la rivière,

> s'étendaient les masses de la verdure particulière à ce riche pays, belle nappe *ombragée* par une lisière d'arbres rares [...]. Cette lisière permettait de descendre, à toute heure, de la maison vers la haie sans avoir à craindre les rayons du soleil. La façade, devant laquelle se déroulait le ruban jaune d'une terrasse sablée, était *ombrée* par une galerie de bois autour de laquelle s'entortillaient des plantes grimpantes qui, dans le mois de mai, jetaient leurs fleurs jusqu'aux croisées du premier étage.

J'ai souligné *ombragée* et *ombrée* par pur scrupule. Le texte ne laisse aucun doute. « Ombrager » signifie que le feuillage des arbres arrête les rayons du soleil et permet d'être à l'ombre. Tandis que « ombrer » signifie que quelque chose fonce, rend plus sombre, la façade de la maison[1]. Ce « quelque chose » est, dans ce passage de

---

1 On trouve encore dans *L'Enfant maudit*, au début du premier épisode (*Comment vécut la mère*), une phrase où apparaît le sens du verbe « ombrer ». À la clarté de la lampe, la comtesse Jeanne d'Hérouville regarde dormir son redoutable mari : « chaque fois qu'un coup de vent projetait la lumière sur cette grande figure *en ombrant* les nombreuses callosités qui le caractérisaient, il lui semblait que son mari allait fixer sur elle deux yeux d'une insoutenable rigueur ». – Le *GDU* fait bien du verbe « ombrer » un terme technique des beaux arts : « Marquer les ombres de : ombrer un dessin » ; par extension : « Donner une couleur sombre à : Comme chez les Turcs la teinture ombre leurs paupières et prolonge l'arc de leurs sourcils (G. de Nerval) ». Pour le participe passé, il donne l'emploi par extension : « Marqué à certains endroits de couleurs plus sombres : La poitrine et le ventre son d'un jaune ombré de fauve (Buffon) ». Les exemples de cet emploi d'*ombré* ne manquent pas. *Cf.* Barbey d'Aurevilly, *Germaine ou la pitié* (1835) devenu *Ce qui ne meurt pas* (1883) : « L'astre captif [...] s'épanchait avec mélancolie sur la cime *ombrée* des

Balzac, une « galerie de bois autour de laquelle s'entortillaient des plantes grimpantes » : cette galerie de verdure est, bien entendu, contre la façade.

Que l'on pardonne ce long excursus. J'aurais préféré citer du Verlaine que Rimbaud avait lu, indubitablement ; voici, aux vers 9-10 de *César Borgia* dans *Poëmes saturniens* : « [...] la pâleur mate et belle du visage / Vu de trois quarts et très ombré [...] ». Mais surtout il suffisait de citer le passage du deuxième paragraphe d'*Enfance I*, où Rimbaud, évoquant « la fille à lèvre d'orange », emploie le verbe *ombrer* très exactement dans le sens qui vient d'être précisé :

> [...] nudité qu'ombrent, traversent et habillent les arcs-en-ciel, la flore, la mer.

Il faut aussi préciser le sens du mot « charmille » dans le contexte du vers de Rimbaud. La définition que donne Littré est plurielle et embarrassée : « Palissade, berceau, allée de charmes et même de diverses autres espèces d'arbres, taillés de manière à présenter une surface plane, un mur de verdure ». Passons sur la bizarrerie qu'il y a à parler en même temps de berceau, d'allée, et de végétaux taillés de manière à présenter une surface plane. Il faut, en tout cas, à cause du participe « ombré », éliminer dans le vers de Rimbaud le sens d'allée de charmes ; et le sens de berceau ne pourrait convenir qu'en envisageant un berceau très étroit et fait de végétaux flexibles qui ne seraient pas des arbres (cela correspondrait à la « galerie de bois autour de laquelle s'entortillaient des plantes grimpantes » du passage de *L'Enfant maudit* cité plus haut). Par contre, au mot « palissade », Littré fournit sous le numéro 3 l'explication suivante

---

massifs [...] » (*Œuvres*, Pléiade, II, 1966, p. 1381) – Villiers de l'Isle-Adam, *Claire Lenoir* : « figure *ombrée* du hâle des hommes de mer » ; *L'Inconnue* (*Contes cruels*) : « Les lignes fines et nobles de son profil perdu *s'ombraient* des rouges ténèbres de la loge » (*Œuvres complètes*, Pléiade, 1986, I, p. 152 et II, p. 711). J'ajoute que Rimbaud connaît aussi le sens de l'adjectif *ombreux* ; voir le poème « Plates-bandes d'amarantes », vers 11-12 : « [...] balcon / Ombreux et très bas de la Juliette ».

qui permet peut-être de mieux voir les choses : « rangée d'arbres qu'on plante à la ligne et dont on laisse croître les branches dès le pied, avec le soin de les tondre pour en faire une espèce de mur », et il ajoute : « palissades faites de charmilles, d'ifs, etc., palissades faites pour cacher certains murs désagréables à la vue ». Avec ce sens de « palissade » pour « charmille » le participe *ombré* est très précis et très juste : la façade de la maison du Prêtre est garnie d'un rideau de végétaux (qui l'ombre, c'est-à-dire qui fonce ses couleurs), ce rideau pouvant former à son propre sommet une avancée sur la façade, une espèce d'auvent de verdure.

Quant aux végétaux constituant la « charmille », ils peuvent être des jeunes charmes, mais aussi bien, et même « plutôt » dirai-je dans le cas présent, n'importe quelle autre espèce qu'on peut faire croître contre une muraille, au moyen, par exemple, de supports fichés dans le mur, comme la glycine, le jasmin, la clématite, le chèvrefeuille, le bignonia, le rosier grimpant et bien d'autres encore, jusqu'à la vigne vierge, mais non la vigne tout court, car dans ce cas Rimbaud, toujours précis, aurait employé le mot « treille », ni non plus les arbres fruitiers, car il aurait employé le mot « espalier », comme dans *Les Poètes de sept ans*. En tout cas, le mot « charmille » n'implique pas forcément qu'il s'agisse d'arbres appelés « charmes » ; la nature du végétal qui forme la « charmille » n'a aucune importance, au point que, d'une façon générale, on n'entend pas sous le mot « charmille » le charme-arbre, qui en est l'origine étymologique, mais, selon un phénomène populaire bien connu des philologues, le charme au sens d'impression d'agrément, de beauté, etc.[1]

L'emploi du mot « charmille » dans le sens dont il vient d'être question, pourrait s'expliquer par le fait qu'à côté des termes très précis de « treille » et d'« espalier » la langue n'en a pas pour désigner la végétation qui orne (ou « ombre ») la façade d'une maison ; dans l'usage courant on a donc utilisé un mot assez vague pour désigner la chose.

---

1 « Une charmille, c'est charmant », me dit ma voisine villageoise.

Je regrette de ne pouvoir reproduire ici des dizaines de gravures ou de photographies qui feraient voir ce dont je parle. Heureusement, il y a les textes.

Balzac d'abord. Le dernier des épisodes constituant *Autre étude de femme* commence par la description du jardin abandonné (« cet enclos », dit le romancier) d'une maison isolée :

> Devant ce logis est un jardin donnant sur la rivière, et où les buis, autrefois ras, qui dessinaient les allées, croissent maintenant à leur fantaisie. Quelques saules, nés dans le Loir ont rapidement poussé comme la haie de clôture, et cachent à demi la maison. [...] Les arbres fruitiers, négligés depuis dix ans, ne produisent plus de récolte, et leurs rejetons forment des taillis. Les espaliers ressemblent à des charmilles.

La dernière phrase est explicite ; les espaliers qui n'ont pas été entretenus deviennent des espèces de charmilles. Pour Balzac il existe une analogie entre l'espalier et la charmille ; celle-ci ne se distinguant que par une végétation plus désordonnée des plantes, non fructifères, qui la composent ; c'est la charmille-palissade de Littré. Et quelques lignes plus loin, Balzac parle de la tonnelle, preuve qu'il ne la confond pas avec les charmilles :

> On aperçoit une tonnelle, ou plutôt les débris d'une tonnelle sous laquelle est encore une table que le temps n'a pas entièrement dévorée.

Surtout il y a le journal de Vitalie. Le passage consacré au séjour dans la ferme de Roche, à la date de juillet 1873, apporte un document décisif qui confirme tout ce qui a été dit à propos de la « charmille » :

> Combien de fois ne suis-je pas allée, dans ces délicieuses soirées de juillet, quand tout, après avoir joui de la chaleur du jour, reposait dans la solitude de la nuit, m'asseoir sur le petit banc de pierre situé sous une charmille dans notre jardinet [...] La lune se levant noblement au milieu des nuages jetait son manteau d'argent sur le dos des ombres qui paraissaient à cette heure de grands géants explorant leur propriété ; une riche nappe scintillante se déployait au-dessus de moi, et de l'azur foncé se détachaient des diamants d'or.

Les dernières lignes avec la description du ciel pleinement visible, sans l'interposition d'aucune frondaison, ne laissent aucun doute : il ne s'agit pas d'une allée couverte, pas même d'une tonnelle ; pour que Vitalie puisse voir la lumière de la lune répandue sur le paysage, et la nappe d'azur foncé avec les étoiles scintillantes « *au-dessus* » d'elle, il faut nécessairement que la charmille, « sous » laquelle est le banc de pierre, soit totalement ouverte d'un côté sur le paysage et le ciel.

Il est amusant de pouvoir penser que Rimbaud s'est peut-être contenté d'orner la façade du presbytère de son poème d'un élément décoratif végétal qu'il avait vu dans le « jardinet » de Roche[1].

Ainsi, à s'en tenir au texte des *Premières Communions*, la « charmille » (quasi synonyme de treille ou d'espalier) qui « ombre » la maison du Prêtre, ne donnerait qu'une ombre plutôt chiche à quelque banc adossé à sa façade. C'est donc abusivement qu'Ascione et Murphy font vivre le prêtre dans l'ombre. Mais il faut reconnaître que le dérapage allait presque de soi, parce que le mot « charmille » fait penser à une tonnelle et à son ombrage (mais, répétons-le, ombrer n'est pas ombrager). Or si l'on place le Prêtre à l'ombre de la charmille, berceau ou tonnelle, bien loin de s'y trouver comme un cloporte ou comme un hibou qui a peur de la lumière et de la nature extérieure (comme si la charmille n'appartenait pas à la nature extérieure !), il y évoquerait une situation humaine non seulement des plus naturelles, mais des plus romantiques et même des plus païennes. Car Murphy, qui voudrait voir dans cette « charmille » la marque de l'anti-nature, oublie que la charmille, berceau ou tonnelle (ou même simplement palissade dont le haut est avancé par

---

1 Contrairement à ce qu'on lit çà et là, Rimbaud connaissait Roche avant 1873. Le journal de Vitalie donne une indication indiscutable : « La journée se passa dans l'intimité de la famille et dans la connaissance de la propriété qu'Arthur ne connaissait presque pas pour ainsi dire » (*ibid.*, p. 819), « presque pas pour ainsi dire » cela signifie qu'il la connaissait un peu ! Et quelques pages auparavant Vitalie a dit : « à Roche, dans cette maison que j'avais vue il est vrai il y a trois ans » (donc en 1870).

rapport au mur contre lequel elle est située, et au pied de laquelle il y a traditionnellement un banc de pierre ou de bois), fait partie intégrante du topos éternel du lyrisme amoureux bucolique. Sans faire défiler les citations, il est clair que sous la tonnelle, le berceau ou la charmille, il y a toujours Madelon et le petit vin blanc[1].

Ainsi, loin que le décor esquissé aux strophes 4 et 7 des *Premières Communions* représente la nature qui exclut la Nature, la nature réglementée, une « version mutilée et ordonnée » de la nature, il évoque une nature « humanisée » certes, mais dans le sens du libre épanouissement de l'homme ; et le texte de Rimbaud invite plutôt à l'interprétation « coquine », qu'à l'interprétation politico-socio-métaphysique avancée par Murphy après Ascione. Il est impossible, en tout cas, de donner au mot *charmille* la moindre nuance péjorative ; bien au contraire, il évoque un cadre agréable et une ambiance euphorique.

C'est aussi vers le décor bucolique et la suggestion du bonheur, pas du tout vers l'idée de claustration, qu'entraîne l'emploi du mot *clos*. On ne peut pas transformer le *clos* en « cloître ». Certes il contient l'idée de clôture, mais non pas comme emprisonnement, bien plutôt comme protection contre les menaces extérieures d'un lieu privilégié au sein de la nature. Le sens du mot *clos* est lié au sens qu'il a dans deux poèmes fameux.

---

1 Littré cite *L'Orage* de Béranger : « À l'ombre des vertes charmilles, / Fuyant l'école et les leçons, / Petits garçons, petites filles, / Vous voulez danser aux chansons. » Il y a aussi des exemples chez Hugo, bien sûr ; *cf. À propos d'Horace* : « Tu marchais, écoutant le soir, sous les charmilles, / Les rires étouffés des folles jeunes filles [...] ». Pour « charmille » au sens de « haie », voici dans *Le Vieux Ménétrier* de Béranger : « Quand d'une faible charmille / Votre héritage est fermé ». Et pour un emploi très vague de « charmille », voir dans *Sur trois marches de marbre rose* de Musset : « O bassins, quinconces, charmilles / Boulingrins pleins de majesté ». Surtout, encore une fois, c'est le texte de Verlaine qui éclaire les choses : aux vers 7-9 de *Fantoches* (*Fêtes galantes*) apparaît le sens « coquin » de charmille : « Lors sa fille, piquant minois, / Sous la charmille, en tapinois, / Se glisse demi-nue [...] » ; mais quand Verlaine veut faire croire à l'amour éthéré, il affuble les charmilles de l'adjectif « chastes », dans la quatrième des *Ariettes oubliées* (*Romances sans paroles*) : « Soyons deux enfants, soyons deux jeunes filles / [...] Qui s'en vont pâlir sous les chastes charmilles ». La rime « charmilles » / « jeunes filles » est quasiment automatique dans la poésie française.

Le premier est le sonnet « Heureux qui comme Ulysse ». Lorsque Du Bellay chante :

> Quand reverrai-je hélas ! de mon petit village
> Fumer la cheminée ? Et en quelle saison
> Reverrai-je le clos de ma pauvre maison
> Qui m'est une province et beaucoup davantage ?

il n'est certainement pas rempli de la nostalgie d'un cloître qui l'emprisonnerait.

Le deuxième fournit une description détaillée. La fable 4 du livre IV, *Le Jardinier et son seigneur*, commence ainsi :

> Un amateur de jardinage
> Demi-bourgeois, demi-manant,
> Possédait en certain village
> Un jardin assez propre et le clos attenant.
> Il avait de plant vif fermé cette étendue[1].
> Là croissait à plaisir l'oseille et la laitue,
> De quoi faire à Margot pour sa fête un bouquet,
> Peu de jasmin d'Espagne et force serpolet.

Plus loin, quand le seigneur, ses valets, ses chiens et ses chevaux ont mis à mal le « clos » :

> [...] adieu planches, carreaux ;
> Adieu chicorée et poireaux ;
> Adieu de quoi mettre au potage [...].

S'agit-il là d'un cloître, d'un lieu d'enfermement ? Le fabuliste parle avec exactitude de la « félicité » qu'un lièvre est venu troubler. Et je ne crois pas utile de faire défiler les descriptions de « jardins de curé » qui figurent dans les romans[2].

---

1 Voici la haie de clôture, mais aussi l'« étendue » du jardin et du clos.
2 Je cite cependant, parce qu'on y voit dénoncé le préjugé qui considère un clos comme un lieu artificiel, un fragment du passage, au ch. 76 de *Consuelo*, où George Sand décrit « l'enclos » (fermé d'une muraille basse) « d'un antique prieuré » (où habite un chanoine), enclos qui comporte un potager et un parterre de fleurs ;

Il faut s'en tenir à la lettre du texte. Aux strophes 4 et 7 des *Premières Communions*, ni la «charmille», ni le «clos», ni «ombré» ne sont «soulignés» par rien dans le texte, contrairement à ce que dit Murphy, et ces mots ne montrent pas la peur que le Prêtre aurait de la lumière et du soleil, mais le contraire. Dès lors, une construction idéologique à partir de ces mots ne tient pas.

QUESTION DE STRUCTURE

Les sept sizains qui ouvrent *Les Premières Communions*, dans la version transmise par Verlaine, sont un texte indiscutablement anti-religieux et anti-clérical, mais d'un réalisme vrai dans son pittoresque et d'un ton plutôt modéré[1]. Rien à voir avec *Accroupissement*, caricature outrée, féroce et obscène[2]. Et le contraste est énorme avec le reste du poème, tel que le donne Verlaine : là, les évocations des troubles physiologiques et psychiques de l'adolescente puis

---

Consuelo déclare : «J'ai toujours eu horreur des jardins bien tenus, bien gardés, et de tous les endroits clos de murailles ; et pourtant celui-ci, après tant de journées de poussière, après tant de pas sur la terre sèche et meurtrie, m'apparaît comme un paradis» (en grec *paradeisos* c'est le jardin-parc). Et je ne résiste pas à l'envie d'évoquer le clos (nous disions «l'enclos») du curé de mon village, vers 1930 : il contenait abondamment les légumes pour sa table, les fleurs (pas pour Margot) pour les autels de l'église, et des arbres fruitiers : je n'ai pas oublié la saveur des figues que j'y mangeais.

1 Murphy écrit (*op. cit.*, p. 89) : «[...] Ce que montre aussi le poème [Murphy veut dire : la première partie du poème], c'est que l'église fait elle-même partie, de manière très physique, de cette campagne française. La terre entre dans l'église par l'intermédiaire des paysans». Et il cite pour l'église-grange et le badigeon, une phrase dans *Le Curé de village* de Balzac (où figure le mot «grange» pour décrire l'église), et une phrase dans *La Faute de l'abbé Mouret* de Zola (où figure «badigeonnée» pour l'église comparée à une «étable»).

2 De même il ne semble pas que l'on puisse mettre sur le même plan le Prêtre de la première partie des *Premières Communions*, les «assis» du poème qui porte ce titre, et les poètes de *Ce qu'on dit au Poète à propos de fleurs*, comme le fait Murphy dans le passage cité plus haut.

de la femme fortement dramatisées (et, par ailleurs, inacceptables dans leur généralisation) et les attaques contre le Christ sont d'une violence extrême. Ce contraste macroscopique suffirait à lui seul pour obliger à se demander si l'ensemble du texte que nous a transmis Verlaine constitue bien un poème unique. Or il y a un grand nombre d'éléments qui accentuent la dichotomie entre la première partie et le reste du poème.

C'est d'abord le décor qui change totalement. Murphy écrit : « À partir de la deuxième section, la mise en scène rurale s'évapore pour faire place à la vie religieuse urbaine » (98). La métaphore « s'évapore », loin de masquer la difficulté, la souligne.

La matière traitée est tout aussi différente. Murphy intitule son chapitre *La Femme et l'Église :* « *Les Premières Communions* » ; mais il est forcé de donner pour titre à son premier paragraphe : *Églises, campagnes, paysans*, formule qui n'a rien à voir avec les femmes, ni même avec les premières communions. Effectivement la première section du poème parle des églises de campagne, du curé et des garçons de village ; les filles et la première communion solennelle n'y apparaissent que par allusion. Le titre que Murphy donne au deuxième paragraphe de son étude indique le contenu du texte en quatrains : *Puberté, idolâtrie, hystérie*. Encore faudrait-il préciser : féminines et citadines. Ce second adjectif, en particulier, est fondamental : les données sociologiques et historiques prouvent que dans la seconde moitié du XIXe siècle l'hystérie frappe beaucoup plus les femmes des villes que les femmes de la campagne, ce qui oblige à faire intervenir des causes qui ne sont pas seulement religieuses, mais sociales et de culture ; et même en province ce sont les femmes de la bourgeoisie qui sont beaucoup plus touchées que les paysannes. Rimbaud se révèle observateur exact de la réalité en plaçant l'hystérie féminine dans un milieu urbain. Mais son parti pris apparaît quand il ne tient aucun compte des causes qui ne dépendent pas de la religion. Rien de surprenant à cela, puisque ce texte, loin de relever d'une connaissance socio-historique que le jeune poète de 17 ou 18 ans ne pouvait pas avoir, n'est qu'un centon des lieux communs anti-chrétiens qui traînaient dans de nombreux poèmes «parnassiens», dont Lawrence Watson a donné une liste[1] que je n'ai pas à reprendre ici ; je ferai seulement observer que Rimbaud, qui utilise largement *Madame Bovary*, comme on l'a signalé depuis longtemps plusieurs fois, ne peut dans un poème accorder une place à tous les détails qui font du roman de Flaubert un témoignage infiniment plus objectif que *Les Premières Communions*. En tout cas, il n'y a aucun rapport entre les sept premiers sixains du poème et l'ensemble formé par les quatrains.

À tout cela il faut ajouter une série d'indices formels inquiétants.

Il y a d'abord le passage des sixains aux quatrains. Si dans les poèmes lyriques il est assez fréquent de faire *alterner* des strophes de structures (longueur, mètre, etc.) différentes, il est rare de trouver un poème composé de deux parties, chacune en un type de strophe particulier. J'ajoute, pour éviter toute confusion, qu'il ne s'agit pas non plus de l'*insertion* à l'intérieur du poème d'un passage en strophes différentes de l'ensemble pour marquer un morceau détaché (une réflexion, par exemple ; ou un discours ; ou un chant, comme dans *Le Lac*).

Mais il y a surtout les écarts entre les deux manuscrits de la main de Verlaine : le premier (reproduit en fac-similé dans l'édition Messein, «Les Manuscrits des Maîtres», 1919) qu'il est difficile de dater avec précision (les critiques le placent à la fin de 1871) ; le deuxième a servi pour la publication du poème dans *La Vogue* du 11 avril 1886. Ces écarts sont considérables. C'est d'abord le nombre des divisions du poème qui varie : Verlaine en marque, en chiffres romains, neuf dans son premier manuscrit et seulement sept dans le deuxième. Ensuite, on a, dans la première version, deux lignes de points, l'une après le vers 104 et l'autre après le

---

[1] Lawrence Watson, *La sexualité parnassienne chez Rimbaud*, dans le vol. collectif *Rimbaud à la loupe*, Colloque de Cambridge, 10-12 septembre 1987, *PS*, 1990, p. 27-37 ; particulièrement aux p. 33-35.

vers 108 ; elles disparaissent dans la deuxième version[1]. Enfin les variantes de mots entre les deux versions sont nombreuses (parfois étranges, comme « sentiers séreux » au v. 10) ; il serait trop long de les relever ici : on les trouvera dans les éditions critiques.

Devant cet ensemble de données, il est surprenant de lire ce qu'écrit Murphy :

> De ce qui précède, il apparaît que la structure du texte est extrêmement cohérente. L'écart entre la première section du poème et les autres sections donne à celle-là un caractère de prologue, mais de prologue sans doute étrange, puisque les rapports entre ces deux parties du texte ne sont pas ceux d'une continuation, mais au contraire d'une discontinuité flagrante. (121)

Si l'on reconnaît qu'il y a « écart » entre la première section et les autres, que « les rapports entre ces deux parties du texte ne sont pas ceux de la continuation, mais au contraire de la discontinuité flagrante », comment peut-on dire en même temps que « la structure du texte est extrêmement cohérente » ?

Murphy parle de « prologue sans doute étrange », et ajoute un peu plus loin : « Il est évident que le rapport entre les deux parties du texte est de l'ordre de la complémentarité » (123). Mais la complémentarité ne témoigne pas d'une structure « extrêmement cohérente ».

Accessoirement, Murphy prétend que la discontinuité des *Premières Communions* est la même que dans *La Fille de l'Emyr* (*Poèmes Barbares*) de Leconte de Lisle ; il se fie à ce que dit Lawrence Watson dans sa communication au colloque de Cambridge (citée

---

1 En 1989, j'ai écrit (p. 178) : « dans ce sous-ensemble [= le texte en quatrains], subdivisé en sept parties (III à IX), ne manquent pas les ruptures, marquées à deux reprises par des lignes de points ». Il tombe sous les sens que je n'envisageais là que la structure de ce sous-ensemble. Murphy a mal lu. Il déclare en effet : « Pour lui [= A.F.] ces points de suspension indiqueraient quelque erreur ou suppression textuelle due à Verlaine » (*op. cit.*, p. 123). Sans compter que lui-même parle « d'hiatus discursif », de « lacune significative ». C'est ce que je disais ! Mais il n'est pas intrigué par le fait que les deux lignes de points apparaissent dans un manuscrit de Verlaine et disparaissent dans l'autre.

plus haut), *La sexualité parnassienne chez Rimbaud*; mais ni Watson ni lui ne se rendent compte que dans le poème de Leconte de Lisle il n'est question, du début à la fin, que d'*une seule* jeune fille qui passe de son état d'innocence heureuse au sein de la nature à la condition malheureuse de celles qui ont répondu au Christ; pas d'églises de campagne, pas de curé de village, pas de garçons, pas de saut de la campagne à la ville, etc. Mais un personnage central et une seule expérience; l'unité du poème de Leconte de Lisle est remarquable.

Le poème *Les Premières Communions*, tel que nous l'a transmis Verlaine, au-delà des difficultés dans le détail du texte, constitue un poème hybride dans son ensemble[1]. On est donc fondé de se demander si on ne se trouve pas en présence d'une mauvaise suture entre deux poèmes distincts à l'origine.

Un dérapage se produit déjà au septième sixain. Alors que jusque-là les sixains sont rimés a b a b b (a féminine, b masculine), on a, au septième, la suite a b a a b b. Y a-t-il là une recherche pour mettre en relief la rime -*quant* (*d*) répétée, évocatrice du «cancan», comme le suggère Marc Ascione[2]? Peut-être. Ce qui est sûr, c'est que le dernier vers du septième sixain, précédé d'un tiret et séparé des cinq vers qui le précèdent par un blanc, constitue une clausule de type traditionnel, un peu plaquée et adventice, pour mettre fin à un récit.

Mais c'est au huitième sixain, celui qui devrait servir de transition de la campagne à la ville, des garçons aux filles, que la difficulté arrête le lecteur avec le retour du même mot «catéchistes» à la rime, et avec l'emploi de ce mot dans le sens d'«enfant qui suit les leçons de catéchisme», sens qu'il ne peut pas avoir.

---

1 Murphy voit (*op. cit.*, p. 18, l. 11-13 du bas; et p. 122, l. 11-20) une contradiction quand je dis que le texte des *Premières Communions* est «d'une clarté indiscutable», et en même temps qu'il s'agit d'un «texte étrange [...] fait au moins de deux morceaux mal mis ensemble». Qui ne comprendrait l'emploi du mot «texte» dans les deux sens que j'envisage?
2 *Cf.* l'article cité «Premières (et dernières) Communions», p. 36.

Deux erreurs qu'il est difficile d'attribuer à l'ignorance de celui qui les a écrites. Mais si elles sont voulues, il faudrait expliquer pourquoi ; on voit mal ce qui pourrait les justifier dans le contexte du poème.

Le responsable de ce rafistolage est-il Rimbaud ou Verlaine ? Il n'est pas impossible que Rimbaud ait composé deux poèmes distincts, l'un campagnard et masculin (en sixains), l'aure citadin et féminin (en quatrains) et qu'il les ait *juxtaposés* ensuite, un peu comme il fera pour certains textes d'*Illuminations* (*Enfance, Vies, Veillées, Jeunesse*). Mais est-ce lui qui a donné à l'ensemble le titre *Les Premières Communions* ? On peut en douter. Une intervention de Verlaine n'est pas *a priori* impossible. Il ne faut pas oublier qu'on n'a pas le droit d'appeler «copies» (comme font tous les éditeurs et tous les critiques) les textes de Rimbaud qui ne nous sont connus que par des manuscrits de Verlaine : tant qu'on n'a pas l'original, on ne peut pas dire si Verlaine l'a copié ou s'il a reconstitué le texte par le souvenir[1]. (Je rappelle que la mémoire des écrivains d'autrefois était prodigieuse par rapport à la nôtre). Il se pourrait que la suture constituée par le huitième sixain soit un expédient excogité par Verlaine, choqué par le manque de suite entre les deux sous-poèmes.

---

1 Dans son étude sur *Les Manuscrits de Rimbaud* (*Études Rimbaldiennes*, n° 3, 1970, p. 41-157), P. Petitfils n'a pas «montré» (verbe employé par Murphy, *op. cit.*, p. 122, n. 39) que Bouillane de Lacoste s'est trompé en suggérant que Verlaine a reconstitué de mémoire des textes aussi longs que *Les Premières Communions*. Petitfils ne peut que présenter des hypothèses plus ou moins vraisemblables.

LES PREMIÈRES COMMUNIONS. III

Il y a une dizaine d'années[1], Benoît de Cornulier a entrepris à son tour l'étude du texte des *Premières Communions* et discuté, en particulier, quelques-unes des propositions que j'avais avancées dans trois articles de la décade précédente[2]. Je vais reprendre point par point les éléments essentiels de son article, en essayant d'expliquer et de justifier mes interprétations.

Je précise que j'appelle *section* chacune des neuf divisions du texte, marquées par un chiffre romain ; et *partie* chacun des deux volets qui constituent l'ensemble du texte (d'abord la section I, puis le bloc des sections III à IX, la section II constituant, en quelque sorte, la charnière entre les deux volets).

I

Le premier problème est simple : Rimbaud parle-t-il de la Confirmation dans la première partie des *Premières Communions* ?

Certains ont voulu voir une allusion à ce sacrement dans les vers 22 et 23 :

> Ils sortent, oubliant que la peau leur fourmille
> Où le Prêtre du Christ plaqua ses doigts puissants.

---

[1] Benoît de Cornulier, «Rimbaud rimeur étourdi des *Premières Communions*», *Cahiers du Centre d'Études Métriques* (Université de Nantes) n° 4, mai 1999, p. 161-180. Les références aux pages de cette étude seront entre parenthèses dans le texte.
[2] «*Les Premières Communions*», dans le vol. «*fraguemants*» *rimbaldiques*, PUM, Toulouse, 1989, p. 173-179 ; «*Les Premières Communions*», PS, 9, fév. 1994, p. 12-31 ; «Brève mise au point au sujet des *Premières Communions*», PS, 12, déc. 1995, p. 6-7.

Selon eux, le Prêtre donnerait une forte claque («plaqua ses doigts puissants») au lieu du léger effleurement de deux doigts prévu par le rituel de la Confirmation. Cela semble invraisemblable. Cependant Cornulier reprend cette interprétation avec des considérations générales (pas très claires pour moi) sur les sacrements de l'Eucharistie et de la Confirmation (p. 175, n. 24 ; p. 177), où il va jusqu'à la mystique (p. 173).

Il faut s'en tenir à la lettre du texte. La première partie du poème parle des «églises des villages» et d'un prêtre qui enseigne le catéchisme («les divins babillages», v. 3) à «quinze marmots» (v. 2) ; et la strophe 5 fait allusion à l'espèce de fête qu'est la première communion à la campagne. Il s'agit donc de savoir s'il y a concomitance entre les deux sacrements, c'est-à-dire si le curé de campagne administre la Confirmation.

La réponse est indiscutable : le catéchisme nous enseigne que seul le Pape a le pouvoir d'autoriser les simples prêtres à administrer la Confirmation, et cela dans des cas tout à fait exceptionnels : par exemple, pour des prêtres envoyés dans des missions lointaines. Ce n'est certes pas le cas de la paroisse rurale dont parle le poème.

Sans compter que l'évêque n'a pas besoin de se faire remplacer par un simple curé de campagne : s'il est âgé ou malade, il a un évêque coadjuteur (tous les archevêques en ont un), – il peut avoir recours aux abbés des monastères, qui sont souvent évêques (et, à l'époque de Rimbaud, il y avait plusieurs abbayes par diocèse), – surtout il peut avoir un ou deux vicaires généraux (l'archevêque en avait trois[1]), qui comme l'indique le mot «vicaire» ont tous les pouvoirs pour le remplacer[2].

---

1 Ainsi, dans un archevêché, il y avait l'archevêque, son coadjuteur et trois vicaires généraux, soit cinq ecclésiastiques aptes à administrer la Confirmation. Le département des Ardennes n'avait pas d'évêché, mais faisait partie de l'archevêché de Reims.
2 Et avant d'arriver au curé de campagne, l'évêque disposait des chanoines de sa cathédrale et des églises collégiales, ou même des curés doyens qui sont les supérieurs des curés des paroisses de leur doyenné.

Ce qui est sûr, c'est que l'administration de la Confirmation était l'occasion pour l'autorité épiscopale (l'évêque ou ses vicaires) d'inspecter et de surveiller les paroisses rurales au cours des «tournées pastorales», recommandées par tous les conciles depuis le XVIe siècle.

Aux vers 22 et 23, il s'agit donc des claques que le Prêtre donne aux «marmots» turbulents[1].

II

Ce n'est pas un problème de sens que pose le nom *catéchistes* qui revient deux fois dans la strophe 8 du poème. Rimbaud n'altère pas le sens ordinaire des mots. Ils les emploie souvent métaphoriquement, mais cela n'oblitère pas tout à fait le sens premier du terme : le mot *cœur* dans *Un cœur sous une soutane* désigne d'abord l'organe de la circulation du sang et le siège des sentiments, ce n'est qu'à une lecture réflexive qu'on voit qu'il désigne autre chose ; le mot *déluge* contient le sens de cataclysme naturel, mais devient en fait l'image d'un cataclysme politique (la Commune), tout en conservant des traits du sens traditionnel («l'arc-en-ciel»; la montée des eaux ; etc.); les *corbeaux* du poème homonyme sont bien des oiseaux (ni aigles, ni fauvettes) dont Rimbaud décrit les évolutions dans le ciel ; etc.

Dès lors, il suffit de consulter les dictionnaires de l'époque de Rimbaud :

- *Dictionnaire universel de la langue française* de Boiste (1re éd. 1800, 15e éd. 1866) : *Catéchiste, s.m.* celui qui enseigne, qui fait le catéchisme. Un catéchiste enseigne Dieu aux enfants, et Newton le démontre aux sages (Voltaire).

---

[1] J'ai rapproché ce détail du passage de *Madame Bovary* (2e partie, ch. 6) où Emma désemparée essaie d'intéresser à son sort le curé Bournisien.

- *Dictionnaire national* de Bescherelle (1re éd. 1845, nombreuses rééditions jusqu'en 1861) : *Catéchiste. s.m.* Ecclésiastique chargé d'enseigner le catéchisme. Le catéchiste de la paroisse (suivent une citation de Guérin et une citation de Rollin).
- *Dictionnaire de la langue française* de Littré (1er vol. 1863) : *catéchiste, s.m.* et *f.* Celui, celle qui enseigne le catéchisme, qui fait le catéchisme aux enfants. Dona Marina était la catéchiste [des Mexicains], Volt. *Mœurs*, 147.
- *Grand dictionnaire universel du XIXe siècle* de P. Larousse (3e vol. 1867) : *catéchiste*, celui, celle qui enseigne le catéchisme. Un catéchiste de paroisse dit aux enfants qu'il y a un Dieu ; mais Newton le prouve à des sages (Volt.). Dona Marina était la catéchiste des Mexicains (Volt.).

Il n'est pas sans intérêt d'observer l'évolution du genre attribué à ce mot. Boiste n'envisage que le genre masculin. Bescherelle réserve ce nom à un ecclésiastique. Littré et le *GDU* envisagent un emploi au féminin, mais l'exemple fourni pour cet emploi n'est pas probant : il y est question des Mexicains, c'est-à-dire d'une terre de mission à l'époque de Voltaire ; le mot «catéchiste» a alors le sens très large de celui ou celle qui répand la religion ; on dit ainsi «catéchiser les infidèles».

À l'époque de Rimbaud (et encore aux alentours de 1925), c'est le curé de la paroisse rurale qui fait le catéchisme. Mais dans le deuxième volet des *Premières Communions* il est question d'une grande ville et le sizain 8 parle des «catéchistes, / Congrégés des Faubourgs ou des Riches Quartiers». À l'époque de Rimbaud, dans les paroisses urbaines et dans les grandes paroisses rurales, le curé avait un ou plusieurs vicaires (jusqu'à 6 ou 7 dans les grandes paroisses urbaines) qui le secondaient dans la tâche ; à la cathédrale ou dans les collégiales du diocèse, il avait à sa disposition les chanoines du chapitre ; en outre, il pouvait recourir aux religieux des couvents (qui ne manquaient pas à cette époque), et même (au siège épiscopal) aux élèves du grand séminaire (qui avaient les ordres mineurs ou étaient sous-diacres et diacres). Cela faisait un personnel suffisant pour assurer l'enseignement du catéchisme dans une paroisse, sans faire appel à des laïques, surtout pas à des femmes[1].

III

La difficulté n'est donc pas dans le sens du mot *catéchiste*, elle est dans le fait que Rimbaud a placé « parmi les catéchistes » la fillette qui sera le personnage central du second volet du poème (à partir de la section III). La fillette est présentée d'abord, indiscutablement, comme à la veille de sa première communion ; elle ne peut donc pas être une « catéchiste », elle est une élève du catéchisme.

Comment donc se trouve-t-elle parmi les « catéchistes », même s'il s'agit des catéchistes « Congrégés des Faubourgs ou des Riches Quartiers » ? Elle est présentée comme si elle semblait la fille de « portiers » (« Les parents semblent de doux portiers ») ; si l'on dit qu'elle a suivi ses parents à cette réunion de catéchistes, alors on dit que les « doux portiers » sont des catéchistes ; le mot « portier » n'ayant pas, de toute évidence, sons sens religieux désignant un des ordres mineurs, il est impossible de penser que des portiers (= concierges) étaient catéchistes à l'époque de Rimbaud.

Cornulier pense résoudre le problème par une « simple remarque de français » (p. 164) :

> [...] pour être « distingué parmi les catéchistes » possiblement connus du Prêtre, il n'est pas nécessaire d'être l'un des catéchistes – il suffit d'être parmi eux, et même parmi la foule où ils sont [...].

---

[1] Ce n'est qu'au XXe siècle que le rôle des femmes dans l'Église catholique en France a pris quelque importance. Il ne faudrait pas oublier que jusqu'en 1940 une femme ne pouvait pas entrer dans une église, si elle ne portait pas des manches longues et si elle n'avait pas la tête couverte.

Mais c'est confondre le syntagme «être parmi» et le syntagme «être distingué parmi». Dans «être parmi» le verbe être a un sens purement local (géographique), il correspond au verbe «se trouver». Et Cornulier a beau jeu de dire en note à cet endroit : «L'expression *Je suis heureux d'être parmi vous* ne serait pas française si pour être *parmi vous* je devais être l'un d'entre *vous* [alors *nous*]». Tandis que «être distingué parmi» suppose l'homogénéité des composants de l'ensemble (personnes, animaux, végétaux, objets) parmi lesquels on distingue (on sépare) un élément[1] : par exemple, parmi les chevaux du haras j'ai distingué un anglo-arabe.

Cela est, d'ailleurs, prouvé par les vers 5 et 6 de la même strophe :

> Au grand Jour, le marquant parmi les Catéchistes,
> Dieu fera sur ce front neiger ses bénitiers.

Il n'y a pas de doute, le «grand Jour» étant celui de la communion solennelle, comme l'atteste le premier vers de la section III : «La veille du grand Jour, l'enfant se fait malade», il s'agit bien de *marquer* (signe de la distinction) l'enfant parmi ceux et celles qui font la communion solennelle ; or, selon le texte du sizain 8 (tel qu'il nous est parvenu), ces enfants-là sont appelés *catéchistes*, ce qui est une erreur de français. Comme ce serait *le seul* exemple d'erreur de français dans *toute* l'œuvre de Rimbaud, il y a lieu d'être, pour le moins, préoccupé.

---

1 Cornulier connaît ce sens, puisqu'il écrit (p. 170) : «Voilà une fille de parents modestes que le prêtre a *distinguée parmi les catéchistes*, donc dans une foule où il repère spontanément les catéchistes […]». On se demande où est la «foule» dans le texte de Rimbaud ; en tout cas, il y a bien repérage d'un élément dans un ensemble.

IV

Vient ensuite un problème de versification. Ici, pour éviter les méprises et les divagations, il faut poser le problème de la façon la plus stricte et la plus exacte. Il ne s'agit pas, simplement, du retour du même mot à la rime de deux vers différents ; il s'agit du retour du même syntagme à la fin du vers 1 et du vers 5 d'un sizain : chaque détail compte.

Cornulier oublie cette donnée, quand il écrit (p. 163) :

> [...] le retour de *catéchistes* à la rime (déjà satisfaite [par *tristes*]) n'est pas en lui-même une faute de métrique [...]. Ou alors, il faudrait associer dans la sentence – entre autres choses de diverses époques – les quintils célèbres des *Fleurs du Mal* dans lesquels le dernier vers répète à la rime, et parfois intégralement, le premier de la stance[1].

C'est confondre deux phénomènes dissemblables. Chez Baudelaire, il y a effet de refrain, le *dernier* vers du quintil reprenant le *premier*. Rien de tel dans le huitième sizain des *Premières Communions*, où il n'y a pas reprise du premier vers au dernier vers, mais reprise du syntagme terminal du vers 1 au vers 5 : aucun rapport avec le système baudelairien du *repetend*.

Cornulier continue (*ibid.*) :

> Quant au fait que le retour à la rime se produise dans un seul sizain, et non périodiquement dans tous, on se contentera de noter, pour l'instant, que c'est un cas nullement rare, et de surcroît bénin, de variation (ou particularité) terminale (ou initiale) dans une série périodique [...]

et il renvoie au poème de Hugo *Lise* (*Les Contemplations*, I, 11). Voici les deux sizains (le premier et le dernier) de ce texte où il y a répétition du même mot à la rime :

---

[1] Il faudrait dire «dans lesquels le dernier vers répète intégralement le premier de la stance, sauf de légères différences dans les strophes de *L'Irréparable*».

> J'avais douze ans ; elle en avait bien seize.
> Elle était grande, et, moi, j'étais petit.
> Pour lui parler le soir plus à mon aise,
> Moi, j'attendais que sa mère sortît ;
> Puis je venais m'asseoir près de sa chaise
> Pour lui parler le soir plus à mon aise.
> [. . . .]
> Jeunes amours, si vite épanouies,
> Vous êtes l'aube et le matin du cœur.
> Charmez l'enfant, extases inouïes !
> Et quand le soir vient avec la douleur,
> Charmez encor nos âmes éblouies,
> Jeunes amours, si vite évanouies !

Qui ne voit la différence entre ces deux sizains de *Lise* et le sizain 8 des *Premières Communions* ? Chez Hugo, il y a dans le premier sizain la reprise de *tout* le vers 3 au vers 6 avec quadruplement de la même rime ; et dans le dernier sizain la quasi-reprise du *premier* vers au *dernier* vers avec, de nouveau, quadruplement de la rime. Il s'agit d'un effet de refrain dans une chanson (le caractère de «chanson» est encore accentué par l'emploi du décasyllabe) ; il n'y a rien de tel dans le retour de «parmi les catéchistes» aux vers 1 et 5 du sizain de Rimbaud.

Un peu plus loin (p. 169) Cornulier évoque le poème *Chanson* (*Les Contemplations*, II, 4) : «Si vous n'avez rien à me dire» ; mais il indique bien que chez Hugo le «distique bouclant» répète le premier distique de chaque sizain. Aucun rapport avec le phénomène qui pose problème au sizain 8 des *Premières Communions*[1].

Reprenant le même sujet à la page 173, Cornulier déclare : «Or, d'une rime répétitive qui ne l'est pas tout à fait grâce à un effet d'écho, un exemple du 18ᵉ était bien connu au 19ᵉ [...]» et, en note, il renvoie à Lebrun, dont les théoriciens de la versification citaient jadis (en signalant l'audace de la présence du même mot à la rime) les vers[2] :

---

[1] On pourrait multiplier les exemples ; *cf.* chez Desbordes-Valmore : «Comme un pauvre enfant / Quitté par sa mère / Comme un pauvre enfant / Que rien ne défend», mais c'est le vers *entier* qui est répété.
[2] Lebrun traduit Virgile, *Géorgiques*, IV, v. 526-527.

> La voix disait encore : O ma chère Eurydice !
> Et tout le fleuve en pleurs répondait : Eurydice !

Mais il reconnaît lui-même qu'il y a là une différence radicale avec le retour de « parmi les catéchistes » chez Rimbaud.

À la même page, après avoir distingué (d'une façon qui me semble spécieuse) la première apparition de *catéchiste*, où le mot serait « employé », de la seconde où il serait « cité et mimé », il continue :

> Rimbaud lui-même, dans une structure de répétition différente il est vrai (bouclage de poème), avait distingué des occurrences des mêmes notions à la rime (*étoiles, lys, voiles*) dans *Ophélie*, là, encore, avec le passage de l'emploi à la citation – par le « Poète » lui-même. Il s'en faut donc de beaucoup qu'on puisse qualifier de pure et simple négligence la rime *catéchiste / Catéchistes*.

Cornulier reconnaît, comme en passant, « dans une structure de répétition différente ». Tout est dans cette différence de structure. Elle me semble essentielle. Dans *Ophélie* (selon un modèle banvillien), au *neuvième* et dernier quatrain du poème reviennent : la rime du premier vers (« étoiles »), le second hémistiche du troisième vers (« couchée en ses longs voiles »), et tout le second vers (avec la seule modification de « flotte » en « flotter ») du *premier* quatrain. Qui pourrait dire que cela justifie ou explique dans *Les Premières Communions* la reprise du même syntagme de six syllabes au vers 1 et au vers 5 d'un seul sizain ? Et que les reprises de vers en « bouclage de poème » soient un phénomène récurrent dans la poésie parnassienne et même chez Rimbaud, cela est attesté par trois autres poèmes de celui-ci. Dans *Première soirée*, le *premier* quatrain est repris tel quel au huitième et *dernier* quatrain. Dans *Roman*, le *premier* quatrain revient au huitième et *dernier* quatrain avec une variation dans l'ordre des vers, et avec les mêmes rimes. Dans *Mes Petites amoureuses*, la *deuxième* strophe est reprise dans la douzième et *dernière* strophe (avec la seule modification, au premier vers, de « Blancs de » en « Sous les »).

Plus compliqué est un autre exemple avancé par Cornulier (toujours page 173) : « dans *Le Travail des captifs* (*La Légende des siècles*, XVII, 1), d'un (aa) à l'autre Hugo l'[la rime répétitive] avait pratiquée pour rendre la répercussion par le roi d'un ordre de Dieu ». Je cite les vers de Hugo, afin que les choses soient plus claires :

v. 1 Dieu dit au roi : Je suis ton Dieu. Je veux un temple.
>   C'est ainsi, dans l'azur où l'astre le contemple,
>   Que Dieu parla ; du moins le prêtre l'entendit.
>   Et le roi vint trouver les captifs, et leur dit :
>   – En est-il un de vous qui sache faire un temple ?
>   – Non, dirent-ils. – J'en vais tuer cent pour l'exemple
>   Dit le roi. […]

La différence avec la strophe 8 des *Premières Communions* saute aux yeux. Chez Hugo le mot *temple* est, certes, répété à la rime, mais il a une rime couplée la première fois (*temple / contemple*) et la seconde fois (*temple / exemple*) ; de sorte que l'on ne peut même pas dire que dans les vers cités de Hugo « temple » rime avec lui-même : il rime d'abord avec « contemple » et deux vers plus loin il rime avec « exemple ». Chez Rimbaud le syntagme « parmi les catéchistes » revient au vers 5 du sizain comme troisième rime (*catéchistes / tristes / catéchistes*) ce qui est un cas unique dans les huit sizains qui ouvrent le poème.

Au total, si un spécialiste de la versification n'a pas trouvé d'exemple strictement analogue au phénomène rimique qui apparaît au huitième sizain des *Premières Communions*, on est en droit de dire que jusqu'à preuve du contraire on est en présence d'un hapax dans la poésie française. S'agit-il d'une négligence de Rimbaud ou d'une distorsion volontaire pour briser le carcan de la versification ? Il reste que le phénomène ne peut pas ne pas interpeller le lecteur.

V

On arrive ainsi au problème que pose la structure d'ensemble des *Premières Communions*.

J'avais signalé que la construction d'un poème selon deux parties chacune en un type de strophes particulier est extrêmement rare ; Cornulier cite le poème *À un martyr*, dans *Les Châtiments* (I, 8), recueil que Rimbaud a lu indubitablement : ce poème de Hugo est formé par une première partie en sizains et une deuxième partie en quatrains ; la coïncidence avec *Les Premières Communions* est frappante. Je ne me contenterai pas d'objecter qu'un seul exemple sur des milliers de poèmes confirme l'extrême rareté du phénomène. J'observerai que le poème de Hugo est homogène ; il présente l'opposition entre le martyr tué par les infidèles et les prêtres engraissés par les puissants, avec un vers isolé qui est une véritable charnière entre les deux parties.

Rien de tel dans *Les Premières Communions*. Sans revenir sur l'étrangeté de la strophe de transition (sizain 8), je cite Cornulier, qui, après avoir parlé du parallélisme que le sizain 8 « diffuserait à l'échelle du poème entier », continue (p. 174) :

> Cependant ce parallèle est nettement dissymétrique : l'apostrophe finale au Christ, la longueur comparée de ses deux parties, la position finale de la partie concernant la fille, concourent à montrer que le texte intitulé par ce curieux pluriel, *Les Premières Communions*, terme qui pourrait avoir désigné familièrement les « premiers communiants » des deux sexes, concerne essentiellement les « premières communiantes » [...]

Il y a là plus qu'il n'en faut pour s'interroger sur l'unité de l'ensemble du poème.

À quoi s'ajoute l'étrangeté de la strophe de transition (sizain 8), hapax, on l'a vu, dans la production rimbaldienne et qui jure avec la pratique du poète quand il groupe plusieurs textes sous un seul titre dans les *Illuminations* : dans *Enfance, Vies, Veillées, Jeunesse*, les membres de l'ensemble sont juxtaposés avec un chiffre romain pour les distinguer entre eux. Mais le cas le plus significatif (et je dirai même presque probant en l'espèce) est constitué par les deux poèmes brefs, *Faim* et « Le loup criait », vers la fin d'*Alchimie du verbe* ; qu'il y ait un rapport entre ces deux textes est incontestable ; mais Rimbaud ne cherche pas à les réunir par une transition mal ficelée : il les sépare par un trait.

C'est un tel concours de phénomènes qui m'a amené à dire que *Les Premières Communions* étaient un « monstre hybride ». Formule qui en a choqué plus d'un, alors que je prenais le mot « monstre » dans son acception la plus large d'« être organisé dont la conformation diffère notablement de la conformation des êtres de son espèce » ; les fleurs doubles sont des monstres ; je dirai donc, pour rassurer les lecteurs, que *Les Premières Communions* sont une fleur double.

VI

Il faut s'en tenir là, même si l'on est loin d'avoir abordé toutes les difficultés du texte des *Premières Communions* et j'ai eu tort d'écrire en 1994 que le poème ne présentait pas de difficultés dans le détail du texte. Quelques exemples suffiront.

Peut-être Cornulier exagère-t-il dans son commentaire (p. 178) du vers : « La Nuit vient, noir pirate aux cieux d'or débarquant ». Il met en parallèle la fin des deux parties du poème : d'un côté, la Nuit pirate débarquant au ciel et le Christ « voleur des énergies » débarqué sur la terre depuis « deux mille ans ». Il se peut, mais le vers clausule de la première section se suffit à lui-même et offre un sens complet[1] : le noir est le signe des pirates, les pirates

---

1 Il est, en outre, séparé par un blanc des cinq premiers vers du sizain 7, ce qui augmente le caractère de complétude et d'indépendance de toute la première section du poème.

s'emparent des richesses, la nuit semble s'emparer des étoiles (qui brillent comme l'or) dans le ciel, elle est donc un noir pirate qui débarque aux cieux d'or.

Les choses sont plus compliquées lorsque la difficulté réside dans les termes employés.

Dans le sizain 8, on a vu, plus haut, la difficulté que présentait l'emploi de *catéchistes*; ce n'est pas la seule dans ce sizain. Le participe passé adjectivé, *congrégés*, au vers 2, semble anormal à l'époque de Rimbaud : ni Littré (vol. 1, 1863), ni le *GDU* (vol. 5, 1869) n'enregistrent l'infinitif, mais donnent le substantif féminin *congrégée* pour désigner une religieuse ursuline qui ne faisait pas de vœux; il semble que Rimbaud ait donné à ce participe passé le sens de «réunis, rassemblés», avec la nuance catholique contenue dans le mot *congrégation*.

Au dernier vers du sizain 8 «Dieu fera sur ce front neiger ses bénitiers», le verbe *neiger* est surprenant; on attendrait *pleuvoir*, puisque on asperge les fidèles avec l'eau bénite. Je n'ai trouvé nulle part de note à cet endroit.

Comme je n'en ai pas trouvé au premier vers de la section III : «[...] l'enfant se fait malade». Rimbaud emploie-t-il le verbe *se faire* dans le sens de *devenir*, comme dans les syntagmes «elle se fait belle», «il se fait vieux»?

J'ajoute à cette liste, au moins, le vers 5 du cinquième sizain : «Et que joindront, au jour de science, deux cartes [...]». Ce n'est pas l'emploi de *joindre* pour *rejoindre* qui fait difficulté, mais le sens qu'il faut donner à «jour de science» et à «deux cartes». Aux vers 3 et 4 du même sizain «Quelques enluminures où les Josephs et les Marthes / Tirent la langue avec un excessif amour», l'allusion était assez claire aux images pieuses que l'on donne aux enfants lors de leur première Communion. Il faudrait alors penser que le vers 5 fait allusion au jour du mariage. Mais la difficulté augmente, parce que le vers 6 du sizain est : «Ces deux seuls souvenirs lui reste du grand Jour» (ou «Ces seuls doux...»), or il est clair qu'au sizain 8 et au premier quatrain, la formule le «grand Jour» désigne incontestablement le seul jour de la première Communion.

Il faut surtout signaler les problèmes de structure dans le deuxième volet du diptyque. Un seul exemple. Déjà en 1960 Suzanne Bernard[1] se demandait ce que pouvaient bien signifier la ligne de points qui sépare la section VI de la section VII, et celle qui sépare la section VII de la section VIII, «pourquoi la transition entre la nuit de la première communion et le matin de la nuit de noces n'est-elle pas mieux ménagée?». Sur ce point encore, on attend une explication.

On le voit, la tâche des commentateurs n'est pas près d'être achevée.

Je terminerai en reprenant d'abord la conclusion de mon article de 1989 :

> Rappelons que ce texte n'est connu que par des manuscrits de la main de Verlaine. Dès lors on est en droit de soupçonner quelque cafouillage de la part de celui-ci[2]. Tant qu'on n'aura pas pour ce texte le manuscrit *de la main de Rimbaud*, la question restera, me semble-t-il, ouverte.

Et ensuite la conclusion que Cornulier a mise (p. 180) à son étude de 1999 :

> J'aimerais du moins avoir contribué à montrer que l'attention soutenue à des détails même problématiques de la forme et de la métrique d'un poème est une des manières dont on peut amorcer et orienter l'attention au sens.

---

1 *Op. cit.*, n. 18, p. 420.
2 C'est ainsi que l'un des deux manuscrits de Verlaine comporte neuf sections, l'autre huit.

LE BATEAU IVRE ET LA POÉTIQUE

Indubitablement, quelle que soit la portée politique du *Bateau ivre*, et elle est très importante[1], il serait abusif de voir le Mur des Fédérés (épisode de la répression sanglante de la Commune en mai 1871) dans « le ciel rougeoyant comme un mur », au vers 74 du poème. Mais, d'autre part, il serait trop simple de dire qu'il s'agit d'un obstacle que le « bateau ivre » doit « trouer » dans sa course « folle[2] » vers l'inconnu[3].

L'une et l'autre interprétation pèche, parce qu'elle ne tient aucun compte du contexte où se trouve ce syntagme. Or un mot ou une formule ne prennent un sens que par rapport à l'entourage lexical qui les détermine. Il est donc indispensable de lire littéralement le bloc des trois derniers vers de la strophe 19, ensemble dont on ne saurait extraire le syntagme qui nous occupe sans altérer la signification de celui-ci :

> Moi qui trouais le ciel rougeoyant comme un mur,
> Qui porte, confiture exquise aux bons poètes,
> Des lichens de soleil et des morves d'azur [...].

La construction est claire et le sens est immédiat : le ciel rougeoyant est comme un mur, et ce mur porte des lichens de soleil et des morves d'azur, lichens et morves qui sont une confiture exquise pour[4] les bons poètes. C'est le second vers qui donne

---

1 Cette portée politique du poème est fortement argumentée dans l'article fondamental de Steve Murphy, « Logiques du *Bateau ivre* », *Littératures*, 54, 2006, p. 25-86.
2 *Cf.* « Moi [...] Qui courais [...] Planche folle [...] » (str. 20, v. 77-78).
3 *Le Voyage* de Baudelaire est derrière l'inspiration du *Bateau ivre* ; et Rimbaud lui a pris plus d'un détail pour son poème.
4 Noter l'emploi classique de la préposition *à* à la place d'une autre préposition.

la clef du sens de l'ensemble des trois vers : il y est question de quelque chose qui regarde la poésie ; de quelque chose que les « bons poètes » aiment comme une « confiture exquise ». Une fois précisé le sens général des trois vers, les détails s'éclairent.

Le « ciel rougeoyant » désigne le coucher du soleil, poncif rebattu de la poésie romantique, que Baudelaire a quelque peu caricaturé (« le soleil s'est noyé dans son sang qui se fige »). Et « le ciel rougeoyant » semble bien être « comme un mur » à l'horizon du couchant.

Le génie persifleur de Rimbaud se donne libre cours dans la désignation des éléments que « porte » ce mur.

D'abord, « des lichens de soleil » : les lichens sont des excroissances végétales (un champignon et une algue en symbiose) qui tapissent les vieux murs ; réduire le soleil, que l'on peut voir sur fond rouge au couchant, à une espèce de moisissure, la lèpre des murailles[1], est un sarcasme impitoyable. Il se peut que Rimbaud ait pensé à l'emploi du verbe *moisir* pour indiquer l'obsolescence d'une réalité (objet, usage, notion, etc.), puisque, dans sa lettre à Demeny du 15 mai 1871, il écrit, à propos de l'ancien jeu des vers : « Après Racine, le jeu moisit : il a duré deux mille ans ! ».

Ensuite, « des morves d'azur » : la morve est une humeur visqueuse qui s'écoule du nez. Elle est de couleur verdâtre, ce qui la rapproche de la couleur azur : Rimbaud fait même l'assimilation complète des deux nuances, quand il parle des « azurs verts » au vers 33 du *Bateau ivre*, justement[2]. Surtout, la morve est quelque chose de répugnant : réduire l'azur, symbole de la pureté et de la spiritualité, à une saleté est bien dans le ton de l'ironie zutiste. Ici, Baudelaire est directement visé, qui écrit, par exemple, « Des Cieux Spirituels l'inaccessible azur » dans *L'Aube spirituelle*[3] ; mais aussi nombre de parnassiens, Mallarmé en particulier avec son poème *L'Azur*[4].

---

1 *Cf. Les Assis*, v. 3-4 : « Le sinciput plaqué de hargnosités vagues / Comme les floraisons lépreuses des vieux murs ».
2 Il est vrai que Rimbaud fait verte aussi « la nuit » au vers 37 du poème.
3 Et une bonne dizaine d'occurrences analogues dans *Les Fleurs du Mal*.
4 Publié dans le *Parnasse contemporain*, en 1866, et que Rimbaud avait certainement lu.

Or, dit Rimbaud, ces «lichens de soleil» et ces «morves d'azur» sont une «confiture exquise aux bons poètes». En d'autres termes, la pourriture et la saleté sont dégustées comme un mets délicieux par les «bons poètes», présentés comme des enfants gourmands.

Certains commentateurs ont voulu voir dans ce mot «confiture» une allusion au haschisch, à cause de l'emploi de ce mot par Baudelaire (dans *Les Paradis artificiels*) et par Gautier (dans *Le Club des hachichins*) pour décrire l'aspect de cette drogue. Mais le mot «confiture» est ici en apposition à «lichens de soleil» et à «morves d'azur»; il est impossible que des «lichens de soleil» et des «morves d'azur», avec la présence des mots «soleil» et «azur», puissent désigner le haschisch. On a là un exemple typique des déraillements que peut provoquer le non respect du contexte où un mot est inséré.

Curieusement, ce sont souvent ceux qui ont vu le Mur des Fédérés (de mai 1871) dans «le ciel rougeoyant comme un mur» (au vers 74), qui interprètent «confiture» comme représentant le haschisch. S'il en était vraiment ainsi, on aurait dans les vers 74-76 du *Bateau ivre* le seul exemple d'incohérence dans toute l'œuvre de Rimbaud.

Chez Rimbaud (comme chez tout écrivain), un mot, un syntagme, une proposition, une phrase n'ont, dans le contexte où ils sont placés, qu'un seul sens, le sens métaphorique n'étant pas un nouveau sens, mais le revers, pour ainsi dire, du sens littéral. Dans le cas présent, si l'on ne s'en tient pas au sens obvie du mot *confiture*, métaphorisé pour désigner les éléments littéraires qui font le régal des pseudo – «bons poètes», les dérives risquent d'être infinies. On vient de voir le passage au haschisch; il y en a qui, à partir des conseils hygiéniques contenus dans les journaux intimes de Baudelaire, ont évoqué l'emploi des lichens d'Islande dans le traitement des rhumes, sous forme de «gelée». Pourquoi s'arrêter en si bon chemin? Il suffit de consulter le *TLF*, pour découvrir que le mot *morve* était employé, par analogie, dans le domaine culinaire; et ce dictionnaire cite : « [...] le sirop prend une consistance de glu que les confiseurs appelaient autrefois *morve* », phrase tirée d'un ouvrage de L.-Eus. Audot, *La cuisinière de la campagne et de la ville* (74ᵉ éd. 1896), où l'adverbe « autrefois » renvoie à la moitié du XIXᵉ siècle ; et la perspective s'élargit même au-delà de la confiserie, puisque toujours le *TLF* nous apprend que l'adjectif « morveuse » peut s'employer à la place de « baveuse » dans le syntagme « omelette morveuse ». On le voit, si l'on s'engage dans le chemin de la polysémie, il n'y a aucune raison de s'arrêter, car la glu vaut bien la gelée, et, comme le dit un dicton populaire, tout est dans tout et le reste aussi.

En réalité, les vers 75 et 76 du *Bateau ivre* sont une raillerie féroce, dirigée contre les poètes contemporains de Rimbaud, spécifiquement ceux qu'il appelle « les bons Parnassiens » (noter la présence du même qualificatif) dans sa lettre à Banville du 24 mai 1870, « – puisque le poète est un Parnassien[1] ». Ces poètes qui ont abusé de toutes les variations du poncif *coucher du soleil*; poncif que pourchasse Rimbaud :

> Je vois longtemps la mélancolique lessive d'or du couchant (*Enfance IV*)
> [...] les chromatismes légendaires sur le couchant [...] (*Soir historique*)

Et cette portée poético-littéraire des vers 74 à 76, évidente, on vient de le voir, pourrait encore être attestée par des rapprochements intertextuels, avec des conséquences parfois surprenantes.

Au début du poème *À l'Arc de triomphe* (*Les Voix intérieures*), Hugo développe l'idée qu'« Il faut à l'édifice un passé dont on rêve » pour qu'il devienne sacré :

> Il faut que le lichen, cette rouille du marbre,
> De sa lèpre dorée au loin couvre le mur (v. 37-38).

---

1 Ne pas oublier que Baudelaire, « roi des poètes, *un vrai Dieu* » (Lettre à Demeny, 15 mai 1871), a publié des vers dans le *Parnasse contemporain*, en 1866.

La coïncidence de ces vers avec les vers 74-76 du *Bateau ivre* est frappante. On y trouve les mots portants du texte rimbaldien : « mur » et « lichen ». Mais surtout on y décèle le procédé par lequel Rimbaud est arrivé à son image extraordinaire : « Des lichens de soleil ». Chez Hugo, en effet, la « lèpre » des murs qu'est le lichen est « dorée », c'est-à-dire éclairée par le soleil (et même par le soleil couchant, qui est impliqué, on l'a vu, par « le ciel rougeoyant » chez Rimbaud) comme l'indique le premier vers du poème *À l'Arc de triomphe* : « Toi dont la courbe au loin, par le couchant dorée [...] ».

Rimbaud a condensé tous ces éléments dans le bref syntagme : « Des lichens de soleil ».

Et voilà que le « mur » du « ciel rougeoyant » au vers 74, loin d'évoquer le Mur des Fédérés, serait le mur[1] de l'Arc de triomphe, et au lieu de l'exaltation de la Commune on aurait la raillerie de la gloire impériale. Ce qui serait plus logique, car on voit mal une célébration par le communard Rimbaud du Mur des Fédérés dans cette décoration de « lichens » et de « morves ».

On n'est pas, en tout cas, sorti du domaine littéraire avec les « lichens de soleil », et il y a fort à parier qu'on n'en sortira pas avec les « morves d'azur », syntagme très probablement fabriqué par Rimbaud selon la technique qui lui a permis le raccourci frappant « lichens de soleil ». Mais, ici, l'intertexte manque, analogue à celui qui avait permis de suivre la genèse du syntagme « lichens de soleil ». Cependant, on peut trouver quelques indications dans d'autres textes de Rimbaud lui-même (c'est l'intratextualité).

Un premier indice est fourni par le début du sonnet *Le Dormeur du val* :

> C'est un trou de verdure où chante une rivière
> Accrochant follement aux herbes des haillons
> D'argent [...].

---

1 Tout au long du poème *À l'Arc de triomphe*, Hugo emploie le mot « mur » pour désigner le monument.

Les « haillons » sont des lambeaux d'étoffe, déchirés, en loques. Ces « haillons / D'argent » désignent les reflets du soleil dans les gouttes d'eau qui couvrent les herbes. Et le verbe « Accrochant » fait voir que ces « haillons » pendent verticalement selon les tiges des herbes[1]. Analoguement, on pouvait inférer du fait que la morve descend du nez vers la bouche que les « morves d'azur » sont verticales sur le « mur rougeoyant ».

Faut-il alors penser que les « morves » sont une exagération railleuse des « haillons » ? Quoi qu'il en soit, il reste que « D'argent » ne correspond pas à « azur ». Sans compter que « D'argent » implique la présence du plein soleil, comme le dit la suite des vers du *Dormeur du val* cités plus haut :

> C'est un trou de verdure où chante une rivière
> Accrochant follement aux herbes des haillons
> D'argent ; où le soleil, de la montagne fière,
> Luit [...].

Tandis que le vers 74 du *Bateau ivre*, avec « le ciel rougeoyant comme un mur », évoquait l'horizon du couchant au moment où le soleil disparaît.

Or dans *Roman*, poème daté du 29 septembre 1870, et donc très proche du sonnet *Le Dormeur du val*, qui est d'octobre 1870, on lit à la troisième strophe :

> – Voilà qu'on aperçoit un tout petit chiffon
> D'azur sombre, encadré d'une petite branche,
> Piqué d'une mauvaise étoile [...].

Les éléments du puzzle se précisent. Le « tout petit chiffon » correspond, dans un registre un peu moins bas, aux « haillons » ; et cette fois il est bien question d'azur. Cet « azur » est « sombre »

---

1 Il faut signaler l'erreur de la note que met à cet endroit Suzanne Bernard (*op. cit.*) : « Les *haillons d'argent* sont les reflets du soleil qui font briller la rivière ». Elle oublie « Accrochant aux herbes ».

parce qu'il s'agit du coucher du soleil avancé[1], ce « chiffon / D'azur sombre » étant « piqué d'une mauvaise étoile » : effectivement quelques étoiles apparaissent dans l'azur sombre du ciel, quand le soleil est couché, mais qu'il ne fait pas encore nuit ; Rimbaud pousse même le réalisme de sa notation jusqu'à dire, au vers qui suit les trois vers cités, que cette étoile est « petite et toute blanche » : c'est bien ainsi qu'apparaissent au ciel les premières étoiles.

Voilà réuni un ensemble d'éléments qui permettent d'éclairer le sens du syntagme « morves d'azur ». Les « morves », avec changement total du domaine comparatif, sont bien plus dégradantes que le « chiffon » et même que les « haillons ». Ces « morves » sont « d'azur », parce qu'au moment où le soleil disparaît, il y a, au-dessus du « mur rougeoyant » à l'horizon, un « azur sombre » intermédiaire entre le reste du jour et la nuit. Enfin, ces « morves » sont des traînées verticales, comme les « haillons / D'argent » accrochés aux herbes (*Le Dormeur du val*) : il faut donc supposer qu'aux vers 74-76 du *Bateau ivre* il y a des nuages qui compartimentent verticalement le ciel.

À défaut d'un intertexte qui indiquerait l'objet de la raillerie de Rimbaud, comme les vers de l'ode *À l'Arc de triomphe* désignaient Hugo derrière les « lichens de soleil », on a pu découvrir dans les poèmes de Rimbaud une série d'images dont la combinaison amène aux « morves d'azur ». Le procédé de Rimbaud n'est pas original. Baudelaire avait assez systématiquement tiré les images vers le bas : l'exemple typique est « Quand le ciel bas et lourd pèse comme un couvercle / Sur l'esprit gémissant […] ». Certes, Baudelaire n'aurait pas mis dans ses vers « des morves d'azur », mais ni « haillons d'argent », ni « chiffon d'azur » n'auraient détonné dans sa poésie[2]. Rimbaud doit dépasser son maître, ne serait-ce que pour affirmer son originalité. Sa tendance à utiliser des com-

---

1 Le vers qui suit la strophe de *Roman* qui vient d'être citée commence par l'exclamation « Nuit de juin ! ».
2 Il a bien écrit, entre vingt exemples : « […] et son cœur, meurtri comme une pêche » (*L'Amour du mensonge*).

paraisons triviales est constante, et particulièrement quand il est question d'effets de lumière. Sans multiplier les exemples, qu'il suffise de citer dans *Accroupissements* :

> [...] au clair soleil qui plaque
> Des jaunes de brioche aux vitres de papier (v. 12-13)
> Et le soir, aux rayons de lune, qui lui font
> Aux contours du cul des bavures de lumière (v. 31-32).

Ainsi, la matière des vers 74 à 76 du *Bateau ivre* est poético-littéraire ; il sera important de retrouver ce thème çà et là, tout au long du poème.

Il faut observer d'abord que la satire du poncif *coucher du soleil* était déjà présente, sous une forme plus brève et plus cryptique, aux vers 33-34 :

> J'ai vu le soleil bas, taché d'horreurs mystiques,
> Illuminant de longs figements violets [...].

« Le soleil bas » est, évidemment, le soleil couchant. Et les commentateurs ont cité, à bon droit, deux vers de Baudelaire

> Le soleil s'est noyé dans son sang qui se fige (*Harmonie du soir*)
> La gloire du soleil sur la mer violette (*Le Voyage*).

Cependant, il ne semble pas qu'on ait beaucoup glosé le segment : « taché d'horreurs mystiques ». De nouveau, le sarcasme rimbaldien s'en prend directement à Baudelaire. Ces « horreurs » (le mot est très fort) qui « tach[ent] » (et ce verbe est à rapprocher des « lichens de soleil » et des « morves d'azur » qui souillent, on l'a vu, le soleil couchant) « le soleil bas », sont « mystiques » (adjectif dada chez Baudelaire : 12 occurrences dans *Les Fleurs du Mal*) : comment ne pas y voir le fameux « ostensoir » qui clôt le non moins fameux poème *Harmonie du soir* ?

Mais, dans *Le Bateau ivre*, le thème de la littérature n'apparaît pas seulement sous l'aspect négatif de la satire railleuse (si caractéristique de la manière rimbaldienne), il se montre aussi selon une modalité positive (beaucoup plus suggestive) quand Rimbaud évoque, dans une forme imagée, sa propre création poétique.

À ce point, il faut préciser qu'il n'est pas question de la poésie qui se manifeste dans la description de l'aventure du «bateau ivre»; à ce titre il faudrait citer le texte entier du «Poème / De la mer», puisque Rimbaud décrit poétiquement l'expérience qu'il imagine sous forme de récit à la première personne («je courus», «j'ai vu», «je sais», «j'ai rêvé», etc.). Il s'agit ici des vers qui laissent deviner la nature même du travail créateur rimbaldien. On en trouve deux exemples quasi antithétiques.

Le premier est l'affirmation du bateau-poète :«Je sais [...] / L'Aube exaltée ainsi qu'un peuple de colombes» (v. 31).

En général, les commentateurs donnent de ce vers une explication naturaliste, comme Suzanne Bernard (*op. cit.*, p. 129, n. 14) :

> L'aube revient après la nuit et s'élève (s'exalte) dans le ciel qu'elle blanchit comme ferait *un peuple de colombes*. Voir *Plein Ciel* de Hugo, à propos de la «magie» céleste qui environne l'aéroscaphe :
> Le nuage, l'aurore aux candides fraîcheurs,
> L'aile de la colombe, et toutes les blancheurs,
> Composent là-haut sa magie.

Une telle explication oblige à donner à «exaltée» son sens étymologique de «s'élève», ce qui n'est pas impossible chez le latiniste remarquable qu'était Rimbaud. Mais on peut laisser à «exaltée» son sens habituel de «qui est dans un état d'exaltation», avec ici la transposition du résultat à la cause : l'aube est «exaltée» parce qu'elle provoque l'exaltation du poète[1].

---

1 Cette exaltation à l'aube peut se manifester sous une forme, disons, physiologique, comme l'atteste le dernier alinéa de *Bottom* : «Au matin, – aube de juin batailleuse, – je courus aux champs, âne, claironnant et brandissant mon grief, jusqu'à ce que les Sabines de la banlieue vinrent se jeter à mon poitrail.»

C'est alors l'aube d'*Aube,* poème qui commence par une affirmation exultante : « J'ai embrassé l'aube d'été ». C'est « l'aube » d'« A quatre heures du matin », qui lance les « Ouvriers » dans « l'œuvre inouïe » (*Matinée d'ivresse*) « sur le chantier » (*Being Beauteous*).

Et le « peuple de colombes » est l'« *alba manus* » des colombes (représentant les Muses) qui, dans le poème latin, intitulé par les éditeurs *Le Songe de l'écolier,* composé le 6 novembre 1868 par Rimbaud lycéen, couronnent de laurier l'enfant endormi auquel Apollon dit : « *Tu vates eris...* ». Rapprochement qui n'a rien d'arbitraire, puisque l'intervalle entre le poème latin et *Le Bateau ivre* ne dépasse pas trois ans.

D'ailleurs, il y a chez Rimbaud un rapport entre l'inspiration poétique et le vol des oiseaux. Comme, par exemple, dans *Vies I* : « Un envol de pigeons écarlates tonne autour de ma pensée ». Et dans *Le Bateau ivre* même, le poète se demande aux vers 87-88 :

> – Est-ce en ces nuits sans fonds que tu dors et t'exiles
> Million d'oiseaux d'or, ô future Vigueur ? –

La nuit marque l'exil et le sommeil de la création poétique ; la « future Vigueur » est le dynamisme qui réanimera l'activité créatrice momentanément suspendue. Cette activité est encore représentée par un vol d'oiseaux ; mais, tandis que les « colombes », en raison de leur couleur, symbolisaient l'aube, les « oiseaux d'or », l'or étant la couleur du soleil, marquent non pas l'élan initial de la création poétique (qui était l'aube), mais la splendeur éblouissante[1] du soleil au zénith et de la poésie accomplie[2].

---
1 L'emploi du numéral « million » souligne cet éblouissement. *Cf.* « toutes les richesses flambant comme un milliard de tonnerres » (*Mauvais sang*).
2 Il n'est pas possible de relever toutes les allusions à la poétique dans ce poème de cent vers. Mais il faut au moins signaler le thème de la poésie comme émerveillement de l'enfant ; le voici magnifiquement exprimé aux vers 57-58 : « J'aurais voulu montrer aux enfants ces dorades / Du flot bleu, ces poissons d'or, ces poissons chantants ». On retrouve ce thème dans *Après le Déluge* avec les enfants qui « regardent les merveilleuses images ».

Le deuxième exemple de vers qui évoquent une forme de la création poétique chez Rimbaud se trouve à la fin du poème, au moment de la retombée de l'élan poétique.

Cela commence, logiquement, pas la disqualification de l'aube : « Les Aubes[1] sont navrantes » (v. 89). On est loin de « L'aube exaltée ainsi qu'un peuple de colombes » du vers 31. En même temps, s'opère le renversement de la valeur du soleil : « Toute lune[2] est atroce et tout soleil amer » (v. 90). L'éclat lumineux du « Million d'oiseaux d'or » du vers 87, symbole de la « future Vigueur » indispensable à la poésie, n'était donc qu'une vision d'espoir.

Alors vient la strophe admirable décrivant la réduction de l'énergie créatrice :

> Si je désire une eau d'Europe, c'est la flache,
> Noire et froide où vers le crépuscule embaumé
> Un enfant accroupi plein de tristesses, lâche
> Un bateau frêle comme un papillon de mai.

Chaque terme serait à commenter. La « flache », c'est l'eau croupissante, immobile, le contraire des flots déchaînés dans le reste du poème. Le « crépuscule » est, évidemment, le contraire de l'aube et du plein soleil, ces deux moments essentiels de l'activité poétique chez Rimbaud, mais le poète ajoute, comme une compensation, la notation olfactive délicate « embaumé ». La position du corps et l'état d'âme de l'enfant « accroupi plein de tristesses » évoquent l'affaiblissement de l'énergie physique et morale, qui était indispensable pour les exploits du « bateau ivre ». Et le bateau, certainement de papier, « frêle comme un papillon de mai », ne saurait affronter les phénomènes violents qui ont ébranlé le bateau ivre.

La beauté de cette strophe élégiaque est incontestable : la chute de l'énergie poétique devient poésie, et grande poésie. Chacun est

---
1 Pourquoi Rimbaud a-t-il mis ici la majuscule à « Aubes » ?
2 Que vient faire ici la « lune » ?

libre, selon son tempérament et ses goûts, de préférer l'expression poétique de la déflation poétique au déchaînement dynamique de toute la partie antérieure du poème[1].

Ainsi la présence du thème de la littérature est massive dans le texte du *Bateau ivre*, soit sous la forme de la satire de la poésie contemporaine, soit sous la forme d'allusions à la création poétique rimbaldienne. Cette présence ne saurait être oblitérée par l'importance des sous-entendus politiques ; d'autant que ceux-ci se dissimulent le plus souvent sous la métaphore banale de l'océan image du peuple ; une allusion politique directe, comme celle des « yeux horribles des pontons[2] », est exceptionnelle et n'acquiert une valeur capitale qu'en raison du fait qu'il s'agit du dernier mot du poème.

Mais, symétriquement en quelque sorte, Rimbaud avait pris soin d'indiquer dès le premier vers du *Bateau ivre* la présence du thème poético-littéraire : « Comme je descendais les fleuves impassibles [...] ». Il y a là une allusion à la théorie parnassienne de l'impassibilité en art. On qualifiait les Parnassiens d'*Impassibles*. Et après le poème *La Beauté* (« Et jamais je ne pleure et jamais je ne ris ») de Baudelaire on a affaire à un poncif : il y a un poème intitulé *L'Impassible* dans le recueil *Les Vignes folles* (1860) de Glatigny, et, dans *Les Poëmes saturniens*, l'impassibilité, théorisée dans la dernière partie de l'*Épilogue*, est symbolisée aussi bien par l'héroïne d'une épopée indienne (*Çavitri*[3]) que par une fleur (*Un Dahlia*).

---

1 On a un finale analogue dans le poème *Mémoire*.
2 La charge politique du mot « ponton » est complexe. C'est dans des « pontons » que les Anglais enfermèrent les soldats de Napoléon capturés en Espagne. C'est dans des « pontons » qu'étaient emprisonnés les révoltés après 1848, et envoyés à Cayenne (le mot « ponton » revient une demi-douzaine de fois dans *Les Châtiments*). Enfin, c'est dans des « pontons » que furent emprisonnés et envoyés à Cayenne les Communards vaincus : Rimbaud, de toute évidence, fait allusion à ces derniers.
3 Bruno Claisse a signalé la rime *cibles / impassibles* dans ce poème (« *Le Bateau ivre* ou la traversée du Rubicon poétique », *PS*, 12, déc. 1995, p. 9).

Allusion d'autant plus probable que ce premier vers s'oppose fortement à l'agitation extraordinaire (*cf.* les «tohu-bohus» du vers 12) du bateau-poète libéré («Je ne me sentis plus tiré par mes haleurs[1]» au vers 2). Le tohu-bohu est d'abord la manifestation de la recherche de l'inconnu, mais c'est aussi l'image du chambardement que Rimbaud fait subir à la «vieillerie poétique».

Cet entrelacement du thème poético-littéraire et du thème politique se retrouve, bien entendu, dans d'autres textes rimbaldiens, selon des structures diverses. Dans *Le Bateau ivre*, le thème politique est manifeste derrière des métaphores marines, le peuple étant traditionnellement représenté par la mer et ses mouvements; c'est pour cela que les commentateurs ont tendance à voir ce thème tout au long du poème; en réalité, on a pu constater la présence importante du thème poético-littéraire. Inversement, dans certains textes où le thème politique occupe la première place, on voit apparaître le thème poético-littéraire, tantôt en un bloc isolé, tantôt dispersé par fragments. C'est ainsi que *Soir historique*, où les allusions à la politique internationale et l'annonce du «grand soir» constituent l'essentiel[2], commence par un paragraphe de satire virulente de la poésie verlainienne[3] :

> [...] la main d'un maître anime le clavecin des prés ; on joue aux cartes au fond de l'étang, miroir évocateur des reines et des mignonnes, on a les saintes, les voiles, et les fils d'harmonie, et les chromatismes légendaires sur le couchant.

Mais dans *Après le Déluge*, qui décrit la reprise de l'activité sociale traditionnelle après le cataclysme de la Commune, le thème poético-littéraire est disséminé çà et là : soit à travers la poésie de

---

1 Ces «haleurs» sont alors les chefs de la nouvelle école, qui balisent la voie à suivre et empêchent le bateau-poète d'aller où il veut (*cf.* «les Fleuves m'ont laissé aller où je voulais», v. 8).
2 Voir «*Soir historique*», *PS*, 19, déc. 2003 ; repris dans le vol. *De la lettre à l'esprit*, Champion, 2004, p. 357-363.
3 Voir «Les échos verlainiens dans *Illuminations*», *RSH*, avril-juin 1962, repris dans le vol. *De la lettre à l'esprit*, p. 37-38.

l'enfance (les enfants qui regardent « les merveilleuses images » ; l'enfant « compris des girouettes et des coqs des clochers de partout »), soit de façon directe avec « les églogues en sabots ». Et même dans les textes visant la société contemporaine, la satire littéraire n'est pas absente ; dans *Promontoire*, par exemple, derrière l'évocation caustique du tourisme à la mode, on peut déceler la raillerie de la littérature de voyage en vogue à l'époque, avec en particulier les volumes de Gautier et de Banville[1].

La maîtrise de l'art de Rimbaud aura été de combiner ces thèmes dans un tissage serré qui ne laisse pas voir les coutures.

---

1 Voir Bruno Claisse, « *Promontoire* et la haute classe de loisir », dans le vol. *Rimbaud ou « le dégagement rêvé »*, Musée-Bibliothèque Arthur Rimbaud, Charleville-Mézières, 1990, p. 59-68.

LES RIMES DE *LARME*

L'occasion des présentes remarques a été fournie par un passage de la stimulante étude consacrée par Louis Forestier à la rime dans les «Poésies» de Rimbaud[1]. Après avoir cité les vers 3 et 8 de *Larme*, Forestier écrit :

> De deux choses l'une, ou *suer* demeure sans répondant, ou bien, comme le suggèrent les tables de concordance des *Poésies* de Rimbaud[2], il rime avec *noisetiers*, ce qui me semble laisser un bien grand écart entre les deux rimes, limitées de surcroît au seul vocalisme. Quelque parti qu'on prenne, il y a une volonté d'égarer l'auditeur ; cette volonté serait plus grande encore, si l'on admettait de rapprocher, par improbable, *couvert* et *suer*, selon une prononciation dite «distinguée» de l'époque classique : celle qui permet à Racine la rime *cher / arracher* (*Bajazet*, v. 727-28) et à Voltaire *fer / bergers*.

Qu'il y ait dans *Larme* une volonté d'égarer l'auditeur ou le lecteur sur un jeu de rimes, cela est évident. Et il n'est pas impossible que le sarcastique Rimbaud se soit moqué de la rime dite «normande» (fréquente chez Corneille beaucoup plus que chez Racine), d'autant plus qu'on en trouve à la rigueur un exemple aux vers 14/15 du poème[3] sans titre «Plates-bandes d'amarantes» : *fer / verger* ; sans compter surtout que cette prononciation

---

*   *Matériaux pour lire Rimbaud*, PUM, Toulouse, 1990, p. 14-16.
1   Louis Forestier, «Un mot sur la rime. – À propos des *Poésies* de Rimbaud», dans le vol. collectif *Travaux de littérature*, Les Belles Lettres, 1989, II, p. 233-241.
2   Louis Forestier renvoie à *Table de concordances rythmique et syntaxique des «Poésies» d'Arthur Rimbaud*, par A. Bandelier, F. Eigeldinger, P.-E. Mounin, E. Wehrli, À la Baconnière, Neuchâtel, 1981.
3   Poème, soit dit en passant, où la liberté dans la versification, surtout pour ce qui concerne l'acrobatie ou l'absence de la rime, est telle qu'il me semble philologiquement impossible de le dater de «juillet» 1872.

« normande » de l'infinitif constituait une déformation potachique (raillant, en l'espèce, la versification classique) utilisée par Rimbaud, Verlaine et Delahaye dans leur correspondance (et leurs conversations, très probablement), comme l'atteste, par exemple, dans la lettre à Delahaye du 14 octobre 75, cette phrase : « De telles préoccupations ne permettent que de s'y absorbère ».

Cependant la suggestion de la *Table de concordances* n'est pas à rejeter. En effet, si l'on considère l'ensemble des rimes de *Larme*, une structure apparaît immédiatement, non pas à l'intérieur de chaque strophe, comme le voudrait la règle, mais dans chacun des groupes, formés par deux strophes consécutives. Appelons *a* le groupe des deux quatrains :

> Loin des oiseaux, des troupeaux, des villageoises,
> Je buvais, accroupi dans quelque bruyère
> Entourée de tendres bois de noisetiers,
> Par un brouillard d'après-midi tiède et vert.
>
> Que pouvais-je boire dans cette jeune Oise,
> Ormeaux sans voix, gazon sans fleurs, ciel couvert.
> Que tirais-je à la gourde de colocase ?
> Quelque liqueur d'or, fade et qui fait suer.

On peut voir qu'on a les rimes :

- *a1 – a5 villageoises / Oise* (le singulier rimant avec le pluriel) ;
- *a4 – a6 vert / couvert* (rime riche) ;
- *a3 – a8 noisetiers / suer* (de nouveau le singulier rimant avec le pluriel).

Ajoutons qu'à l'intérieur du premier quatrain, la rime du vers 2, *bruyère*, peut aller avec la rime du vers 4, *vert* : suivant la liberté qui fait rimer un masculin avec un féminin. De même, à l'intérieur du deuxième quatrain, la rime du vers 7, *colocase*, peut, à la rigueur, rimer avec *Oise* du vers 5.

Or, le second groupe de deux strophes, que nous désignons par *b*, présente une structure rimique analogue :

> Tel, j'eusse été mauvaise enseigne d'auberge.
> Puis l'orage changea le ciel, jusqu'au soir.
> Ce furent des pays noirs, des lacs, des perches,
> Des colonnades sous la nuit bleue, des gares.
>
> L'eau des bois se perdait sur des sables vierges,
> Le vent, du ciel, jetait des glaçons aux mares...
> Or! tel qu'un pêcheur d'or ou de coquillages,
> Dire que je n'ai pas eu souci de boire!

Ici, encore, on a les rimes :

- *b1 – b5 auberge / vierges* (le pluriel rimant avec le singulier, à l'inverse de *a*) ;
- *b4 – b6 gares / mares* ;
- *b2 – b8 soir / boire* (le féminin rimant avec le masculin).

Ajoutons que, dans ce groupe *b*, à l'intérieur du premier quatrain, *perches* pourrait à peu près rimer avec *auberge*, et à l'intérieur du second quatrain *coquillages* pourrait à peu près rimer avec *vierges* (mais en ayant la voyelle de base identique à celle de *mares*).

Il est important de relever la symétrie de la disposition des rimes dans les deux paires de quatrains. Elle est totale entre *a1 – a5*, *a4 – a6* et *b1 – b5*, *b4 – b6* ; elle est à peine modifiée entre *a3 – a8* et *b2 – b8*.

Observons enfin qu'une telle structure permet d'éliminer certaines gaucheries de la *Table de concordances*[1], qui fait rimer *mares* (v. 14) avec *gares* (v. 12) et aussi avec *boire* (v. 16) ; *Oise* (v. 5) avec *villageoises* (v. 1) et aussi avec *colocase* (v. 7) ; *perches* (v. 11) avec *auberge* (v. 9) et aussi avec *vierges* (v. 13) ; *vert* (v. 4) avec *bruyère* (v. 2) et aussi avec *couvert* (v. 6).

---

1 Voir *op. cit.*, p. 357, p. 358, p. 359 et p. 365.

Il n'est pas possible, en tout cas, de penser qu'un système de rimes aussi élaboré, quelles que soient sa souplesse réelle et son anarchie apparente, est dû au pur hasard : il est raisonnable d'affirmer qu'il résulte d'un calcul du poète[1]. Rimbaud a essayé de jouer au maximum avec la rime, avant de ne la conserver que sporadiquement, comme dans *Bannières de mai* ou «Plates-bandes d'amarantes», pour donner le change au lecteur.

---

1 Peut-être sous l'impulsion de Verlaine (voir *Nuit de l'enfer* : «Des erreurs qu'on me souffle, magies, parfums faux, musique puériles»); mais celui-ci, jusqu'en 1874, n'est pas allé au-delà des jeux de «C'est le chien de Jean de Nivelle» (*Ariettes oubliées, VI*, dans les *Romances sans paroles*).

DE *BONNE PENSÉE DU MATIN* À « A QUATRE HEURES DU MATIN »

> [Chez Rimbaud, à l'aube,] *se produisent soudain une explosion de force et de pensée, une brusque giclée d'existence.*
> J.-P. Richard, *Poésie et profondeur*, Seuil, 1955, p. 189.

La lecture de *Bonne pensée du matin* que vient de proposer Yves Reboul[1] devrait combler les tenants (dont je suis depuis un demi-siècle) de la portée socio-politique d'une grande partie de l'œuvre de Rimbaud. D'une grande partie, mais non de la totalité de cette œuvre, je le précise, pour ma part. Et quel que soit le mérite de la construction de Reboul, elle ne laisse pas de montrer des fissures aux points difficiles du texte.

Une première difficulté se présente dès le vers 6, « Vers le soleil des Hespérides ». Dans une interprétation socio-politique du texte, ce vers ne peut que paraître incongru. Effectivement, Reboul le trouve « emphatique » (126) et y voit une « expression parodique » (127). Pour lui, *Babylone* du vers 14 est Paris, « alors *vers le soleil des Hespérides* ne peut désigner que le Couchant de la capitale » et l'*immense chantier* serait « dans la direction même où se concentrait de plus en plus *la richesse de la ville*, les banlieues fortunées et les beaux quartiers de l'Ouest de Paris » (127). Mais il est bien obligé d'admettre que pour énoncer une idée aussi simple Rimbaud aurait employé un

---
* *PS*, n° spécial, oct. 2008, *Hommage à Steve Murphy*, p. 475-491.
1 *Littératures*, n° 54, 2006, « Rimbaud devant Paris : deux poèmes subversifs (p. 95-132) – II. *Bonne pensée du matin* au pied de la lettre » (p. 117-132). Les références aux pages de cette étude seront faites entre parenthèses.

tour « parodique » ou caricatural ; quant au *soleil*, « il est aussi sans doute celui de la richesse elle-même » (127). Il semblerait que Reboul se soit fourvoyé par excès d'érudition. Il se fonde sur la locution grecque *pròs Hespéran* pour laquelle, avec abondance de références (n. 84, 85, 86, 87), il choisit le sens locatif « vers le couchant », quasi synonyme d'occidental (125), laissant de côté le sens temporel de « vers le soir », sens temporel qu'avait adopté Mario Richter[1], et qui aboutissait au paradoxe que le texte de Rimbaud se situait à la fois dans la matinée et dans la soirée, sous deux soleils, en quelque sorte, dans une lumière double[2].

En réalité, on peut lire ce vers 6 à la lettre, sans passer par le grec. La préposition *vers*, outre une direction géographique ou une indication temporelle, peut indiquer une orientation astronomique ; alors « l'immense chantier » est orienté vers le soleil en tant qu'astre, « Le Soleil, le foyer de tendresse et de vie » (premier vers de *Soleil et Chair*), générateur et moteur de l'activité des « ouvriers » très spéciaux dont parle le poème ; activité héliotropique : elle commence « A quatre heures du matin, l'été, » et finit « à midi » (chaque mot compte). Dans cette perspective, le déterminant « des Hespérides », qualification à première vue énigmatique du soleil, voit sa signification mythologico-mythique s'enrichir d'une portée poético-créatrice, dont le sens apparaîtra (on le verra) dans une lecture du texte qui ne saurait être socio-politique.

Nouvelle difficulté au début du vers 9 : « Dans leur désert de mousse ». Car, s'il est facile de comprendre que « les charpentiers » (v. 7), dans « l'immense chantier » (v. 5), « préparent les lambris précieux » (v. 10), on se demande ce que vient faire ce « désert de mousse ». Dans une note expéditive, Reboul élimine le problème :

---

1 Mario Richter, « Une "étude" : "À quatre heures du matin" », *PS, Colloque n° 2*, 1987, p. 38-51.
2 *Loc. cit.*, p. 47 : « [...] la mystérieuse lumière, à la fois aurorale et crépusculaire, du "soleil des Hespérides" [...] ».

On ne voit pas que l'expression *déserts* [sic] *de mousse* soit bien mystérieuse : on comprend aisément que, pour préparer les lambris, des arbres ont été abattus, ce qui donne à la forêt rasée l'apparence d'un désert de mousse (128, n. 98).

Mais comment les «charpentiers» pourraient-ils préparer les «lambris» à l'endroit où les arbres ont été abattus dans la forêt ? Il semble que Reboul ait confondu les charpentiers avec des bûcherons, comme l'atteste la suite de la note : «Dans *Fairy*, à propos de la *bûcheronne* [sic], Rimbaud parlera de même de la *ruine des bois*». Ce «de même» est plus que surprenant. Le syntagme «la ruine des bois», pur latinisme, signifie que des bois ont été abattus ; dire qu'il correspond à «désert de mousse» est une pétition de principe : c'est poser comme établi que le «désert de mousse» est l'endroit déboisé d'une forêt, alors que ce n'est qu'une hypothèse.

Avant de tenter de résoudre l'énigme, il sera prudent d'attendre que quelques éléments du texte permettent d'y voir plus clair.

Un autre point difficile est le vers 16, «Dont l'âme est en couronne», référé aux «Amants» (v. 15), ce qui renvoie à la première strophe :

> A quatre heures du matin, l'été,
> Le sommeil d'amour dure encore.
> Sous les bosquets l'aube évapore
> L'odeur du soir fêté.

quatrain qui évoque l'atmosphère de lendemain non pas de fête au sens banal de ce mot, malgré l'adjectif «fêté» à la rime du vers 4, mais de nuit de débauche, comme l'indique la fin de la strophe, où le mot «bosquets» n'est pas sans rappeler la fin du sonnet *Les anciens animaux* :

> [...] et personne
> N'osera plus dresser son orgueil génital
> Dans les bosquets où grouille une enfance bouffonne.

138   LE SOLEIL ET LA CHAIR

Pour ne rien dire de « l'odeur[1] ».

Aucun rapport avec les *Fêtes galantes*, auxquelles plus d'un critique[2] a fait référence. Dans les *Fêtes galantes*, les amants se hasardent, tout au plus, à « lutiner » les amantes. C'est plutôt à l'*Album zutique* qu'il faut penser.

Cette strophe, surtout, n'a rien à voir avec la lettre à Delahaye de « Jumphe 72 », où Rimbaud exalte « cette heure indicible, première du matin ». Reboul le signale et fustige (118-120), à bon droit, la paresse moutonnière des commentateurs qui reprennent tous ce rapprochement.

Mais, de nouveau, il se débarrasse du vers 16 dans une note rapide :

> Pas plus que *déserts* [sic] *de mousse* ces mots ne me semblent énigmatiques : expression un peu précieuse de l'amour comblé, il se peut, encore que le bonheur stylistique soit au rendez-vous. A. Fongaro a rapproché naguère cette expression de l'expression mallarméenne « portant mon rêve en diadème » qui figure dans *Les Fenêtres*, poème publié dans le *Parnasse* de 1866 et donc forcément connu de Rimbaud. [...] On peut penser aussi à Hugo, *Les Misérables*, V, 7, 2 : « On a beau être couronné de lumière et de joie... » (129, n. 99).

Étrangement, Reboul utilise, pour réfuter mon interprétation du vers 16, une citation que je faisais pour dire que Rimbaud se moquait de Mallarmé[3]. L'expression de Rimbaud ne laisse place à aucune discussion : elle signifie que l'âme forme une couronne. Chez Mallarmé, le rêve est porté en guise de diadème ; le verbe *porter* fait du syntagme une métaphore : il n'y a pas identification entre la nature du rêve et une couronne. Chez Rimbaud, c'est l'âme qui forme une couronne, sans métaphore. Et la différence avec l'expression de Hugo est encore plus grande : le verbe « être

---

1 Reboul parle de « l'équivoque obscène du dernier vers » (128).
2 Et même Reboul (128).
3 Exactement : « Il se pourrait qu'avec *l'âme en couronne* il [Rimbaud] se moque aussi de Mallarmé, qui a écrit dans *Les Fenêtres* [...] » (« *fraguemants* » rimbaldiques, 1989, p. 30).

couronné », à cause du complément « de lumière et de joie[1] », y est synonyme d'« être rayonnant », la lumière et la joie ne pouvant constituer une couronne réelle.

L'équivalent le plus simple d'« en couronne » étant « en rond », comment l'âme des amants peut-elle être « en rond » ? Il faut essayer d'être bref et clair.

Le point de départ est la chanson gaillarde *Le Plaisir des dieux*, que Rimbaud connaissait sûrement, puisqu'elle figure dans le *Parnasse satyrique du XIXe siècle* qu'on peut dater[2] des environs de 1860 ; l'avant-dernier vers du quatrième couplet est : « Après l'dessert, on s'encule en couronne ». Ceux qui n'arriveraient pas à se représenter la scène n'ont qu'à se procurer une reproduction du tableau *La Corona dei cazzi* de Julio Caraglio, ainsi décrit dans l'*Erotika Biblion* de Mirabeau[3] (dont une « nouvelle édition » a paru « À Bruxelles, chez tous les libraires », en 1867) : « On y voit une trentaine d'hommes étroitement liés (*turpiter ligati*) en rond [...] ».

On comprend ainsi comment des « amants » homosexuels peuvent être « en couronne ». Mais leur « âme » ?

Il est clair que si l'on donne au mot *âme* le sens de « principe spirituel », il n'est pas possible qu'elle soit « en couronne ». Mais le mot *âme* a un sens technique matériel, qui est double : d'une part, support solide autour duquel prend appui un élément plus faible (l'âme d'une poignée, etc.) ; d'autre part, la partie évidée d'un cylindre (l'âme d'un canon, etc.). Ainsi, chaque « amant » est pourvu d'une « âme » double : l'âme rigide (par devant) et l'âme évidée[4] (par derrière) ; et cette « âme »-là peut être « en couronne ».

---

1 Où l'on retrouve le goût de Hugo pour l'alliance du concret et de l'abstrait (*cf.* le vers fameux : « Vêtu de probité candide et de lin blanc »).
2 Il a été publié sous le manteau, sans date ; mais Alfred Delvau, dans son *Dictionnaire érotique moderne*, qui est de 1864, cite des fragments du *Plaisir des dieux* à quatre entrées (boxonner, fendasse, polir le chinois, soixante-neuf).
3 Qui l'attribue, par erreur de lecture, à Caravaggio.
4 À propos d'une affaire de mœurs pédérastiques, où la police proposait l'examen médico-légal des garçons, Alfred Jarry, dans *Le Canard sauvage*, 26 juillet-1er août 1903, écrivait : « Nous comprenons fort bien que les parents des potaches incriminés se

Il y a corrélation entre le vers « Dont l'âme est en couronne » et le vers 10 du *Sonnet du trou du cul* : « Mon âme, du coït matériel jalouse ». Dans le vers du *Sonnet*, l'âme est bien ce que le dictionnaire définit « principe spirituel », puisqu'elle est jalouse « du coït matériel », qu'elle ne peut pas réaliser. Dans « Dont l'âme est en couronne », l'âme a réalisé le « coït matériel » grâce au sens technique du mot *âme*[1]. Ainsi, les deux formulations se prouvent l'une par l'autre.

On peut même essayer de retrouver le cheminement de l'une à l'autre. Quand les zutistes (et Verlaine le premier) ont lu le *Sonnet*, ils ont dû se récrier devant ce vers 10. Rimbaud a alors relevé le défi, et il a réalisé le « coït matériel » de l'âme.

Et qu'il se soit moqué du « portant mon rêve en diadème » de Mallarmé, c'est ce que prouve le vers 9 du *Sonnet du trou du cul* : « Mon Rêve s'aboucha souvent à sa ventouse », où l'on a la même opération qu'au vers 16 de *Bonne pensée du matin*, puisque le Rêve (avec la majuscule initiale), représentation idéale, s'abouche, acte concret, avec la ventouse du trou du cul.

Mario Richter a consacré deux pages précises au vers 9 du *Sonnet du trou du cul*, dans sa communication « Le dernier rêve littéraire de Rimbaud » au colloque *Rimbaud maintenant*[2]. Il a bien vu la portée profonde de ce vers : Rimbaud y dépasse la dichotomie traditionnelle Rêve / Réalité, alors que Verlaine la respecte au point de remplacer (dans la tonalité bassement réaliste des deux quatrains, qui sont de lui) « Rêve » par « bouche », le vers devenant « Ma bouche s'accoupla souvent à sa ventouse » ; et cela, afin, dit Richter, de sauver « la pureté immatérielle du rêve ».

---

    soient refusés à l'instrumentation des satyres légaux. Il s'agissait, pour l'instruction, de vérifier si l'"âme" des dits potaches était demeurée, selon l'expression même de M. d'Adelsward, "fermée aux beautés de l'art antique". Croyez que ces messieurs la leur eussent ouverte ».
1 Pour d'autres exemples de jeux sur le sens des mots chez Rimbaud, voir « Chez Rimbaud la "lettre" est "cachée" », *RLMC,* janv.-mars 2007.
2 Dans le vol. collectif, *Rimbaud maintenant*, SEDES, 1984, aux p. 179-180.

On voit combien on est loin de l'«expression un peu précieuse» ou du «bonheur stylistique» que Reboul voyait dans le vers 16 ; il s'agit du réalisme le plus cru, dont Rimbaud est spécialiste.
Tout aussi discutable est l'interprétation de l'invocation à Vénus, au vers 15, que propose Reboul. Il y voit un «vœu sardonique» (129) :

> Burlesquement, ce vœu est adressé à Vénus, la vraie reine de la fête du premier quatrain – la reine aussi de ces *Amants* qui, tout au bonheur égoïste d'aimer, ont *l'âme en couronne*, rejouent les *Bergers* de la poésie amoureuse.

Ici encore, il est indispensable de revenir au texte dans son sens *littéral*. Le poète demande à Vénus de «laisser un peu» les *Amants* (être avec les amants est le rôle essentiel de la déesse de l'amour), *pour* (c'est-à-dire pour s'occuper de, s'intéresser à) «ces *Ouvriers* charmants». Comment Vénus interviendrait-elle pour des ouvriers au sens ordinaire de ce mot ? C'est plutôt Hercule ou Vulcain qu'il faudrait invoquer. Mais Rimbaud a pris soin, grâce à l'adjectif *charmants* (dont la valeur subjectivement affective, dirais-je, est incontestable), et à l'apposition «Sujets d'un roi de Babylone», d'alerter le lecteur et de lui faire soupçonner qu'il ne s'agit pas d'ouvriers, au sens ordinaire de ce mot, même s'il les a présentés au vers 7 comme des «charpentiers» «en bras de chemise».
Il ne faut pas oublier que Rimbaud appelle *travail* son entreprise de changement radical du monde. Et il prend soin de distinguer le travail ordinaire, activité d'ordre économique, et le travail de la recherche poétique totale, dans un passage de la lettre à Izambard du [13] mai 1871, qui pourrait sembler contenir une contradiction :

> Je serai un travailleur : c'est l'idée qui me retient, quand les colères folles me poussent vers la bataille de Paris – où tant de travailleurs meurent pourtant encore tandis que je vous écris ! Travailler maintenant, jamais, jamais ; je suis en grève.
> Maintenant, je m'encrapule[1] le plus possible. Pourquoi ? Je veux être poète, et je travaille à me rendre *voyant* [...].

---

1   *Cf.* aussi, dans la lettre à Demeny, [28] août 1871 : «recueilli dans un travail infâme, inepte, obstiné, mystérieux».

Le travail du poète implique «un long, immense et raisonné *dérèglement* de *tous les sens*» (lettre à Demeny du 15 mai 1871). Dérèglement qui implique l'encrapulement; celui-ci impliquant à son tour la sodomie, comme il ressort clairement d'un passage de *Vierge folle* : «Bien émus, nous travaillions ensemble. Mais, après une pénétrante caresse, il disait [...]».

Ainsi, non seulement les «Ouvriers» (au vers 13) et les «travailleurs» (au vers 18) sont identiques, et sont présentés (au vers 7) comme «les charpentiers» (terme qui prend alors une valeur métaphorique), mais encore (et surtout, ici) le fait que le poète les mette sous la tutelle de «Vénus» (au vers 15), exactement comme le sont les «Amants», les rapproche de ceux-ci (et presque les confond avec eux).

Dès lors, aucune surprise si Rimbaud qualifie de «charmants» de tels ouvriers[1]. Ils représentent l'aspect sexuel de «l'œuvre inouïe» (*Matinée d'ivresse*), évoqué dans la première strophe, et qui est sodomique selon le sens de «Dont l'âme est en couronne» (au vers 16), on l'a vu. Reboul, qui donne à «Ouvriers» le sens ordinaire de ce terme, est obligé de voir dans le syntagme *Ouvriers charmants* «une espèce d'oxymore monstrueux» (123), et de dire que «charmants» est employé «par dérision» (125), et constitue une «allusion sardonique» (127), une «ironie sanglante» (128). Il l'explique par le fait que les ouvriers qui travaillent à la construction des immeubles à l'ouest de Paris en 1872 acceptent l'ordre nouveau et ne se révoltent plus :

> ces ouvriers-là sont «tranquilles», puisqu'ils ne nourrissent manifestement aucune pensée subversive (128).

Mais l'interprétation socio-politique du terme «Ouvriers» paraissant invraisemblable, il faut revenir sur l'apposition qui

---

1 Ce n'est pas la première fois que Rimbaud joue sur le sens du mot «ouvriers». Le titre de l'«illumination» *Ouvriers* n'implique pas que le texte parle de véritables ouvriers au sens ordinaire du terme : il y est question des rapports entre Rimbaud et Verlaine (voir « "Ouvriers" "particuliers" », dans le vol. *De la lettre à l'esprit*, Champion, 2004, p. 175-191).

précise leur identité, au vers 14 : « Sujets d'un roi de Babylone ». La désignation « Babylone » ne peut plus être référée à Paris dans un sens historico-réaliste (la ville où fleurissait la construction en 1872) ; ce nom est pris dans un sens imagé. Analoguement, dans *Crimen Amoris*, Verlaine place les « beaux démons », les « satans adolescents » (dont le plus beau est Rimbaud) dans la ville d'« Ecbatane », devenue symbolique, mythique.

En outre, quel serait le « roi » réel d'une Babylone identifiée concrètement avec Paris ? Les rois ont disparu en France depuis 1848 ; et en 1872 il n'y a même plus Napoléon III qui, étant empereur, aurait pu passer pour un substitut du « roi ». Reboul propose : « la République conservatrice de Monsieur Thiers s'est même montrée, durant la Semaine sanglante, un "roi" autrement plus tyran que ne le fut jamais Napoléon » (124). L'explication me semble fort compliquée.

Mais « Babylone » peut garder son sens le plus large de ville de la liberté totale des mœurs et des pensées, la ville de la licence absolue : endroit de corruption selon les Juifs et les Chrétiens ; lieu de la nouvelle morale par-delà le bien et le mal pour Rimbaud. Alors, métaphoriquement, les « Ouvriers » spéciaux de l'entreprise poétique sont bien les « sujets d'un roi » de cette ville, et les termes « roi » et « sujets » n'impliquent aucun asservissement à un pouvoir despotique : le roi et ses sujets ont la même conception de l'existence et mènent la même vie.

Il existe au moins un exemple de l'emploi dans un tel sens, sinon du mot Babylone lui-même, du moins de son synonyme : Babel. C'est au début de l'*Avant-propos* que Philothée O' Neddy (Théophile Dondey) a mis à son recueil poétique *Feu et flamme* (1833) :

> Assez longtemps, immobile [...], j'ai contemplé [...] les adolescentes murailles de la Babel artistique et morale que l'élite des intelligences de notre âge a entrepris d'édifier.
> [...] ma sympathie [...] m'ordonne [...] d'aller me confondre dans la foule des travailleurs.
> Ouvriers musculeux et forts, gardez-vous de repousser ma faible coopération [...].

> Certes, quoique naissante, elle est déjà bien miraculeuse et bien grandiose, cette Babel! Sa ceinture de murailles enserre déjà des myriades de stades. La sublimité de ses tours crève déjà les nues les plus lointaines. À elle seule, elle a déjà plus d'arabesques et de statues que toutes les cathédrales du moyen-âge ensemble. La Poésie possède enfin une cité, un royaume où elle peut déployer à l'aise ses deux natures : – sa nature humaine qui est l'*art*, – sa nature divine qui est la *passion*.

Ce qui frappe d'abord dans cette page, c'est l'emploi du nom Babel[1] (qui équivaut à Babylone, je le répète) sans l'aura péjorative qui entoure l'évocation de cette ville, considérée traditionnellement comme la ville de la corruption et de la perdition. Elle est ici, au contraire, l'image de la cité «grandiose» que bâtissent les nouveaux «ouvriers» et qui dépasse en splendeur tout ce qu'a pu connaître l'humanité. Cet emploi mélioratif de Babel se retrouve dans l'emploi de Babylone chez Rimbaud, et c'est ce qui a trompé les commentateurs qui, tous, ont vu dans «Babylone» la ville de la corruption, c'est-à-dire l'aspect politico-social le plus négatif de Paris moderne. Il serait du plus grand intérêt de vérifier si, avant Rimbaud, d'autres écrivains ont employé le nom de Babel ou de Babylone dans le sens positif d'endroit où se manifeste l'éclosion d'une production poético-artistique nouvelle.

En outre, Philothée O' Neddy emploie, comme le fera Rimbaud, les termes de «travailleurs» et d'«ouvriers» pour désigner ceux qui coopèrent à l'édification de cette nouvelle Babel-Babylone, splendide par ses créations spirituelles, intellectuelles, artistiques, poétiques, et non par des constructions matérielles.

Il faut noter surtout la phrase : «La Poésie possède enfin une cité, un royaume [...]». Non seulement l'initiale majuscule souligne que la «Poésie» est bien l'essentiel de la nouvelle entreprise, mais encore le terme «royaume» est employé dans son sens le plus général

---

1 Babel est le nom hébreu de Babylone. *Cf.* ce que dit Madame Pernelle vers la fin de la scène 1 de l'acte I de *Tartuffe* : «C'est véritablement la tour de Babylone [...]». Rimbaud connaissait cette comédie de Molière, comme l'atteste le sonnet *Le châtiment de Tartufe*.

indiquant une coopération quasiment égalitaire de tous ceux qui forment ce «royaume». Or un royaume implique un «roi», et nous voilà au texte de Rimbaud où les «ouvriers» nouveaux sont «sujets d'un roi de Babylone». Quel peut bien être ce «roi» pour Rimbaud? Il le dit lui-même dans sa lettre à Demeny du 15 mai 1871 : «[...] Baudelaire est le premier voyant, roi des poètes, *un vrai Dieu*».

À ce point, le rapprochement avec *Crimen Amoris* s'impose. Le plus beau des «mauvais anges» (indubitablement Rimbaud) s'adresse ainsi à ses compagnons, dans le texte publié :

> Que n'avons-nous fait, en habiles artistes,
> De nos travaux la seule et même vertu !

Et cette strophe 12 était encore plus claire dans le texte écrit de la main de Rimbaud :

> O les pécheurs, o les saints ouvriers tristes,
> De vos travaux pour quelque maître têtu,
> Que n'avez-vous fait, en habiles artistes,
> De vos efforts, la seule et même vertu ?

Là est affirmée l'identité entre les «travaux» (et les «efforts») des «saints ouvriers», qui sont aussi «les pécheurs», et l'habileté artistique, dans la réalisation de «l'œuvre inouïe».

Sous cet éclairage, l'adjectif «charmants» est employé dans son sens littéral habituel[1] (*cf.* une jeune fille charmante, un air charmant, etc.); comme toujours, d'ailleurs, chez Rimbaud, ainsi que le confirme le relevé que fait Reboul (121) de l'emploi de ce mot; cherchant des cas où cet adjectif aurait «une visée satirique», il ne trouve que «charmant, son amour !» à propos de Musset, dans la lettre à Demeny du 15 mai 1871.

---

[1] Il n'y a pas contradiction entre les «Ouvriers charmants» et les «horribles travailleurs», continuateurs de l'entreprise surhumaine, dans la lettre à Demeny du 15 mai 1871 : «[...] viendront d'autres horribles travailleurs ; ils commenceront par les horizons où l'autre s'est affaissé !». Christian Moncel a pertinemment rappelé le vers 14 de l'*Hymne à la beauté* : «De tes bijoux l'horreur n'est pas le moins charmant» (*Rimbaud et les formes monstrueuses de l'amour*, Riorges, 1980, p. 39).

Dès qu'on n'interprète pas l'ensemble du poème comme un texte socio-politique, mais comme le témoignage d'une expérience poético-sexuelle, le syntagme « Dans leur désert de mousse » (vers 9), qui ne désigne évidemment pas une clairière dans une forêt, devient moins mystérieux.

D'abord, chez Rimbaud, le mot *désert* renvoie rarement au désert géographique[1] ; quelquefois il désigne les endroits peu ou non peuplés[2] ; quelquefois il suggère la solitude au milieu même de la foule, selon l'usage classique (*cf.* Rousseau : « J'entre avec une secrète horreur dans le vaste désert du monde ») ; c'est le cas pour le « désert de bitume » de *Métropolitain*, qui évoque les rues de Londres. On retrouve ce sens dans *Alchimie du verbe* : « J'aimais le désert, les vergers brûlés, les boutiques fanées, les boissons tiédies ». Dans cette direction, le mot peut même être synonyme de déréliction : *Les Déserts de l'amour*[3]. Mais au vers 9 de *Bonne pensée du matin*, si les « charpentiers », qui sont aussi les « Ouvriers charmants », se trouvent isolés, comme hors du monde, il n'y a aucun sentiment de déréliction ; ils sont « tranquilles », à la fois non dérangés et paisibles, dans leur travail.

Reste le complément « de mousse ». Ou bien il s'agit de la mousse qui tapisse l'endroit où opèrent ces « Ouvriers charmants » ; traditionnellement, c'est la couche idéale pour le plaisir amoureux (inutile de faire défiler les citations) ; et alors on peut penser au vers 10 de *Bannières de mai* : « Je succomberai sur la mousse ». Ou bien il y a là une allusion encore plus scabreuse (mais consonant avec le syntagme « dont l'âme est en couronne », expliqué plus haut) au travail de ces « Ouvriers » ; et l'on pense au vers de *Soleil*

---

1 *Cf.* « A sept ans, il faisait des romans, sur la vie / Du grand désert [...] » (*Les Poètes de sept ans*) ; « les déserts tartares s'éclairent » (*Soir historique*) ; « au haut des déserts de neige » (*Génie*).
2 *Cf.* « [...] plaine, déserts, prairie, horizon / Sont à la toilette rouge de l'orage » (*Michel et Christine*) ; « O les calvaires et les moulins du désert » (*Enfance II*).
3 *Cf.* aussi *Matin* (*Une saison en enfer*) : « Du même désert à la même nuit ».

et Chair célébrant Cypris « Et son ventre neigeux brodé de mousse noire », et surtout au *Sonnet du trou du cul*, où celui-ci « respire, humblement tapi parmi la mousse[1] ».

Enfin, le dernier vers présente une difficulté insurmontable dans la lecture que propose Reboul. Car, si les « Ouvriers charmants » sont les ouvriers du bâtiment qui construisaient des immeubles dans les quartiers de l'ouest de Paris en 1872, il est impossible qu'ils puissent prendre un « bain dans la mer à midi ». Reboul dit que le dernier vers « récapitule le thème central du poème, parachève le sarcasme qui le parcourt tout entier » (129) ; Rimbaud fait « miroiter, dans un futur indistinct, le *bain dans la mer à midi* que ne manquera pas d'offrir une société réconciliée à des travailleurs charmants[2] » *(ibid.)*. Et Reboul ajoute « qu'ils devront attendre longtemps ». Il aurait dû dire : qu'ils attendent encore ; car même de nos jours un ouvrier du bâtiment ne pourrait pas prendre de bain dans la mer à midi à Paris. Et même dans une ville côtière, il ne pourrait en prendre que les jours de congé ou le samedi et le dimanche. Or le texte parle d'une journée ordinaire de l'été, et, surtout, d'une journée de travail, pas d'une journée de repos.

Dans la logique de son explication par les ouvriers du bâtiment, Reboul ne peut pas écarter (129) pour le dernier vers le jeu de mots *la mer = l'amer*, un apéritif « à midi » étant plus vraisemblable

---

[1] Il existe un exemple structurellement identique au syntagme qui nous occupe. C'est dans *Après le Déluge*, « les chacals piaulant par les déserts de thym » ; les chacals feraient penser aux déserts géographiques, mais le contexte prouve qu'il est question de littérature (voir *De la lettre à l'esprit*, Champion, 2004, p. 105-107) – surtout, le mot « thym », hapax chez Rimbaud, demeure mystérieux (à moins d'y voir une raillerie du poème V de la *Bonne Chanson*, où « Mille cailles / Chantent, chantent dans le thym. »).

[2] Rimbaud prophète des congés payés ou même de la caricature *Paris-plage* ? ? ! ! Il est vrai qu'il a écrit dans *Adieu (Une saison en enfer)* : « Quelquefois je vois au ciel des plages sans fin couvertes de blanches nations en joie », mais il s'agit de bien autre chose. Le contexte et surtout la phrase qui suit celle qui vient d'être citée : « Un grand vaisseau d'or, au-dessus de moi, agite des pavillons multicolores sous les brises du matin » ne laisse aucun doute : au-delà des problèmes socio-politiques, et même au-delà de l'utopie « socialiste » du milieu du XIXe siècle (que Rimbaud connaissait), nous sommes en pleine eschatologie.

qu'un « bain dans la mer ». Mais le texte dit « le bain *dans* la mer à midi » ; comment pourrait-on se baigner *dans* un apéritif ? Ce ne pourrait être qu'un bain interne, si l'on peut dire, et il faudrait supposer que Rimbaud connaissait la locution pop. et vulg. « se rincer la dalle ». Je crois qu'il vaut mieux écarter cette solution.

Au total, il apparaît impossible de donner à ce « bain dans la mer à midi » un sens littéral. Pour y voir plus clair, il faut commencer par observer que le texte parle très précisément d'une *demi-journée* d'été, de « quatre heures du matin » à « midi ». Or la première demi-journée du jour est le moment de la création poétique de Rimbaud. Par exemple, *Aube* commence à « l'aube d'été » (comme *Bonne pensée du matin*), décrit le progrès de l'œuvre poétique (il y est même question d'« entreprise ») comme une conquête du monde extérieur selon l'avancée de la lumière, et se termine à *midi* (qui est aussi le mot final de *Bonne pensée du matin*)[1].

Le poème étant une évocation du travail poétique, le dernier vers s'éclaire. Il ne saurait être question d'un « bain dans la mer » réel ; il s'agit d'une métaphore[2]. « Midi » marque le zénith du soleil, « dieu de feu » auquel s'offre le poète (*Alchimie du verbe*). C'est donc le point suprême de l'activité poétique ; c'est le moment où la mer et le soleil sont mêlés, métaphoriquement ; c'est un instant d'éternité :

> Elle est retrouvée !
> Quoi ? l'éternité.
> C'est la mer mêlée
>   Au soleil.

Instant fugace, comme le dit le poète dans *Matinée d'ivresse* : « ne pouvant nous saisir sur le champ de cette éternité ».

---

1 Quand Rimbaud dit *Adieu* (à la fin d'*Une saison en enfer*) à la poésie, c'est encore au début du jour que commence la nouvelle entreprise : « Et à l'aurore, armés d'une ardente patience, nous entrerons aux splendides villes ».
2 *Cf.* dans *Le Bateau ivre* : « Je me suis baigné dans le Poème / De la mer ».

À la fin d'*Une saison en enfer*, quand Rimbaud dit *Adieu* à son entreprise surhumaine («moi qui me suis dit mage ou ange») pour «posséder la vérité dans une âme et un corps», il constate que l'été est passé : «L'automne déjà!»; et il bannit toute nostalgie de la saison de la création poétique symbolisée dans le soleil : «Mais pourquoi regretter un éternel soleil [...][1]».

Au-delà de toutes les remarques précédentes, un fait essentiel interdit une interprétation strictement socio-politique du poème. La règle fondamentale de toute exégèse d'un texte est que celle-ci doit se faire sur la version *publiée*, et même sur la *dernière* version publiée par l'auteur, les manuscrits ne devant être utilisés que pour éclairer, au besoin, le sens du texte publié. Mais, dans le cas qui nous occupe, c'est, en général, une version manuscrite[2] que les commentateurs ont utilisée, et non le texte publié par Rimbaud dans *Une saison en enfer*, au début d'*Alchimie du verbe*, qui est le texte qu'il a voulu que le public lise.

Or, à propos des poèmes publiés dans *Alchimie du verbe*, il est, pour le moins, aventureux de dire que «Tous les poèmes cités dans cette partie d'*Une saison en enfer* ne sont restitués qu'approximativement, soit par imprécision du souvenir, soit par volontaire négligence [*sic*][3]». Dire que les poèmes sont «restitués», c'est déjà poser, abusivement, que ce sont les manuscrits qui donnent le véritable texte voulu par Rimbaud. En réalité, les manuscrits «sont repris avec des variantes non négligeables[4]», qui sont voulues, calculées.

---

1 C'est aussi la rupture avec Baudelaire. Voir *Chant d'Automne* : «Ah! laissez-moi [...] Goûter, en regrettant l'été blanc et torride, / De l'arrière-saison le rayon jaune et doux!».
2 En général, la version du manuscrit détenu par Forain, intitulée *Bonne pensée du matin* et datée «Mai 1872». Un autre manuscrit, détenu par Verlaine, n'a ni titre, ni date, ni ponctuation, ni majuscule à l'initiale des vers.
3 Jean-Luc Steinmetz, *Rimbaud : Vers nouveaux – Une saison en enfer*, G. F. Flammarion, 1989, p. 200.
4 Louis Forestier, *Rimbaud – Œuvres complètes*, Robert Laffont, 1992, p. 492.

Déjà la disparition du titre[1] est loin d'être anodine : elle estompe le rapport avec *La Bonne Chanson* de Verlaine, sur lequel avait insisté Margaret Davies[2]. De toute façon, si *Bonne pensée du matin* a quelque rapport avec le poème V du recueil de Verlaine[3], il ne peut être que de la nature de l'ironie plus ou moins caricaturale. Chez Verlaine, on a une invocation mièvre et douceâtre à la « Pâle étoile du matin », pour qu'elle fasse luire (?) la pensée du poète dans le rêve de « Ma mie ». Chez Rimbaud, il s'agit d'« Amants », d'« Ouvriers », de « travailleurs », d'« eau-de-vie » : c'est bien l'*envers* du poème verlainien. Un tel rapport, en tout cas, atteste qu'il s'agit de relations amoureuses et non de problèmes socio-politiques.

On peut passer rapidement sur quelques modifications purement formelles. À la strophe 2, la postposition du sujet ne change pas grand chose aux vers 7-8. Au vers 3, Rimbaud a supprimé le mot « aube », qui était explétif après l'indication « A quatre heures du matin ». Plus significatives sont les modifications qui rompent la succession des octosyllabes : au vers 6, l'octosyllabe devient heptasyllabe ; au vers 15, l'octosyllabe passe à neuf syllabes ; au vers 19, l'octosyllabe est réduit à sept syllabes. Il s'agissait pour Rimbaud de saper « la vieillerie poétique[4] ».

Fondamentales sont les variations qui affectent le sens du texte.

Au début du vers 5, le manuscrit détenu par Forain a un « Mais » surchargeant un « Or », et le manuscrit détenu par Verlaine a « Or » : la première conjonction semblerait opposer les « Ouvriers » aux « Amants », tandis que la deuxième les met en quelque sorte en parallèle dans le déroulement du récit. La version d'*Alchimie du*

---

1 On a vu que le manuscrit détenu par Verlaine est sans titre.
2 Margaret Davies, « Rimbaud's *Bonne pensée du matin* », *French Studies*, juillet 1971, p. 295-304.
3 Voici, dans l'ordre de leur apparition dans le poème de Verlaine, les mots que l'on retrouve dans le texte de Rimbaud : *du matin, ciel, pensée, Là-bas, s'agite, encor, soleil.*
4 Curieusement, le v. 5, qui avait neuf syllabes dans les manuscrits, est ramené à huit syllabes dans *Alchimie du verbe*.

verbe, supprimant toute conjonction, va dans le sens de l'assimilation des «Ouvriers» aux «Amants» et tend à homogénéiser le texte.

Le vers 6 du manuscrit : «Vers le soleil des Hespérides» devient : «Au soleil des Hespérides». Cette fois, le texte est clair ; il ne saurait s'agir de direction ; *au soleil* signifie : exposé au soleil, sous le soleil. C'est bien *sous* ce «soleil des Hespérides» que travaillent «les Charpentiers», et non dans quelque clairière de forêt, ni dans quelque quartier de l'ouest de Paris. C'est donc le syntagme «des Hespérides» qu'il faut expliquer.

«Charpentiers», «Ouvriers», «travailleurs» sont des termes interchangeables pour désigner métaphoriquement ceux qui œuvrent à l'entreprise poétique ; dès lors, «au soleil des Hespérides» prend à son tour un sens imagé : il ne désigne pas un endroit précis, ni une direction précise, mais, en quelque sorte, la condition de l'activité optimum des travailleurs-poètes dans leur «chantier». Et ce terme «chantier» désigne le travail poétique, en dehors de toute localisation, comme le prouve dans *Being Beauteous* la phrase :

> Les couleurs propres de la vie se foncent, dansent et se dégagent autour de la Vision, sur le chantier.

S'il est dit «vaste», ce n'est pas pour sa superficie, mais pour sa complexité[1].

Dans un tel contexte, on comprend mieux la présence des «Hespérides». Celles-ci veillaient sur le jardin des dieux, où mûrissaient les pommes d'or, nourriture des immortels. Les merveilleuses pommes d'or ont évidemment besoin de soleil (comme la création rimbaldienne, on l'a vu) et elles représentent le résultat

---

1 L'adjectif «immense», qui qualifie le «chantier» dans la version manuscrite, marquait, mieux que «vaste», l'intensité du travail et rappelait le «long, immense et raisonné *dérèglement* de *tous les sens*» de la lettre à Demeny du 15 mai 1871. Voir aussi *Vies III* : «Dans une magnifique demeure cernée par l'Orient entier j'ai accompli mon immense œuvre».

auquel tend le « travail » poétique. Il se peut que Rimbaud ait lu, comme l'a supposé Carmody[1], le fragment de *La Tentation de saint Antoine* publié dans *L'Artiste* en 1856, où Apollonius déclare :

> Au-delà des montagnes, bien loin, là-bas, nous allons cueillir la pomme des Hespérides [...].

Mais il est certain qu'il avait lu *Le Voyage* du « vrai dieu », qui indique la voie vers « l'Inconnu », et où on lit aux vers 129-130 : « [...] c'est ici qu'on vendange / Les fruits miraculeux dont votre cœur a faim. » De même, il avait lu le dernier tercet de *La Mort des artistes*, où les créateurs

> N'ont qu'un espoir, étrange et sombre Capitole!
> C'est que la Mort, planant comme un soleil nouveau,
> Fera s'épanouir les fleurs de leur cerveau !

C'est donc bien toujours le soleil qui permettra l'éclosion de l'œuvre d'art. Mais pour Baudelaire, profondément pessimiste, l'artiste ne peut pas réaliser son rêve dans le monde réel, il ne lui reste qu'à espérer dans la mort, devenue « un soleil nouveau », puisque le soleil de cette terre ne fait pas « s'épanouir les fleurs de [son] cerveau ». Tandis que Rimbaud, dans « A quatre heures du matin », croit encore à la possibilité de réaliser « l'œuvre inouïe » sur cette terre, il ne saurait être question pour lui de se réfugier dans l'espoir d'un au-delà ; mais comme il était difficile de dire que le soleil réel, ordinaire, fait produire des œuvres d'art, il utilise une image suggestive que lui fournit la mythologie, celle du soleil qui fait mûrir dans le jardin des nymphes Hespérides les merveilleuses pommes d'or, nourriture des dieux[2].

---

1 Francis Carmody, « Rimbaud et *La Tentation de saint Antoine* », *P.M.L.A.*, 1964, p. 594-603.
2 Je ne crois pas que cela suffise pour faire de Rimbaud un poète ésotérique, cabaliste, alchimiste, etc. Cette métaphore du soleil créateur est un lieu commun de la poésie occidentale depuis la Renaissance.

Cette opposition entre le «soleil des Hespérides» et le «soleil nouveau» de la Mort se prolonge. Chez Baudelaire, il s'agit de produire des «fleurs» : celles-ci sont l'image de la beauté, mais d'une beauté gratuite, toute superficielle et qui fane rapidement. Chez Rimbaud, si l'on va jusqu'au bout de la métaphore contenue dans «Au soleil des Hespérides», il s'agit de produire des fruits, nourriture des dieux : le fruit est substanciel, point éphémère comme la fleur, dont il est l'accomplissement; dans le fruit il y a l'essence et la succulence de la vie.

Une autre variation, plus microscopique encore, mérite d'être relevée. Au vers 9, le manuscrit donnait : «Dans leur désert de mousse»; le texte publié dit : «Dans leurs Déserts de mousse». La version manuscrite permettait la confusion entre «dans l'immense chantier» (v. 5) des charpentiers, et «dans leur désert de mousse» (v. 9). Et c'est la confusion que semble faire Reboul, on l'a vu plus haut. Mais le pluriel «Déserts» interdit cette confusion; il spécifie que «Dans leur vaste chantier» (le singulier désignant le travail poétique dans son sens le plus général), ceux qui œuvrent à l'entreprise poétique se trouvent (isolés) dans des «Déserts de mousse», ce syntagme prenant un sens tout à fait spécial, qu'on a essayé d'éclairer plus haut[1].

La quatrième variation crève les yeux. Les vers 11-12 du manuscrit : «Où la richesse de la ville / Rira sous de faux cieux» deviennent : «Où la ville / Peindra de faux cieux». Dans une note à *Bonne pensée du matin*, Suzanne Bernard dit que cela «rend le vers bizarre et faux». Rimbaud n'a pas fait de vers faux : il a transformé les vers pairs (8 et 6 syllabes) en vers impairs (3 et 5 syllabes), toujours pour s'affranchir de la «vieillerie poétique». Et il n'y a rien de «bizarre» dans la nouvelle version; mais elle modifie profondément le sens de la version manuscrite. La suppression du syntagme «la richesse de la ville» élimine le seul élément

---

[1] Il est plus difficile d'expliquer pourquoi Rimbaud, qui dans le manuscrit avait déjà mis la majuscule à «Ouvriers» (v. 13), «Amants» (v. 15) et «Bergers» (v. 17), met dans le texte publié la majuscule à «Charpentiers» (v. 8) et à «Déserts» (v. 9).

(bien mince, en vérité) qui pouvait faire penser à une portée socio-politique (l'insouciance des riches profiteurs). Ce n'est pas tout. Dans le texte publié, c'est la ville, non les charpentiers, qui peindra « de faux cieux » sur les lambris préparés par les « Charpentiers » ; autrement dit, le public (= « la ville ») ne comprendra pas le travail effectué par les « Charpentiers » de l'œuvre nouvelle, et sur « les lambris » (« précieux » parce qu'ils représentent le résultat du travail poétique) il « peindra de faux cieux » par une interprétation erronée (« faux ») et idéaliste (« cieux ») de la nouvelle poésie.

Au-delà de ces modifications, parfois capitales, ce qui est décisif pour la détermination du sens général du poème, c'est le contexte et le paratexte où est placé celui-ci dans *Une saison en enfer*[1].

La section où il se trouve est intitulée *Alchimie du verbe* : cela annonce clairement des opérations relatives à la création poétique. La section commence par la déclaration : « A moi. L'histoire d'une de mes folies ». Rimbaud ne pouvait indiquer plus nettement que l'expérimentation poétique se confondait avec l'aventure vécue. La création et l'existence sont indissolublement liées. Et tous les autres poèmes cités dans cette section[2] relèvent de l'exercice, pour la forme, de l'introspection, pour le contenu.

En outre, le poème « A quatre heures du matin » est jumelé avec le poème « Loin des oiseaux » où le décor naturel est utilisé pour créer l'atmosphère d'une expérience spirituelle personnelle ; il faudrait être fortement prévenu pour voir, comme fait Reboul, dans le premier vers « Loin des oiseaux, des troupeaux, des villageoises » le sens de « refus de la *campagne française*, refus qui lui-même a une dimension politique, comme on le voit notamment avec *Chant de guerre Parisien* » (130, n. 103), alors qu'il s'agit d'une mise à l'écart des détails anodins et des surcharges de

---

1 Voir Steve Murphy, *Stratégies de Rimbaud* (Champion, 2004), ch. x, « *Une saison en enfer* et les *derniers vers* : Rupture ou continuité ? », p. 421-442.
2 Voir « Loin des oiseaux », *Chanson de la plus haute tour*, *Faim*, « Le loup criait », « Elle est retrouvée », « O saisons, o châteaux ».

la poésie bucolique traditionnelle qui empêchent ou obnubilent toute recherche d'un contact direct avec le mystère profond de la nature (c'est ce que recherche Rimbaud qui voudrait «boire» «l'or» qu'il voit dans l'eau).

Enfin, dans les lignes qui précèdent la citation des deux poèmes «Ce fut d'abord une étude. J'écrivais des silences, des nuits, je notais l'inexprimable. Je fixais des vertiges.» Il n'y a rien qui puisse orienter vers une lecture socio-politique des poèmes cités.

Ne pas tenir compte de cet ensemble d'indications serait risquer de s'engager dans des voies périlleuses[1].

Une dernière remarque permet de terminer ouroboriquement cette analyse. En général, les commentateurs n'ont pas accordé à la première strophe du poème l'importance que lui confère sa place. Au début du poème, cette strophe en est l'ouverture. Selon une définition élémentaire du terme[2], en musique, l'ouverture prépare l'auditeur à l'œuvre qu'il va entendre. Or, on l'a vu plus haut, cette strophe liminaire est érotique, très peu voilée. Elle ne saurait annoncer une dissertation historico-socio-politique. Elle pose le thème de l'amour, ou plus précisément d'une certaine relation amoureuse qui, chez Rimbaud, introduit à la création poétique.

C'est ce que confirme le ton général du poème, où il n'est possible de déceler aucun «sarcasme», aucun «oxymore monstrueux». On ne peut même pas parler d'ironie à propos de la légèreté de l'expression qui permet l'allusion pseudo-érudite («Hespérides», «Babylone») et le sous-entendu grivois («l'âme en couronne»). On est en pleine euphorie.

Au total, le poème «A quatre heures du matin» (et, rétroactivement, *Bonne pensée du matin*) apparaît comme une évocation de l'entreprise poétique rimbaldienne. Et il entre en combinaison avec d'autres poèmes de Rimbaud qui abordent le même thème.

---

1 Cela équivaudrait à négliger les titres des sections dans *Les Fleurs du Mal*.
2 Pour donner une définition complète tenant compte des nombreuses variantes de la notion d'ouverture en musique, il faudrait tout un volume.

Avec « Loin des oiseaux » d'abord, auquel il est jumelé, on l'a vu, par le poète. « Loin des oiseaux » représente l'aspect subjectif de cette recherche poétique : c'est le *je* qui parle (« Que buvais-je ? », « Que pouvais-je boire ? », « Je faisais », « je voyais »). Et, cette fois, l'expérience aboutit à un échec : « Pleurant, je voyais de l'or – et ne pus boire[1]. – ». Et il n'est pas sans intérêt d'observer que le poème « Loin des oiseaux » commence l'« après-midi » et se termine « Au soir » (vers 10), ce qui confirme le caractère héliotropique de la création rimbaldienne[2].

Dans « A quatre heures du matin », la perspective est tout autre. Le *je* n'est plus impliqué directement ; il se confond avec les artisans de l'œuvre poétique : « Charpentiers », « Ouvriers », « Amants », « travailleurs ». Il se peut que cette métaphorisation favorise un certain optimisme. En tout cas, c'est un tableau quasiment idyllique[3], placé sous le signe de l'amour et c'est Vénus qui apporte aux « travailleurs » « l'eau-de-vie[4] », la boisson vitale qui

---

1   Pour ce poème, la différence entre le manuscrit et le texte publié est notable. Il perd son titre *Larme* ; deux vers descriptifs sont éliminés (« Ce furent des pays noirs, des lacs, des perches, / Des colonnades sous la nuit bleue, des gares ») ; surtout la conclusion est radicalement changée : « Or ! tel qu'un pêcheur d'or ou de coquillages, / Dire que je n'ai pas eu souci de boire ! » devient « Pleurant, je voyais de l'or – et ne pus boire. – »

2   Dans les longs poèmes en vers immédiatement antérieurs à 1872, on a le déroulement entier de la journée, et l'on peut constater que l'exaltation poétique dure toute la matinée pour retomber ensuite avec le soir jusqu'à son oblitération. *Mémoire* commence le matin (« l'assaut du soleil », v. 2), arrive à midi (v. 15), puis le soleil décline (« s'éloigne par-delà la montagne », v. 23), enfin viennent le crépuscule et la nuit, avec la chute de la tension créatrice et la tristesse finale (voir Albert Henry, « Si l'on revenait à *Mémoire* ? », *PS*, 12, déc. 1995, p. 35-42 ; repris dans le vol. *Contributions à la lecture de Rimbaud*, Académie royale de Belgique, 1998, p. 217-225). D'une façon un peu analogue l'exaltation du *Bateau ivre* finira, le soir (« Vers le crépuscule embaumé », v. 94), dans le découragement.

3   On est loin du « combat spirituel […] aussi brutal que la bataille d'hommes » (*Adieu*, à la fin d'*Une saison en enfer*).

4   Le mot « eau-de-vie » est métaphorique (comme « Ouvriers » et « travailleurs ») : l'alcool qui stimule les forces des travailleurs et des ouvriers devient l'eau de la vie véritable pour les opérateurs de « l'œuvre inouïe ». Et il n'est peut-être pas arbitraire de voir, dans cette eau vivifiante qui donne la force de poursuivre l'entreprise poétique, le contraire de la mort, qui est pour « les amis de la mort » (*Adieu*) et pour

leur permet d'attendre «en paix», sans trouble ni angoisse, la révélation fulgurante du «bain dans la mer à midi». Cette attente tranquille et confiante de l'instant d'éternité au bout du travail créateur s'oppose à l'impatience irritée du poète devant l'obstacle (représenté en l'espèce par le «pitoyable frère», Verlaine) à la fin de *Vagabonds*[1] : «moi pressé de trouver le lieu et la formule».

Le contraste est violent avec le tableau dramatique de *Matinée d'ivresse* (encore la première demi-journée du jour). De nouveau, le poète est seul («O *mon* Bien! o *mon* Beau!» avec *mon* souligné; et la répétition obsédante du «je» ou du «nous» mis pour «je»); il livre dans la douleur un combat acharné («fanfare atroce», «chevalet féerique», «nous si digne de ces tortures»); l'eau-de-vie salutaire s'est changée en «poison», mais ce «poison» est indispensable à l'accomplissement de «l'œuvre inouïe», et le poète triomphe avec d'autant plus de gloire que le combat a été plus dur.

Baudelaire en particulier, «comme un élixir» qui «nous monte et nous enivre / Et nous donne le cœur de marcher jusqu'au soir». (Noter l'opposition entre «soir» et «midi»).

1 Où l'activité créatrice («Je créais [...] les fantômes du futur luxe nocturne») est réduite à une «distraction vaguement hygiénique».

BANNIÈRES DE MAI, PRÉLUDE, PROLOGUE, PROGRAMME

À la fin de sa lecture de *Bannières de mai*[1], le regretté Albert Henry écrivait :

> [...] on constate qu'il est bien rare que, dans les commentaires consacrés à notre poème, il soit sérieusement question, non seulement des *groseilles*, mais du *maladif hallali*, de la *mousse*, de l'affirmation (en fin de vers !) *c'est drôle* [...].

Observation pertinente. Tant qu'on n'aura pas expliqué tous les détails d'un texte, les interprétations «générales» resteront au niveau de pures «impressions», ou seront l'occasion de reconstitutions personnelles à partir de lambeaux prélevés çà et là dans le texte, comme par exemple ces lignes de Daniel Leuwers :

> S'accommoder de la patience et de l'ennui, voilà qui serait «trop simple».
> C'est mourir qui convient. Mais sera-ce à la manière d'un «maladif hallali» ou à la façon des «bergers» qui se contentent de mourir à peu près ? S'il faut vraiment accepter l'usure naturelle du temps, que ce soit sans illusion et en ne riant à «rien».
> Plutôt mourir que rire. Mais tout s'enchevêtre dans la chanson de Rimbaud où la faim et la soif demeurent à vif, tandis que l'infortune enfourche son char de fortune pour rendre mortel le rayon du soleil qui est sensé symboliser la vie[2].

---

* *PS*, 21, nov. 2006, p. 93-111.
1 Albert Henry, *Contributions à la lecture de Rimbaud*, Bruxelles, Académie royale de Belgique, 1998 ; *Bannières de mai*, p. 208-215. Les renvois aux p. de ce vol. seront faits entre parenthèses. Pour le titre *Bannières de mai*, voir plus loin la n. 25.
2 Voir le vol. collectif : Arthur Rimbaud. *Œuvre-vie*, Arléa, 1999, p. 1145. Je ne relève qu'un seul détail : «tandis que l'infortune enfourche son char de fortune [...]» ; le texte dit : «Je veux que l'été dramatique / Me lie à son char de fortune.»

Certes, A. Henry a raison quand il souligne que nul élément du texte n'est à négliger. Cependant, il faut tenir compte de l'importance relative de chaque détail dans l'ensemble du texte. Le mot *groseilles* (à la fin du vers 4), par exemple, dans un décor printanier, semble relever de l'idiosyncrasie rimbaldienne : il serait hasardeux d'en faire le point de départ d'une exégèse du poème. En revanche, c'est à juste titre que les commentateurs ont été frappés par la répétition des formes du verbe mourir dans les deux premières séquences[1]. Mais plus d'un a disserté sur le désir de mort chez Rimbaud, sans tenir compte des adverbes *beaucoup* au vers 15, et *à peu près* au vers 18, et encore moins de l'incise *c'est drôle* au vers 17.

I

Pour éclairer le sens du verbe « mourir » dans le poème, il faut commencer par comprendre dans leur littéralité les vers 17 et 18 :

> Au lieu que les Bergers, c'est drôle,
> Meurent à peu près par le monde.

La majuscule met en relief le mot *Bergers*, qui désigne alors un « emploi » (comme on dit au théâtre) ou, par antonomase, les membres d'un groupe déterminé, d'une catégorie sociale ou littéraire. Déjà au XVIIe siècle, dans le courant romanesque et poétique issu de *L'Astrée*, et sous l'influence de la pastorale *Aminta* du Tasse, est né un genre littéraire qu'on appelait « Bergeries » (celles de Racan sont célèbres) ; puis un genre pictural, portant le même nom et devenu vite populaire, que Rimbaud connaissait, puisqu'il dit au début du premier texte des *Déserts de l'amour* :

---

[1] Au v. 2, *meurt* ; au v. 10, *je succomberai* ; au v. 16, *que [...] je meure* ; au v. 18, *meurent*.

La même maison rustique de mes parents : la salle même où les dessus de porte[1] sont des bergeries roussies, avec des armes et des lions.

Au XVIIIe siècle ce genre littéraire et pictural fut en quelque sorte « aristocratisé » dans les « fêtes galantes[2] ». Au milieu du XIXe siècle, l'art et la vie raffinée du XVIIIe siècle sont à la mode. Le thème des « fêtes galantes » devient banal en poésie, on le sait ; il se manifeste aussi au théâtre : le 11 décembre 1865, aux Bouffes-Parisiens, est représenté l'opéra comique *Les Bergers* (musique d'Offenbach). Rimbaud l'a-t-il vu ? Il connaît en tout cas les *Fêtes galantes* de Verlaine, où, dans cette tradition qui fait de « berger » et « bergère » les synonymes d'amant et amante, le poète a écrit par exemple au vers 10 de *Sur l'herbe* : « Embrassons nos bergères ».

Et l'expression « l'heure du berger » était devenue proverbiale pour signifier « l'heure où une maîtresse va rendre son amant heureux[3] ».

Dès lors, si les « Bergers » « meurent à peu près », c'est qu'ils ne meurent pas vraiment : cette mort approximative est ce qu'on appelle la « petite mort ».

Dans la littérature érotique du XVIIIe siècle, au moment suprême, l'amante dit « je meurs » ou « j'expire ». Il n'est pas sûr que Rimbaud ait lu quelque échantillon de ces textes innombrables. Mais il connaissait les œuvres de Verlaine et, très souvent, elles servent de point de départ à la création rimbaldienne ou la nourrissent.

On ne peut pas exclure que Rimbaud, arrivé à Paris en septembre 1871, ait lu la plaquette de six sonnets, intitulée *Les Amies*, publiée par Verlaine à la fin de 1867 en Belgique chez Poulet-Malassis, sous le pseudonyme Pablo Maria de Herlañez ; le sonnet *Été* y commence ainsi :

---

1 *Cf. Alchimie du verbe* (*Une saison en enfer*) : « J'aimais les peintures idiotes, dessus de portes, décors […] ».
2 Son grand représentant pour la peinture est Watteau.
3 Comme dit le *GDU*, qui cite un passage des *Contes* de La Fontaine : « J'aperçus dans les yeux d'Amarylle gagnée / Que l'heure du berger n'était pas éloignée ». Dans les *Poëmes saturniens*, l'avant-dernier poème de la section *Paysages tristes* est intitulé, ironiquement sans doute, *L'Heure du berger*.

> Et l'enfant répondit, pâmée
> Sous la fourmillante caresse
> De sa pantelante maîtresse :
> « Je me meurs, ô ma bien-aimée ! […]

Mais les choses sont encore plus claires dans le poème *Les Indolents* des *Fêtes galantes*. L'amant propose à l'amante : « Mourons ensemble, voulez-vous ? » ; puis il précise : « […] mourons / Comme dans les Décamérons ». Mais l'amante joue la fausse ignorance, et le résultat est que « Tircis » et « Dorimème », par leur indolence, « Eurent l'inexpiable tort / D'ajourner une exquise mort ». La mort « exquise », la mort « comme dans les Décamérons », c'est la petite mort.

Il est même probable que l'incise « c'est drôle », à propos des « Bergers » qui « meurent à peu près par[1] le monde », vient, plus ou moins directement, du texte verlainien. Dans la lettre à Izambard du 25 août 1870, Rimbaud dit des *Fêtes galantes* : « C'est fort bizarre, très drôle ». Or, dans *Les Indolents*, on lit au vers 6 : « Hi ! hi ! hi ! quel amant bizarre ! », et au dernier vers : « Hi ! hi ! hi ! les amants bizarres ! », le triple *hi !* étant une onomatopée représentant le rire selon les dictionnaires, avec l'exemple canonique « hi ! hi ! hi ! que c'est drôle ! ». Ainsi le poème de Verlaine a fourni à Rimbaud les deux adjectifs qu'il emploie dans sa lettre pour caractériser les *Fêtes galantes*, et le « c'est drôle » de *Bannières de mai*.

Rimbaud semble au courant de ces choses, puisque dans l'évocation de la scène amoureuse (un peu délirante) que propose *Lui* à *Elle*, dans la première moitié du poème *Les reparties de Nina* (qui date de 1870), on lit la strophe :

> Puis, comme une petite morte,
>   Le cœur pâmé,
> Tu me dirais que je te porte,
>   L'œil mi-fermé….

---

1 Le sens de *par* est ici locatif (voir *Sur la deuxième phrase de « Fairy »*, dans le vol. *De la lettre à l'esprit*, Champion, 2004, p. 306-308). A. Henry, dans la n. 4 de la p. 211 de son ouvrage, observe que si l'on suit les commentateurs (par ex., l'éd. Garnier des *Œuvres* de Rimbaud) qui interprètent *par le monde* comme « à cause du monde », « l'opposition entre *mourir beaucoup* et *mourir à peu près* n'a plus aucune portée ni même aucune signification, soit structurelle, soit stylistique ».

À partir de là, on comprend mieux, rétroactivement, le vers 10 : «Je succomberai sur la mousse». Le verbe «succomber» est employé dans les textes érotiques ou galants pour indiquer le résultat du combat amoureux, c'est-à-dire la petite mort. Dans les contes libertins en vers, au décor agreste, on rencontre le refrain :

> Sur la mousse nouvelle
> Ah! qu'il est doux de succomber

où le sens du verbe est clair[1]. Sens que Rimbaud connaissait, puisque dans *Un cœur sous une soutane* il fait dire au séminariste Léonard, éperdu en présence de Timothina Labinette : «Peu à peu, aux accents magiques de sa voix, je me sentais succomber», et la suite du texte ne laisse aucun doute sur ce qu'il advient alors («enfin, je résolus de m'abandonner, de lâcher tout»).

On voit qu'il n'est pas possible d'accepter l'interprétation du vers 10 que propose A. Henry : «si je suis accablé par la chaleur, je ferai un bon somme sur la mousse» (209). D'autant plus que le vers 9 amorce une métaphore érotique. En effet, la proposition «si un rayon me blesse» combine deux métaphores : d'une part, ce sont les flèches (= dards) de Cupidon qui blessent les amoureux; de l'autre, on dit banalement que le soleil darde[2] ses rayons, ceux-ci sont donc des dards (= flèches[3]) qui peuvent «blesser» (métaphoriquement). Ce n'est donc pas «un bon somme» que fera Rimbaud «sur la mousse».

---

1   Littré, *s.v.*, au paragraphe 4 : Absolument se dit d'une femme qui cède à la séduction. «Elle a eu le malheur de succomber avec un indigne roi d'Égypte», Voltaire, *La Princesse de Babylone*, ch. 5. «Jamais femme ne succombe qu'elle n'ait voulu succomber», J.-J. Rousseau, *La Nouvelle Héloïse*, IV, 13.
2   Voir *Accroupissements*, v. 4.
3   *Cf.* le titre *Les Flèches d'or* d'un recueil de Glatigny.

II

Les huit premiers vers de la première séquence expriment justement la poussée vitale et sexuelle du renouveau de la nature au mois de mai :

> Aux branches claires des tilleuls
> Meurt un maladif hallali.
> Mais des chansons spirituelles
> Voltigent parmi les groseilles.
> Que notre sang rie en nos veines,
> Voici s'enchevêtrer les vignes.
> Le ciel est joli comme un ange,
> L'azur et l'onde communient.

Les *branches* des tilleuls sont *claires*, parce qu'elles se couvrent de feuilles nouvelles qui sont effectivement pour cet arbre d'un vert très clair. L'*hallali*[1] est la sonnerie des cors annonçant que la biche est aux abois[2] ; ici, dans la perception auditive, la sonnerie *meurt*, c'est-à-dire s'affaiblit progressivement et disparaît.

L'adversatif *mais* oppose deux à deux les quatre premiers vers : à l'*hallali* qui «meurt», comme s'il évoquait la disparition de l'hiver, s'opposent les *chansons* qui «voltigent», soulignant l'essor joyeux du printemps : à l'arbre (*tilleuls*) s'oppose l'arbuste (*groseilles*). Dans ce système, on s'attendrait à ce que les adjectifs qui qualifient les sons s'opposent, mais il n'y a pas de symétrie entre *maladif* (pour l'hallali) et *spirituelles* (pour les chansons).

Il n'est pas facile de déterminer le sens de ces deux adjectifs. En général, les commentateurs les passent sous silence, et cela vaut mieux que de proposer des gloses inacceptables. C'est ainsi qu'A. Henry prend *hallali* au sens figuré et propose pour *maladif* une explication botanique compliquée fort étrange :

---

[1] Voir *Ophélie* : «On entend dans les bois lointains des hallalis».
[2] Voir *Le Cor* de Vigny.

> [...] les fleurs du tilleul s'effacent peu à peu : les unes se dessèchent vers la nouaison, mais beaucoup de corymbes, surtout lorsqu'il y a production abondante, tombent et, sous les pas, sont écrasés dans leur sécheresse poisseuse : c'est donc un événement qui peut faire penser à un maladif effacement. Prosaïquement transposés, les deux premiers vers disent, en sous-main : aux branches claires des tilleuls, s'achève l'agonie des corymbes, agonie poisseuse qui dégage des parfums de tisane et de chambre de malade, tout en rappelant (aussi par les bruits) un hallali qui s'estompe. (209-210)

C'est du galimatias et hors du sujet, puisque A. Henry continue en disant : « Notons, cependant, que les tilleuls fleurissent en juin-juillet ». Mieux vaut se limiter à dire, au moins provisoirement, que l'hallali est dit « maladif », parce qu'il en train de mourir (toujours métaphoriquement).

La difficulté est grande encore avec le syntagme *chansons spirituelles*. Dans son étude *Sur les « Chansons spirituelles*[1] »*, Étiemble y voit une allusion aux *Chansons spirituelles* de Marguerite de Navarre. Mais A. Henry objecte, avec pertinence, que même si cette allusion était réelle (car il n'est pas sûr du tout que Rimbaud ait connu le texte de Marguerite de Navarre), il faudrait voir le sens que le syntagme *chansons spirituelles* a dans le contexte où il se trouve : or, demande-t-il, que viendraient faire les « Chansons spirituelles » de Marguerite de Navarre parmi les groseilles ? Selon lui, il s'agit du chant des oiseaux :

> *Chansons* serait alors à peine une synecdoque, et *spirituelles* se rapporterait plus ou moins métaphoriquement au chant de l'oiseau, tandis que *voltiger*, au sens propre, réaliserait avec son sujet une alliance métonymique, le tout prenant appui sur le « réel » *groseilles*, légèrement métonymique lui aussi. (215)

Et A. Henry, qui a défini *spirituelles* par « dénotant finesse et piquant », résume ainsi son interprétation : « les merles au chant moqueur voltigent dans les groseillers ». (*Ibid.*, n. 2)

---

[1] Dans le vol. collectif *Lectures de Rimbaud*, *Revue de l'Université de Bruxelles*, 1982, p. 61-75.

Mais il est difficile de voir, dans le texte, des merles sifflant des «chansons spirituelles». Le sens de ce dernier syntagme s'éclaire grâce à un rapprochement avec un passage de *Comédie de la soif*, poème contemporain de *Bannières de mai*, constitué par un dialogue entre *Moi* et quelques interlocuteurs qui lui proposent des breuvages : les «grands parents» et les «Amis» ne songent qu'à la soif physiologique, mais au deuxième épisode *L'Esprit* va, naturellement, proposer le breuvage de la poésie :

>Eternelles Ondines
>   Divisez l'eau fine.
>Venus, sœur de l'azur,
>   Emeus le flot pur.
>
>Juifs errants de Norwège
>   Dites-moi la neige.
>Anciens exilés chers
>   Dites-moi la mer.

Mais *Moi* (qui est Rimbaud) repousse l'utilisation de ces lieux communs de la poésie traditionnelle pour calmer sa soif «intime» :

>Non, plus ces boissons pures,
>   Ces fleurs d'eau pour verres.
>Légendes ni figures
>   Ne me désaltèrent.
>
>Chansonnier, ta filleule
>   C'est ma soif si folle
>Hydre intime sans gueules
>   Qui mine et désole.

Moi appelle *L'Esprit* : «chansonnier» et, par définition, les «chansons» de l'Esprit sont «spirituelles». Mais le mot *chansons*[1] a, en français, le sens péjoratif de discours creux, balivernes, inepties (*cf.* les expressions banales : «chansons que tout cela», ou, avec le

---

1 Littré, *s.v.*, au paragraphe 3 : «Fig. et fam., conte en l'air, discours ou raison dont on ne tient aucun compte» avec un grand nombre d'exemples tirés de Molière, La Fontaine, Boileau, Racine.

verbe : «Que me chantez-vous là?»); sens péjoratif qui est souligné dans le dérivé «chansonnier[1]». Ainsi les thèmes éthérés de la poésie spiritualiste traditionnelle (azur, flot pur, neige, fleurs) sont rejetés par Rimbaud, et les sornettes de la poésie idéaliste sont les «chansons spirituelles» traditionnelles qui «voltigent parmi les groseilles»; dérision fort décapante de la poésie bucolique mise en œuvre justement dans les huit premiers vers de *Bannières de mai*.

L'emploi de «voltigent» à propos des chansons n'est pas surprenant. On dit, dans l'usage banal, que la chanson vole; il suffit de citer un texte que Rimbaud connaissait, le premier vers du poème XII de *La Bonne Chanson* : «Va, chanson, à tire-d'aile». Si la chanson amoureuse de Verlaine peut voler «à tire-d'aile» vers celle qu'il aime, la chanson «spirituelle» de Rimbaud peut «voltiger» parmi les «groseilles» : le verbe «voltiger» est par lui-même dépréciatif, puisqu'il signifie «voler çà et là sans aucune direction» (les papillons voltigent de fleur en fleur); et il devient satirique si l'on fait de «spirituel» le dérivé du mot «esprit» au sens qu'a ce terme dans des syntagmes comme «faire de l'esprit» ou «être spirituel», car alors «voltiger» signifie que l'«esprit» ne fait qu'effleurer les sujets qu'il aborde, sans les approfondir. Ainsi, le terrible ironiste accumule, selon une des tendances fondamentales de son génie, trois emplois caricaturaux de termes ordinaires : chansons, spirituelles, voltiger. Dans un tel contexte ironique, les «groseilles» prennent un sens dérisoire; mais comment préciser ce que Rimbaud mettait dans ce mot?

Dans *Comédie de la soif*, *L'Esprit* avait chanté les thèmes de la poésie lyrique traditionnelle, avec des images gracieuses et fraîches. Cela correspond aux quatre premiers vers de notre poème. Mais pour évoquer le maximum de renouveau, Rimbaud introduit les *vignes* dans son tableau agreste : les vignes qui «s'enchevêtr[ent]» (dont les sarments s'allongent se croisent[2]) annoncent le vin eni-

---

1 Béranger se désignait lui-même comme «chansonnier». Voilà l'*Esprit* réduit au rang de Béranger : c'est du Rimbaud tout pur.
2 Mais les vignes ne s'enchevêtrent pas au mois de mai. Rimbaud semble ne pas faire une distinction scientifique entre le printemps et l'été. Une telle imprécision n'est pas exceptionnelle en poésie. Hugo, par exemple, met le mois de mai en été dans *La Pente de la rêverie* (*Les Feuilles d'Automne*, XXIX, v. 11-14).

vrant, d'où le souhait : « Que notre sang rie en nos veines[1] ». Le verbe « rire[2] » anticipe l'euphorie que provoque le vin et souligne l'atmosphère heureuse de ce début du poème. On est à l'opposé de la notation pessimiste qui termine la troisième strophe de *Chanson de la plus haute tour*, autre texte contemporain de *Bannières de mai* : « Et la soif malsaine / Obscurcit mes veines[3]. »

L'écho de la strophe (citée plus haut) dite par *L'Esprit* « chansonnier » dans *Comédie de la soif* est à nouveau perceptible dans les vers 7 et 8 :

> Le ciel est joli comme un ange
> L'azur et l'onde communient.

« joli comme un ange » est une expression toute faite, employée couramment à propos d'un enfant (*cf.* de même : « sage comme une image »). C'est peut-être « ange », qui a amené « communient » pour indiquer la fusion de l'azur et de l'onde. En tout cas, A. Henry n'a pas tort de parler de « formulaire poétique éculé » (210, n. 2) à propos de ces deux vers légèrement caricaturaux. On peut même avancer qu'ils caricaturent des vers de Banville.

C'est le texte autographe confié par Rimbaud à Jean Richepin, qui a été cité ci-dessus ; mais il existe un autre texte autographe, provenant des papiers de Verlaine, où ces deux vers se lisent :

> Le ciel est joli comme un ange,
> Azur et Onde communient.

---

[1] Pour la fusion du vin et du sang (faut-il penser à l'Eucharistie ?), voir le sonnet *Automne* de Verlaine ; il est daté de septembre 1873, mais est antérieur au drame de juillet 1873 (*cf.* « Notes sur la genèse de *Cellulairement* », *RSH*, avril-juin 1957, dont les conclusions ont été confirmées par la découverte récente du texte de *L'Impénitence finale* écrit de la main de Rimbaud).
[2] Dans *Parade* (*Illuminations*), « le sang chante », mais dans un contexte qui n'a rien à voir avec la première strophe de *Bannières de mai*.
[3] Voir aussi la fin de la réponse (citée plus haut) de *Moi* à *L'Esprit* dans *Comédie de la soif*.

Or, dans *Les Stalactites* (1846), figure le poème *Ronde sentimentale*, dont voici les strophes 1 et 4 :

> Tout brûlant d'amour le Ciel dit à l'Onde :
> Je ne puis descendre et baiser tes flots,
> Ni dans tes beaux yeux, par le soir déclos,
> Voir se refléter ton âme profonde.
> [...]
> Frémissant encor, l'Onde sous la flamme
> Apaise ses flots et dit à l'Azur :
> Le meilleur de toi dans mon lit obscur
> Sommeille à demi sur mon sein qui pâme.

Banville met à la fois l'article et la majuscule aux deux mots «l'Azur» et «l'Onde»; il se pourrait que l'hésitation de Rimbaud entre l'article et la majuscule soit le petit témoin révélateur du souvenir; ajoutons que l'emploi des majuscules est plus caricatural[1].

Rimbaud trouvera une formulation dépouillée de tout enjolivement («Ciel», «Onde», «Azur» avec majuscule chez Banville), à la première strophe de *L'Eternité* (autre poème contemporain de *Bannières de mai*) :

> Elle est retrouvée.
> Quoi ? – L'Eternité.
> C'est la mer allée
> Avec le soleil.

Dans *Alchimie du verbe* (*Une saison en enfer*), Rimbaud explique «j'écartai du ciel l'azur qui est du noir[2]», ce qui métaphoriquement veut dire qu'il élimine les envolées lyriques spiritualistes (toujours

---

1 Dans les vers de Banville à peine cités on trouve aussi quelques éléments essentiels de *Mémoire* (le «lit obscur» de l'onde, en particulier, associé à l'image de l'étreinte amoureuse avec le ciel ; le ciel que Rimbaud remplace par le soleil, dans *Mémoire*). Rimbaud a organisé autour de ce motif un drame tiré de la réalité familiale.
2 Rimbaud affirme que l'azur est noir, au premier vers de *Ce qu'on dit au Poète à propos de fleurs*; et la première strophe de ce poème ne laisse aucun doute sur la condamnation de l'azur et de ses frères, les lys : «Ainsi toujours, vers l'azur noir / Où tremble la mer des topazes, / Fonctionneront dans ton soir / Les Lys, ces clystères d'extases!»

dans «l'azur», *cf. Élévation* de Baudelaire) qui cachent la réalité dans leur nuit (= noir); et il donne une nouvelle version de la première strophe de *L'Eternité*, où l'éternité perd sa majuscule :

> Elle est retrouvée!
> Quoi? l'éternité.
> C'est la mer mêlée
> Au soleil.

Rimbaud s'est débarrassé des poncifs de la poésie lyrique traditionnelle, représentée symboliquement par le terme «azur». Il a éliminé le «communient» de *Bannières de mai* de senteur sinon religieuse, du moins spiritualiste; et même le «allée avec» de *L'Eternité*, qui humanisait la mer et le soleil[1]; il a mis «mêlée», qui est matérialiste. Les modifications apportées aux textes originaux qui sont repris dans *Alchimie du verbe* ne sont ni aussi arbitraires, ni aussi anodines, qu'on l'a dit parfois.

Et voilà qu'en rétro-lecture les deux premiers vers de *Bannières de mai* pourraient représenter allégoriquement (et caricaturalement) la mort de la poésie lyrique personnelle : le «maladif hallali» qui «meurt» aux «branches claires des tilleuls» semble une allusion, mais à contre-pied, plutôt qu'au fameux «J'aime le son du cor» de Vigny, à la clausule, autrement importante, du *Cygne* :

> Ainsi dans la forêt où mon esprit s'exile
> Un vieux Souvenir sonne à plein souffle du cor!

Pas de «forêt» chez Rimbaud, mais les «branches claires des tilleuls»; et le cor ne sonne pas à plein souffle, mais est «maladif» et «meurt»; et l'esprit ne s'exile certes pas du monde. Sans aller jusqu'à évoquer les «fleurs maladives» de Baudelaire, on peut dire que pour Rimbaud la poésie du passé (même celle du «vrai dieu») est en train d'expirer.

---

1 Et rappelait trop «tout brûlant d'amour» de *Ronde sentimentale*.

Au vers 9, «Je sors», dans sa brièveté, marque la force de la décision. On est à l'opposé du premier poème de *La bonne chanson* de Verlaine :

> Le soleil du matin doucement chauffe et dore
> Les seigles et les blés tout humides encore,
> Et l'azur a gardé sa fraîcheur de la nuit,
> L'on sort sans autre but que de sortir [...]

Chez Verlaine, on a un tableau apaisé avec la note dominante de douceur[1]; chez Rimbaud, quelques traits, tant soit peu caricaturaux, juxtaposés et dynamiques. Surtout, Verlaine est passif («L'on sort sans autre but que de sortir»), alors que Rimbaud affirme sa volonté; il sort parce qu'il veut sortir, quelle que soit la conséquence de sa décision :

> [...] Si un rayon me blesse
> Je succomberai sur la mousse.

Mais on a vu plus haut que ces vers sont moins menaçants qu'ils ne paraissent. Les commentaires sur «la mort au soleil» qu'ils ont suscités sont insoutenables. Le risque de «succomber sur la mousse», loin d'être effrayant, est plutôt alliciant[2].

III

Dans la structure du poème, le «Je sors» du vers 9 marque une rupture (soulignée, peut-être, par le fait que la première séquence comporte 10 vers, alors que les deux autres n'en ont que 8). Après

---
1 *Cf.* v. 10-12 de ce poème : «Mais le songeur aime ce paysage / Dont la claire douceur a soudain caressé / Son rêve de bonheur».
2 Je crois qu'il faut interpréter dans le même sens la dernière strophe de *Comédie de la soif* : «Mais fondre où fond ce nuage sans guide, / – Oh favorisé de ce qui est frais ! / Expirer en ces violettes humides / Dont les aurores chargent ces forêts?» La violette et le violet, comme l'humidité, semblent avoir une valeur positive dans le texte rimbaldien.

avoir « arcadisé », non sans une pointe d'ironie, Rimbaud passe de la légèreté au sérieux, et la pseudo-bergerie tourne à l'anti-bergerade : la première séquence était objective et descriptive, la deuxième et la troisième sont subjectives et réflexives.

Le début de la deuxième séquence condamne la résignation, qui est la solution acceptée par le commun des mortels :

> Qu'on patiente et qu'on s'ennuie
> C'est trop simple. Fi de mes peines.

Rappelons que *Bannières de mai* est le premier des quatre poèmes groupés sous le titre *Fêtes de la patience*; le thème de la « patience » revient dans *Chanson de la plus haute tour* : « J'ai tant fait patience / Qu'à jamais j'oublie ; » et dans *L'Eternité* : « Science avec patience / Le supplice est sûr. » Mais c'est hors de ce groupe, dans *Comédie de la soif* (poème daté, lui aussi, de « Mai 1872 »), à la quatrième section, intitulée *Le pauvre songe*, que se trouve une nette condamnation de la « patience ». Le « pauvre songe » de Rimbaud est celui de la résignation (« si mon mal se résigne ») et d'une mort tranquille (« Et mourrai plus content / Puisque je suis patient ! ») ; mais le poète réagit immédiatement : « – Ah songer est indigne / Puisque c'est pure perte ! » Dans *Bannières de mai*, on a une note de raillerie : « Fi de mes peines ».

Le poète pose alors une décision, plus forte que le « Je sors » du vers 9. Cette fois, il utilise le verbe vouloir :

> Je veux que l'été dramatique
> Me lie à son char de fortune.

Ces deux vers ne sont pas faciles à comprendre, et peu nombreux sont ceux qui ont essayé de les expliquer. Pourquoi l'été est-il « dramatique » ? Selon Jean-Luc Steinmetz[1], « l'été participe de l'action essentielle du drame de l'année et de la course du soleil » et « le sort de Rimbaud serait lié à cette comédie essentielle ». Cela

---

1 Voir Rimbaud, *Œuvres*, II, *Vers nouveaux – Une saison en enfer* (Garnier-Flammarion, 1989), p. 181.

semble bien loin de la lettre du texte. A. Henry ne fait que reculer le problème, en disant que l'été est «instigateur d'événements violents ou inattendus» (211); mais pourquoi? Serait-ce que la chaleur exaspère les passions? Je crois qu'il faut rester au ras du texte : l'été qui suivra le printemps (où se situe encore le texte de *Bannières de mai*) sera (les verbes des strophes deux et trois exprimant le souhait ou la volonté sont des équivalents du temps du futur) «dramatique» pour Rimbaud qui a décidé de jouer sa vie sérieusement, totalement, de ne plus être «patient» dans une attitude qu'il condamne dans *Chanson de la plus haute tour* :

> Oisive jeunesse
> A tout asservie,
> Par délicatesse
> J'ai perdu ma vie.

Le mot «char», à propos de l'été, est probablement appelé par le mythologique char du soleil. En tout cas, ce sont les vaincus qui sont liés au char des vainqueurs; et Rimbaud prend bien la posture du vaincu, au vers 20 : «A toi, Nature, je me rends». Pour le syntagme «char de fortune» (forgé sur le traditionnel «char de triomphe»), A. Henry propose : «Abandonnons-nous aux aléas, aux (més) aventures (*cf. char de fortune*) que nous réserve peut-être l'été [...]» (211). Et effectivement il semble bien que Rimbaud a pris, ici, le mot «fortune» dans son sens latin (le mot vient de *fors*, le hasard).

On a expliqué plus haut l'essentiel des quatre derniers vers de la deuxième séquence :

> Que par toi beaucoup, o Nature,
> – Ah moins seul et moins nul! – je meure.
> Au lieu que les Bergers, c'est drôle,
> Meurent à peu près par le monde.

Il y a opposition entre la dérisoire mort «à peu près» des «Bergers» (qui est la «petite mort») et le «mourir beaucoup» souhaité par Rimbaud. Or si les «Bergers» meurent ridiculement «à peu près», c'est qu'ils vivent superficiellement ; qu'ils «jouent» mensongèrement et la mort et la vie. Dès lors, «mourir beaucoup» signifie que toute fiction, que toute comédie ont été éliminées, ce qui équivaut (et ce n'est paradoxal qu'en apparence) à *vivre* beaucoup, c'est-à-dire intensément. Rimbaud a parlé de cette vie-mort intense, dans *Alchimie du verbe* (*Une saison en enfer*) : « [...] les yeux fermés, je m'offrais au soleil, dieu de feu [...] et je vécus, étincelle d'or de la lumière *nature*. » Que cette vie («Je vécus») intense, ardente (à la lettre), idéal de vie du vrai poète, soit l'équivalent d'une mort, c'est ce qu'exprime le souhait implicite de l'exclamation, dans le même passage d'*Alchimie du verbe* : «Oh! le moucheron enivré à la pissotière de l'auberge, amoureux de la bourrache, et que dissout un rayon!» Belle image rimbaldienne du poète anéanti dans son «illumination» même.

Plus difficile à comprendre est l'incise du vers 16 : «– Ah moins seul et moins nul[1] ! –». L'interjection *Ah* marque la profondeur du souhait de Rimbaud, à la mesure de son insatisfaction d'être «seul» et «nul» au moment où il écrit son poème. Mais comment être «moins seul et moins nul» en mourant beaucoup, ainsi qu'il le désire?

À ma connaissance, A. Henry est le seul qui ait proposé une explication :

> Je souhaite certes être absorbé complètement par Nature... Mais, en partie, sur le mode badin : en effet, je serai alors moins *seul*, puisque tout le panthéisme vivant sera à mes côtés – et moins *nul*, puisque j'aurai part, si peu que ce soit, à un grand rôle. (211)

Mais il est impossible de dire que Rimbaud voudrait «être absorbé complètement par Nature... Mais, en partie, sur le mode badin», ce

---

1 Dans l'autre version manuscrite du poème, portant le titre *Patience / D'un été*, l'ordre des deux adjectifs est inversé et le second tiret manque : «– Ah moins nul et moins seul! je meure». Mais le sens ne change pas. A. Henry explique bien la différence entre les deux titres : «*bannières* [...] désigne, dans le défilé de la première strophe, les signes, en même temps réels et symboliques, de l'arrivée de l'Été. – Le premier titre, *Patience / D'un été*, évoquait plutôt le contenu proprement psychologique des strophes II et III» (*loc. cit.*, p. 208). Il faut ajouter qu'une fois groupé avec *Chanson de la plus haute tour*, *L'Eternité* et *Age d'or* sous le titre collectif *Fêtes de la patience*, le poème ne pouvait plus conserver le titre primitif *Patience / D'un été*, qui serait devenu pléonastique.

serait le mettre en contradiction avec lui-même, puisqu'il vient de railler («c'est drôle») les «Bergers» qui «meurent à peu près» (c'est cela le badinage) et qu'il leur oppose sa volonté de «mourir beaucoup». Aucun badinage au vers 16, il faut prendre le texte à la lettre.

Les choses s'éclairent, si l'on n'oublie pas que dans la pensée de Rimbaud «mourir beaucoup» équivaut à «vivre intensément», selon l'image du «moucheron [...] que dissout un rayon» ou du poète qui vit «étincelle d'or de la lumière *nature*[1]». Dès lors, l'idée avancée par A. Henry qu'il s'agit de «panthéisme vivant» semble juste. Mais il ne saurait être question de «grand rôle» à jouer, puisque le poète sera totalement fondu dans la «Nature»; et le «panthéisme vivant» ne sera pas «aux côtés» du poète, puisque le poète y sera «infusé».

Dans une telle perspective les adjectifs «seul» et «nul» sont à peu près synonymes : dans le Tout, on ne peut être ni seul, ni nul. Cette quasi équivalence semble confirmée par les deux versions de la deuxième strophe de *L'Eternité* (l'un des quatre poèmes des *Fêtes de la patience*); les deux manuscrits[2] donnent :

> Ame sentinelle,
> Murmurons l'aveu
> De la nuit si nulle
> Et du jour en feu.

dans *Une saison en enfer*, cette strophe devient :

> Mon âme éternelle,
> Observe ton vœu
> Malgré la nuit seule
> Et le jour en feu.

«nuit si nulle» et «nuit seule» semblent bien interchangeables[3].

---

1   Dans *Alchimie du verbe* le mot n'a plus la majuscule, mais il est en italique.
2   Le manuscrit Jean Richepin (adopté par les éditeurs) et le manuscrit Paul Verlaine (intitulé *Eternité*, sans l'article, comme dans la liste des quatre poèmes groupés sous le titre *Fêtes de la patience*).
3   Dans cette troisième strophe de *L'Eternité*, on retrouve l'opposition entre la nuit (solitude, nullité) et le «jour en feu». Dans la version d'*Une saison en enfer*, le vers «Observe ton vœu» rappelle la décision prise dans *Bannières de mai*.

L'espoir que cette aspiration à être « moins seul et moins nul » se réalise grâce à l'intensité de la vie en poésie est exprimé à la fin de *Vies I* (*Illuminations*) :

> J'observe l'histoire des trésors que vous trouvâtes. Je vois la suite ! Ma sagesse est aussi dédaignée que le chaos. Qu'est mon néant, auprès de la stupeur qui vous attend ?

Verlaine, semble-t-il, n'a pas compris cette idée de Rimbaud, puisque parmi tous les reproches qu'il fait à celui-ci, dans le poème 4 de la première partie de *Sagesse*, on lit :

> Ta mémoire, de tant d'obscénités bondée,
> Ne saurait accueillir la plus petite idée,
> Et patauge parmi l'égoïsme ambiant,
> En quête d'on ne peut dire quel vil néant ! (v. 41-44)

IV

La troisième séquence a une valeur générale touchant la vie de Rimbaud. Il n'est plus question de printemps ni d'été, mais de « saisons », au sens rimbaldien de ce mot ; c'est-à-dire de périodes de l'existence ou d'expériences vécues (*cf. Une saison en enfer*). Rimbaud accepte que les péripéties (« saisons ») de la vie intense (« Que [...] beaucoup [...] je meure ») l'« usent », et il s'abandonne totalement à la « Nature » (noter la majuscule) :

> Je veux bien que les saisons m'usent.
> A toi, Nature, je me rends ;
> Et ma faim et toute ma soif.
> Et, s'il te plaît, nourris, abreuve. (v. 19-22)

Dans ces quatre vers, la construction grammaticale est elliptique. D'après la ponctuation[1] (un point après « m'usent », un

---

1 La ponctuation est encore plus nette dans l'autre version, portant le titre *Patience / D'un été*, où il y a seulement une virgule après « je me rends ».

point et virgule après «je me rends»), il faut comprendre : À toi, Nature, je me rends ; et [je rends] ma faim et toute ma soif. Mais la ponctuation de Rimbaud est, plus d'une fois, étrange ; ici le sens serait plus clair en lisant : Je veux bien que les saisons m'usent. [...] Et [que m'usent] ma faim et toute ma soif. Il suffit de renvoyer aux poèmes *Comédie de la soif* et *Fêtes de la faim* pour souligner l'importance de la faim et de la soif chez Rimbaud, «faim» et «soif» qui, de toute évidence, ne sont pas uniquement physiologiques.

De nouveau, il apparaît que Rimbaud accepte de consumer son existence dans une intensité où sa «faim» sera nourrie et sa «soif» abreuvée. Il ne s'agit donc pas, pour lui, de mourir vraiment, mais (on l'a vu) de vivre au maximum.

Les quatre derniers vers sont une conclusion d'allure philosophique, impliquant une conception de la vie personnelle :

> Rien de rien ne m'illusionne ;
> C'est rire aux parents, qu'au soleil,
> Mais moi je ne veux rire à rien ;
> Et libre soit cette infortune.

L'interprétation de ces quatre derniers vers que propose A. Henry semble insoutenable :

> À Nature je m'abandonne entièrement, quel que soit le prix et avec l'espoir d'être vraiment rassasié. / Mais c'est là, je m'en rends compte, une illusion de plus : je ne veux en rien y souscrire et, seule liberté dont je dispose, j'assume mon infortune telle qu'elle voudra bien se présenter. (208)

Rien dans le texte ne laisse entendre que Rimbaud juge «une illusion de plus» le fait de s'abandonner entièrement à la Nature ; et qu'il ne veut «en rien y souscrire». Il y a une suite logique dans les huit vers de la dernière séquence, et la coupure (marquée par le trait vertical) qu'y introduit A. Henry est arbitraire. Peut-être est-il victime de sa théorie de la bi-partition d'un certain nombre de textes rimbaldiens en un diptyque aux panneaux indépendants et conjugués (comme il a fait pour *Barbare*, par exemple[1]). Le texte est clair : puisque le poète s'est « rendu » (comme un vaincu) à la Nature, il a trouvé la vraie vie et le reste de la réalité devient une « illusion » ; et c'est à cette « illusion » que le poète ne se laisse pas prendre, puisqu'il a trouvé la solution d'être « étincelle d'or de la lumière *nature* ».

L'abandon total à la « Nature » a pour conséquence la renonciation à toute illusion, c'est-à-dire aux « plaisants dessins » qui brodent « le canevas banal de nos piteux destins », comme dit Baudelaire. C'est une sorte de reprise, plus radicale, du « Fi de mes peines », au vers 12 du poème ; « Fi de mes peines », mais aussi fi de mes joies, comme le dit le vers 24 : « C'est rire aux parents qu'au soleil », qui est le contraire du vers 5 : « Que notre sang rie en nos veines » où s'exaltait l'enivrement du renouveau de la nature sous le soleil.

Qu'il y ait identité entre les « parents » et le « soleil » n'a rien de surprenant, puisque le soleil est « le père de la vie », selon la tradition, et comme Rimbaud le célèbre au premier vers de *Soleil et Chair* : « Le Soleil, le foyer de tendresse et de vie [...] ». Mais il faut signaler une sorte de contradiction entre ce refus de « rire au soleil » et le projet rimbaldien, tel qu'il est formulé dans *Vagabonds* (*Illuminations*) :

> J'avais en effet, en toute sincérité d'esprit, pris[2] l'engagement de le [le pitoyable frère] rendre à son état primitif de fils du soleil.

Dans cette fin de *Bannières de mai*, Rimbaud refuse toute illusion, toute forme d'existence qui fait dépendre l'individu de conditions extérieures à sa propre personnalité. On trouve dans *L'Eclair* (*Une saison en enfer*) l'évocation de la fausse vie :

---

1 Voir *loc. cit.*, p. 143-149.
2 Je ne sais pas si l'on a signalé la cacophonie « esprit-pris ».

J'ai mon devoir, j'en serai fier à la façon de plusieurs, en le mettant de côté.
Ma vie est usée. Allons! feignons, fainéantons, ô pitié! Et nous existerons en nous amusant, en rêvant amours monstres et univers fantastiques, en nous plaignant et en querellant les apparences du monde, saltimbanque, mendiant, artiste, bandit, – prêtre!

C'est à toutes ces vies illusoires que renonce le vrai poète[1]. Et il le fait librement : il revendique une liberté totale dans ce choix d'une existence qui peut sembler une « infortune », c'est-à-dire une malchance, un malheur, aux yeux des hommes, mais qui est, pour lui, ici, le contraire (valeur du préfixe *in-*) de la « fortune » du « char » de « l'été » (aux vers 13 et 14) qui (on l'a vu) était, d'après l'étymologie, le hasard[2].

Delahaye voyait, dans cette conclusion, Rimbaud continuer « le parti pris d'un doux fatalisme ». L'adjectif « doux » semble totalement déplacé (on a pu voir plus haut la différence entre la « douceur » chez Verlaine et l'énergie chez Rimbaud, dans le seul fait de « sortir »). Si fatalisme il y a, loin d'être subi passivement, il est voulu avec détermination. Selon Spinoza, un tel accord volontaire et total avec l'Univers (noter que Rimbaud a conservé la majuscule à « Nature ») serait le summum de la liberté[3] ; mais il est peu croyable que Rimbaud ait connu le

---

1 Dans le poème intitulé *Sur les eaux*, dans le recueil non publié *Cellulairement*, et devenu le poème 7 de la IIIe partie de *Sagesse* (daté de « Brux. Juillet 1873 », mais probablement antérieur à cette date), Verlaine compare son « esprit amer » à une mouette « Ivre de soleil et de liberté », mais dont le vol. sur l'immensité de la mer est l'image de l'inquiétude angoissée du poète. C'est le contraire de l'attitude de Rimbaud dans *Bannières de mai*.
2 Dès lors, à la huitième strophe d'*Age d'or*, les vers « Vis et laisse au feu / L'obscure infortune » ne sont pas du tout « une reprise railleuse de la fin de *Bannières de mai* », comme on lit au commentaire d'*Age d'or* dans l'éd. Garnier des *Œuvres* de Rimbaud, mais une confirmation : vis et abandonne dans le feu, comme le vrai poète ou le moucheron, ce que les hommes considèrent comme une infortune. Mais, à la fin de *L'Impossible*, dans l'exclamation « Déchirante infortune ! », le mot *infortune* a bien le sens ordinaire de malchance.
3 On a vu qu'à propos de « moins seul et moins nul » (v. 16), A. Henry parle de « tout le panthéisme vivant ».

spinozisme. En tout cas, il est impossible de dire que les deux derniers vers sont « déchirants[1] », ni même qu'ils sont « sourdement tragiques ». (212)

On ne saurait exclure que cette volonté de sublimation dans « la lumière *nature* » ne soit le résultat de la prise de conscience par Rimbaud des conséquences de l'échec de la Commune[2]. Rimbaud, en effet, dans ses premiers poèmes (et même dans la lettre du 15 mai 1871 à Demeny, où le poète est présenté comme « un multiplicateur de progrès »), envisage de « changer la vie » par la transformation sociale et politique de l'humanité. Mais, après la « semaine sanglante », il est obligé de se replier sur une « action restreinte » et à ne compter (tout en poursuivant une critique virulente de la société contemporaine[3]) que sur les ressources de son génie propre : c'est ce moment, semble-t-il, qui est évoqué dans *Bannières de mai*. On sait que cela aussi aboutira à un échec (« j'ai cru acquérir des pouvoirs surnaturels », « moi qui me suis dit mage ou ange », *Adieu*, dans *Une saison en enfer*). Mais au moment de ce nouveau « départ[4] », Rimbaud, s'il a abandonné les illusions de la veille (« Rien de rien ne m'illusionne »), conserve tout son dynamisme naturel (« Je veux ») ; c'est pourquoi on ne saurait accepter l'interprétation trop pessimiste qu'on a donnée, en général, de ce texte. C'est, peut-être, Yves Bonnefoy qui est allé le plus loin dans ce sens :

---

1 Voir *op. cit.*, n. 9, où s'accumulent les erreurs : « Opposition entre le "rire au soleil" et la façon désespérée dont Rimbaud s'offre au soleil dont les rayons le blessent. Il évoque son *infortune*, pour terminer, en deux vers déchirants : qu'on me laisse au moins libre de souffrir et d'être seul. Ce sont les "parents" qui avaient séparé Rimbaud et Verlaine ».
2 Il faut tenir compte aussi de la cruelle déception de Rimbaud devant la veulerie de Verlaine et des poètes de son groupe.
3 Qui éclate dans plus d'une des *Illuminations* (*Promontoire, Soir historique, Démocratie*, etc.).
4 Il faudrait citer ici *Départ* (dans les *Illuminations*) pour retrouver un dynamisme analogue dans la rupture avec le passé et dans l'élan vers l'avenir.

> Le poème le plus sombre de cette époque – en dépit de l'apparence –
> est sûrement *Bannières de mai*. Poème de l'été, mais du désespoir d'été,
> farouche et gris, et malgré tout l'azur et les boqueteaux de la nature
> ironique, véritable chemin de «la Cimmérie noire, patrie des morts[1]».
> [...]
> Nous pouvons tenir *Bannières de mai* pour l'extase du malheur, celle
> qui fait sa joie de son propre vide. Abandon de la faim, abandon de
> la soif, de toute illusion et de tout espoir – d'où surgira au moins
> une liberté[2].

Sans relever les à-peu-près et les gauchissements contenus dans ces quelques lignes, il suffit de signaler le contresens : «abandon de la faim, abandon de la soif»; Rimbaud demande à la «Nature» qu'elle nourrisse et abreuve sa faim et sa soif : il ne les abandonne donc pas. Et encore, si le texte dit que Rimbaud abandonne toute illusion, il ne dit pas qu'il abandonne «tout espoir».

Il est vrai que dans *Bannières de mai* il s'agit «de consentir aux saisons mortelles», comme écrit Yves Bonnefoy, mais il faut supprimer la fin de sa phrase : «avec la sombre joie d'un absolu désespoir»; car Rimbaud, en toute conscience et en toute liberté, y fait comprendre qu'il veut être «étincelle d'or de la lumière *nature*». Cette décision éclaire la place et le rôle de ce poème dans l'œuvre du poète. On a pu constater que le meilleur commentaire de *Bannières de mai* se trouve dans les poèmes contemporains écrits en 1872, et surtout dans *Alchimie du verbe* (*Une saison en enfer*), qui est une revisitation critique des poèmes et de l'expérience de 1872. Or, *Bannières de mai* ne figure pas dans *Alchimie du verbe*; c'est que ce poème correspond musicalement à un prélude, narrativement à un prologue, critiquement à un programme, pour toute la production poétique de cette «saison» de 1872.

---

1 Cette citation vient des brouillons d'*Alchimie du verbe*; le texte publié est : «La Cimmérie, patrie de l'ombre et des tourbillons».
2 Yves Bonnefoy, *Rimbaud*, Seuil, 1961, p. 79-81.

Production poétique fondée sur le détachement de tout ce qui est «humain, trop humain», selon l'affirmation «Rien de rien ne m'illusionne» et «Je ne veux rire à rien», à la fin de *Bannières de mai*; détachement qui ne va pas sans difficulté, comme dit la cinquième strophe de *L'Eternité* :

> Là pas d'espérance,
> Nul orietur.
> Science avec patience,
> Le supplice est sûr.

Mais dans *Alchimie du verbe* la sublimation poétique, la combustion de la vie dans «la lumière *nature*» se fait dans le bonheur et la joie : «Enfin, ô bonheur, ô raison, j'écartai du ciel l'azur, qui est du noir, et je vécus, étincelle d'or de la lumière *nature*. De joie, je prenais une expression bouffonne et égarée au possible» (suit la nouvelle version de *L'Eternité*). Et *Alchimie du verbe* se termine sur le poème (dont le brouillon donne le titre *Bonheur*) : «O saisons, ô châteaux», où on lit : «J'ai fait la magique étude / Du bonheur, qu'aucun n'élude».

Et si la réussite n'est pas assurée (la suite de l'œuvre et de la vie de Rimbaud montrera que sur ce point il n'a pas «tenu le pas gagné[1]»), il n'en reste pas moins que *Bannières de mai* est peut-être l'expression la plus haute et la plus pure de l'aspiration à une poésie absolue où le poète disparaît en tant qu'individu.

---

1 *Adieu* (*Une saison en enfer*). – N. B. : Quand j'ai écrit les pages qui précèdent, je ne connaissais ni l'article de Seth Whidden, *La patience de Rimbaud*, ni celui de Yann Frémy, *La lettre à Delahaye de mai 1873*, tous les deux publiés dans *PS, Colloque n° 5*, fascicule paru en 2005, respectivement aux p. 375-388, et aux p. 423-453. Le premier analyse en profondeur la notion de «patience» chez Rimbaud. Le second apporte des lumières d'un grand intérêt sur l'«énergétique poétique», évoquant le conflit Rousseau-Helvetius dans la pensée de Rimbaud.

AGE D'OR ET VERLAINE

On a depuis longtemps[1] signalé la présence du texte verlainien dans certains poèmes de Rimbaud que l'on classe traditionnellement sous l'étiquette de *Derniers vers*. C'est sur le poème «Entends comme brame» que la critique a le plus insisté : le vocabulaire typique de Verlaine y est repris. J'ai signalé l'allusion à Verlaine dans l'avant-dernière strophe de *Chanson de la plus haute tour*[2]. Il me semble que le texte et la personne de Verlaine constituent aussi le matériau utilisé par Rimbaud dans *Age d'or*.

Rimbaud parle de «voix» qui sont «multiples» (v. 39) et qu'il appelle «sœurs» (*ibid.*), parce qu'elles se ressemblent, parce qu'elles ont des affinités entre elles ; dans le même sens, la seconde voix chante «En sœur des haleines» (v. 26), parce qu'elle ressemble aux haleines. Ces voix ne sont «Pas du tout publiques» (v. 40), jeu de mots immédiat (et de bas niveau !) sur «voie publique» ; mais on est tenté d'y voir aussi un jeu de mots avec le titre de Hugo *Les Voix intérieures*[3] ; mais l'adjectif *public* ne s'oppose pas exactement à l'adjectif *intérieur*. *Public* s'oppose à *particulier*; est public ce qui appartient à tout le monde ; il est clair que les voix dont parle Rimbaud, loin d'appartenir à tout le monde, sont

---

* Dans le vol. *Matériaux pour lire Rimbaud*, PUM, Toulouse, 1990, p. 27-34.
1 Je cite au moins l'étude de C. A. Hackett, *Verlaine's Influence on Rimbaud*, dans le vol. *Studies in Modern French Literature presented to P. Mansel Jones*, Manchester University Press, 1961, p. 163-180 (ar. repris dans le vol. *Autour de Rimbaud*, Klincksieck, 1967).
2 Voir «Pour Rimbaud», *SF*, mai-août 1971 (ar. repris dans le vol. *De la lettre à l'esprit*, Champion, 2004 ; voir les p. 132, 237-238).
3 C'est ce que suggérait Suzanne Bernard, en relevant que la pièce XXIX, *Une nuit qu'on entendait la mer sans la voir*, avait le même rythme qu'*Age d'or* (*op. cit.*, 1961, p. 459, n. 10).

les voix d'individus précis. D'autre part, le contraire d'*intérieur* est *extérieur*; or, dans le texte rien ne dit que les voix dont il est question sont *intérieures*; tout y indique, au contraire, qu'il s'agit de voix provenant de l'extérieur[1], puisque chacune des deux voix « Vertement s'explique » (v. 14 et v. 24), et surtout parce que le poète dit : « Je chante avec elle » (v. 20) pour la première, et « Je chante aussi, moi » (v. 38) pour la seconde. Il apparaît donc que les deux voix que fait parler et chanter Rimbaud ne sont pas la voix du for intérieur et qu'il ne s'agit pas d'un débat intime (sinon dans la mesure où Rimbaud s'associerait à ce que disent les voix ; mais il n'est pas sûr du tout qu'il s'y associe, on le verra).

Rimbaud fait s'exprimer deux voix. Chacune a droit à cinq strophes. Et elles sont présentées de façon analogue : chacune « Vertement s'explique » (v. 4 et v. 24), et chacune « chante », mais la première chante après s'être expliquée (« Puis elle chante », v. 13), tandis que la deuxième « chante à l'instant » (v. 25).

Une fois que cette structure d'ensemble est mise en évidence (deux voix qui se détachent parmi des voix multiples), il est impossible de ne pas faire le rapprochement avec la première des *Ariettes oubliées*[2], où la première strophe annonce « Le chœur des petites voix », et où la troisième et dernière strophe déclare :

> Cette âme qui se lamente
> En cette plainte dormante
> C'est la nôtre, n'est-ce pas ?
> La mienne, dis, et la tienne [...].

Age d'or caricature du texte verlainien ? On est d'autant plus fondé à le penser, que Verlaine est un « spécialiste » des « voix » : voix des femmes comme dans *Mon rêve familier*[3] ou dans le troi-

---

1   Est-ce pour cela et parce que le texte dit « sœurs », que certains ont voulu voir dans les deux voix qui chantent les voix des sœurs de Rimbaud ?
2   Ce poème a été publié dans *La Renaissance littéraire et artistique*, le 18 mai 1872 ; il est repris dans le recueil *Romances sans paroles*.
3   Dans les *Poëmes saturniens*. « Et, pour sa voix, lointaine et calme, et grave, elle a / L'inflexion des voix chères qui se sont tues ».

sième poème de *La Bonne Chanson*[1], voix des oiseaux, comme dans le poème «La lune blanche», avant même le concert de la première des *Ariettes oubliées*[2].

En tout cas, les détails extraits du texte verlainien abondent dans le texte d'*Age d'or*.

D'abord, l'adjectif «angélique» utilisé par Rimbaud pour qualifier chacune des deux voix évoquées (v. 2 et v. 22). Verlaine avait écrit dans *Nevermore* (*Poëmes saturniens*) : «Sa voix douce et sonore, au frais timbre angélique». Bien plus, Verlaine avait écrit toujours dans *Nevermore*, au vers 8, qui précède le vers qui vient d'être cité : «[...] fit sa voix d'or vivant». Une «voix d'or», ça rappelle «âge d'or», dirait l'auteur de «Plates-bandes d'amarantes». Et ça ouvre d'étranges perspectives, on le verra.

Ensuite le v. 11 : «Ce n'est qu'onde, flore» renvoie, sous une forme concentrée, selon la technique sarcastique de Rimbaud (l'emploi des termes «onde» et «flore», généraux et abstraits, à la fois classiques et dans le goût des «bons Parnassiens», est déjà par lui-même caricatural), au délayage gnangnan de Verlaine dans la deuxième strophe de la première des *Ariettes oubliées*, justement :

> O le frêle et frais murmure!
> Cela gazouille et susurre,
> Cela ressemble au cri doux
> Que l'herbe agitée expire...
> Tu dirais, sous l'eau qui vire,
> Le roulis sourd des cailloux.

Il est assez évident, par ailleurs, que ce que dit et chante la première voix, c'est ce que disait et chantait Verlaine. Ce qu'il

---
1 «Sa voix, étant de la musique fine», etc.
2 Et après, ça ne fera que croître et embellir. Qu'il suffise de citer, dans la première partie de *Sagesse*, le poème V («Beauté des femmes») pour la voix féminine et le poème XIX («Voix de l'Orgueil») pour la voix de toute une série d'abstractions.

disait quand il blâmait (d'où l'adverbe «vertement» au vers 4 et au vers 24), dans sa pusillanimité[1], l'audace des recherches rimbaldiennes et les dangers qu'elles présentaient :

> Ces mille questions
> Qui se ramifient
> N'amènent, au fond,
> Qu'ivresse et folie [...].

On notera la précision des deux derniers termes, qui évoquent à la fois *Matinée d'ivresse* et *Délires II* («A moi. L'histoire d'une de mes folies»). Ce qu'il «chantait», quand il écrivait des textes selon sa propre poétique de la naïveté et de la simplicité, bien opposée à la poétique énoncée par Rimbaud dans la lettre à Demeny du 15 mai 1871. Rimbaud résume cette poétique verlainienne dans la troisième strophe :

> Reconnais ce tour
> Si gai, si facile :
> Ce n'est qu'onde, flore,
> Et c'est ta famille !

On a déjà vu qu'«onde» et «flore» faisaient référence aux thèmes recurrents de la poésie de Verlaine et raillaient une certaine forme d'esthétique «parnassienne»; de même le dernier vers de cette strophe évoque non seulement la familiarité du texte verlainien, mais encore la conception, chère à Verlaine, d'une sympathie entre la nature et l'homme[2], et peut-être même le thème de la famille, littéralement, qui apparaît çà et là chez Verlaine et pas seulement dans *La Bonne Chanson*. Mais c'est sur la gaieté et la facilité de la poésie verlainienne qu'insiste Rimbaud, puisqu'il reprend trois fois le vers «si gai, si facile» (v. 10, v. 14, v. 18); répétition qui est par elle-même une raillerie (quoi de plus facile

---

1 *Cf. Vagabonds* (*Illuminations*).
2 On peut y déceler un écho de *Correspondances* : «La Nature [...] / L'homme y passe à travers des forêts de symboles / Qui l'observent avec des regards familiers».

que de répéter?), et Rimbaud accentue la dérision par un couac sarcastique (marqué par le passage du pentasyllabe à l'hexasyllabe détonnant) au vers 15 : « Et visible à l'œil nu ».

Si la première voix est assez clairement la voix de Verlaine, les choses sont beaucoup plus compliquées pour la deuxième voix. Cependant la deuxième partie d'*Age d'or* rappelle, elle aussi, le texte verlainien par bien de détails.

La deuxième voix chante « En sœur des haleines » (v. 26). Or, Verlaine a mis en épigraphe à la première des *Ariettes oubliées* deux vers de Favart : « Le vent dans la plaine / Suspend son haleine » ; et il a accumulé dans son bref poème une série de notations relatives au léger souffle de l'air : « les frissons des bois », « l'étreinte des brises », « le frêle et frais murmure », le « cri doux / Que l'herbe agitée expire ». Mais il se pourrait que Rimbaud, tout en caricaturant Verlaine, se moque aussi de lui-même, de lui-même verlainisant ; car c'est dans *Les Chercheuses de poux* qu'il a écrit à propos de l'enfant et des « deux grandes sœurs charmantes » : « Il écoute chanter leurs haleines craintives ». Or, ce poème, on ne l'a pas assez souligné, est verlainien par la musicalité et la recherche d'associations de sensations (« où l'air bleu baigne un fouillis de fleurs[1] », « Qui fleurent de longs miels végétaux et rosés », « désirs de baisers », « grises indolences », etc.).

L'avant-dernier vers de cette septième strophe d'*Age d'or* : « D'un ton Allemand » confirme l'hypothèse qu'il s'agit de Verlaine, puisque celui-ci, né à Metz, était allemand après le traité de Francfort du 10 mai 1871 (il optera pour la nationalité française en septembre 1872, à Londres). Il suffit d'avoir fait partie d'un groupe de jeunes (collégiens, sportifs, soldats) pour comprendre la banalité des railleries de cette sorte.

Mais le dernier vers de cette strophe fait difficulté dans la perspective verlainienne. D'une façon qui s'oppose au deuxième vers de la strophe, où la seconde voix était dite « sœur des haleines »,

---

1 Noter les allitérations, en b et en f.

ce qui implique douceur et légèreté, elle est maintenant qualifiée d'« ardente et pleine » ; or, il est impossible de trouver un ton ardent et plein dans la poésie de Verlaine antérieure à 1872. Peut-être découvrira-t-on un jour ce qui est caché là.

En tout cas, de nouveau, ce que « chante » la deuxième voix pourrait fort bien être le discours tenu par Verlaine.

La huitième strophe, après la constatation « Le monde est vicieux[1] », donne le conseil : « Vis et laisse au feu / L'obscure infortune ». Tous les commentateurs ont signalé la reprise du dernier vers de *Bannières de mai*. Mais il s'agit d'une reprise en sens contraire. À la fin de *Bannières de mai* Rimbaud « se rend » à la *Nature*, n'a plus d'illusions (« Rien de rien ne m'illusionne ») et ne veut « rire à rien » ; il conclut alors avec courage : « Et libre soit cette infortune ». Dans *Age d'or*, la deuxième voix l'exhorte à vivre (« Vis ») et dévalue l'infortune, assumée librement au dernier vers de *Bannières de mai*, en la qualifiant d'« obscure[2] ».

À propos de la neuvième strophe (où des quatrains on passe au quintil)

> O ! joli château !
> Que ta vie est claire !
> De quel Age es-tu
> Nature princière
> De Nôtre grand frère ! etc...

les plus raisonnables parmi les commentateurs ont éliminé les élucubrations sur Sainte Thérèse d'Avila et les châteaux de l'âme, mais il faut admettre qu'on n'a guère éclairé jusqu'ici le sens de ces vers.

---

1 Les commentateurs sont embarrassés par le point d'exclamation à la fin du v. 30 : « Si cela t'étonne ! » Mais le manuscrit Verlaine du poème donne « Tu dis ? Tu t'étonnes ? » et Rimbaud met bien le point d'exclamation à la fin d'une proposition interrogative au v. 37 (« De quel Age es-tu, / Nature princière / De notre grand frère ! »).

2 J'avoue ne pas avoir d'explication pour la fin du v. 31 : « laisse au feu ». Faut-il penser au « Soleil, dieu de feu » d'*Alchimie du verbe* ? Si oui, cela confirmerait l'opposition avec *Bannières de mai* où Rimbaud disait à la fin : « C'est rire aux parents, qu'au soleil / Mais je ne veux rire à rien ».

Renvoyant à la suite toute discussion, je cite d'emblée les passages de Verlaine dont cette strophe semble la transposition en clé rimbaldienne. D'abord, *Bruxelles II* :

> L'allée est sans fin
> Sous le ciel, divin
> D'être pâle ainsi !
> Sais-tu qu'on serait
> Bien sous le secret
> De ces arbres-ci ?
>
> Des messieurs bien mis,
> Sans nul doute amis
> Des Royers-Collards,
> Vont vers le château.
> J'estimerais beau
> D'être ces vieillards.
>
> Le château, tout blanc
> Avec, à son flanc,
> Le soleil couché,
> Les champs à l'entour...
> Oh ! que notre amour
> N'est-il là niché !

Ensuite, la première strophe de *Malines* :

> Vers les prés, le vent cherche noise
> Aux girouettes, détail fin
> Du château de quelque échevin,
> Rouge de brique et bleu d'ardoise,
> Vers les prés clairs, les prés sans fin...

Rimbaud a concentré, selon sa cruelle méthode de dérision, les éléments que Verlaine a dilués, selon sa propre poétique musicalo-impressionniste. Non seulement le «château» (noter l'ironie du «O» et de «joli») et la clarté (avec une transposition, dans le goût verlainien ! de la clarté extérieure à la clarté de la «vie»), ce qui crève les yeux, mais aussi, toujours si l'on tient compte de la raillerie, le rêve d'être châtelain de ce château : Verlaine l'exprimait de façon digne, moralisante et selon l'idéal de la haute bourgeoisie : « messieurs bien mis », « Royers-Collards », « vieillards » ; Rimbaud ironise par excès : la « nature » du « grand frère », c'est-à-dire du protecteur ami accueillant le poète dans son « château », est devenu « princière », mais ici Rimbaud joue sarcastiquement sur les nuances de sens du mot *prince* dans l'usage courant où « vivre comme un prince » signifie « vivre splendidement » et où l'on dit « traiter comme un prince ». Et c'est toujours dans le fil de l'ironie qu'il faut comprendre l'interrogation « De quel Age es-tu ». Certes, la majuscule au mot « Age » renvoie au titre du poème : *Age d'or* ; mais ici encore Rimbaud joue sur les mots ; ce n'est pas à l'Âge d'or mythique qu'il renvoie, mais à l'âge de l'or, le mot étant pris au sens littéral de richesse[1]. Il y a donc une ironie cinglante dans les trois derniers vers de cette strophe (surtout si l'on n'oublie pas « sa voix d'or vivant » dans *Nevermore*), Rimbaud reprochant à Verlaine (qui est bien son « grand frère », puisqu'il a dix ans plus que lui) sa pingrerie (du point de vue de Rimbaud[2]) petite-bourgeoise, pas du tout « princière ».

À ce point, se présente le problème de la chronologie. Les deux textes de Verlaine sont en effet datés d'« août 1872 », tandis qu'*Age d'or* est daté de « juin 1872 ». Si ces dates sont exactes, il n'est pas possible que le texte de Rimbaud raille le texte verlainien. Mais peut-on avoir pleinement confiance dans les datations fournies par les poètes ? Pour les deux poèmes de Verlaine il n'y a pas de doute qu'ils correspondent à la période où, en compagnie de Rimbaud, il voyageait en Belgique, c'est-à-dire pendant les mois de juillet et août 1872. Pour *Age d'or*, Rimbaud l'avait d'abord daté de « mai », et il a surchargé ce mot avec « juin ». Cette hésitation n'est qu'un indice bien mince ; mais un fait plus significatif met en question les dates proposées par Rimbaud pour certains de

---

1 Comme à la fin de *Dévotion* pour « mais plus *alors* ». Voir « Pour l'exégèse de *Dévotion* », *RLMC*, juillet-août 1983 (ar. repris dans le vol. *De la lettre à l'esprit*, cité, p. 384).
2 En réalité Verlaine payait libéralement, largement. Voir « Rimbaud rentier » dans le vol. « *fraguemants* » *rimbaldiques*, cité, p. 185-189.

ses poèmes que l'on appelle *Derniers vers* : pour *Bannières de mai*, daté lui aussi de *mai 1872* par Rimbaud, il existe un manuscrit intitulé *Patience*, avec au-dessous, comme en sous-titre : *D'un été*; il est évident que ce poème, après avoir parlé du mois de mai (première séquence), parle de l'été (deuxième et troisième séquences). Je suis convaincu qu'*Age d'or* est contemporain de *Bruxelles II* et de *Malines*, et date de juillet-août 1872.

Cette hypothèse est d'autant plus vraisemblable que l'explication à partir de textes verlainiens permet d'éclairer le sens général d'*Age d'or*. Dans les brouillons d'*Une saison en enfer*, Rimbaud avait projeté d'insérer ce poème dans *Alchimie du verbe* après la phrase : «De joie, je devins un opéra fabuleux». Certains critiques ont donc interprété *Age d'or* comme «un opéra fabuleux». Et la reprise de strophes (1 et 6, 3 et 5), l'emploi de «etc...» à la fin de certaines strophes (5, 9, 10), et le fait que des voix «chantent», font penser à l'opéra. Mais Rimbaud n'a pas mis ce poème dans *Alchimie du verbe*. Il s'est rendu compte qu'il ne pouvait pas représenter un «opéra fabuleux», mais qu'il s'agissait d'un opéra comique peut-être, d'un opéra sarcastique à coup sûr. Car c'est bien la dérision que marquent ces «etc...» cavaliers, comme le confirment les indications portées par Rimbaud sur un manuscrit du poème : *Terque quaterque* en face de la troisième strophe; *Pluries* en face de l'avant-dernière strophe; *Indesinenter* en face de la dernière strophe. Mais, dans le langage courant, le fait de chanter (au sens familier du terme) ou de répéter infiniment (*indesinenter*) la même chanson (au sens familier du terme), le même propos s'appelle une *antienne*. Et revoilà Verlaine et la dernière strophe de la première des *Ariettes oubliées* :

> Cette âme qui se lamente
> En cette plainte dormante,
> C'est la nôtre, n'est-ce pas?
> La mienne, dis, et la tienne,
> Dont s'exhale l'humble antienne
> Par ce tiède soir, tout bas?

Dans *Age d'or*, comme dans bon nombre de ses textes, Rimbaud fait d'une pierre trois coups.

Il y a mis une raillerie de la pusillanimité et de la pingrerie (selon lui) de Verlaine, en même temps qu'une caricature de la poétique de son ami, de sa mièvrerie («joli», «gai», «facile») superficielle («visible à l'œil nu»).

Il y a exprimé sa situation à un certain moment de sa vie (une «saison», comme il dit) : non seulement ses préoccupations intellectuelles (problèmes de poétique, de conception du monde), mais aussi ses inquiétudes matérielles («âge d'or»).

Il y a surtout réussi un amalgame poétique («Je chante aussi, moi») subtil, mystérieux, capable de faire «rêver les cervelles humaines».

DE LA FAIM AU BOUILLON

FAUSSES PISTES

Avant toute exégèse des trois textes *Fêtes de la faim*, *Faim*, «Le loup criait», il faut se débarrasser de deux hypothèses qui entraînent des interprétations insoutenables.

Il n'y a pas à réfuter longuement l'hypothèse selon laquelle Rimbaud parlerait des famines qui désolaient les peuples. Rimbaud utilise toujours dans ces textes le pronom de la première personne, sujet (*je*) ou complément (*me*), et le possessif de la première personne (*Ma faim* dès le premier mot de *Fêtes de la faim*; *mes faims*, plus loin). Et rien dans ces textes ne permet d'y voir une allusion aux misères des peuples affamés. On a mis en avant «la terre» au second vers de la première strophe de *Fêtes de la Faim* et de *Faim*; mais que les hommes, lors des famines, aient mangé de la terre est une invention des mythographes qui prenaient pour de la terre les racines (commestibles, elles) que les hommes arrachaient du sol. Quant aux autres détails du texte: pierres, air, roc, charbons, fer, «le pré des sons», les cailloux, «Les vieilles pierres d'églises», les galets, «les bouts d'air noir», «l'azur sonneur», comment les faire entrer dans une évocation socio-historique des famines qui ont ravagé (ou qui ravagent encore) l'humanité?

La deuxième hypothèse qui risque d'égarer est plus difficile à éliminer: elle consiste à croire que Rimbaud a vraiment souffert de la vraie faim. On est allé chercher dans les textes de Rimbaud des témoignages de sa faim.

Le passage le plus poussé dans ce sens se trouve au troisième paragraphe de la 5ᵉ section de *Mauvais sang* (*Une saison en enfer*) :

> Sur les routes, par des nuits d'hiver, sans gîte, sans habits, sans pain, une voix étreignait mon cœur gelé [...]

S'il fallait prendre à la lettre ce passage hyperbolique, nous verrions Rimbaud errer tout nu (« sans habits ») dans la nuit, en hiver.

Il en va de même pour le passage d'*Adieu* (*Une saison en enfer*) souvent cité comme une preuve de la misère de Rimbaud.

> Ah ! les haillons pourris, le pain trempé de pluie, l'ivresse, les mille amours qui m'ont crucifié [...] Je me revois la peau rongée par la boue et la peste, des vers plein les cheveux et les aisselles et encore de plus gros vers dans le cœur, étendu parmi les inconnus sans âge, sans sentiment...

Comment pourrait-on prendre pour une description de la réalité cette espèce d'hallucination où Rimbaud va jusqu'à évoquer son cadavre pourrissant sous la terre ?

Les choses sont moins dramatiques à la fin de *Vagabonds* (*Illuminations*) : « et nous errions, nourris du vin des cavernes et du biscuit de la route ». Certes, il y a encore ici un style imagé, du moins Rimbaud admet-il qu'il avait au moins de l'eau (*le vin des cavernes*) et du pain (*le biscuit de la route*).

C'est Rimbaud qui crée son mythe[1] du poète vagabond et sans ressources. Cela commence avec *Ma Bohême*, que Rimbaud a la précaution de sous-titrer « Fantaisie » ; car il est plus que douteux que la veuve Cuif ait laissé son fils baguenauder sur les routes les soirs de septembre avec un large trou à la culotte aux poches crevées et un paletot qui devenait idéal.

Même la lettre à Léon Billuart, probablement du 8 octobre 1870, où Rimbaud aurait raconté à son ami son voyage de Fumay à Charleroi, paraît fortement suspecte. Le passage qu'en ont publié Bourguignon

---

1 Il a aussi créé le mythe du poète voyant, le mythe de l'« alchimie du verbe » et quelques autres.

et Houin dans *Revue d'Ardenne et d'Argonne* en 1897, commence par un « à la manière de » Rabelais[1] (Rimbaud l'avait lu attentivement) : « J'ai soupé en humant l'odeur des soupiraux d'où s'exhalaient les fumets des viandes et des volailles rôties des bonnes cuisines bourgeoises de Charleroi » et continue : « puis en allant grignoter au clair de lune une tablette de chocolat fumacien ». Si l'on croyait ce récit, il faudrait admettre que Rimbaud a acheté la tablette de chocolat et donc qu'il a de l'argent (il a d'ailleurs voyagé par le train jusqu'à Chimay), à moins qu'il ne l'ait volée (et qu'il ait voyagé sans billet).

Surtout les sonnets *Au Cabaret-Vert* et *La Maline*, datés tous les deux d'« Octobre 70 » (est-ce un hasard ?), et le deuxième localisé à « Charleroi », ne laissent aucun doute sur la réalité (pas de la fumée) des nourritures terrestres que pouvait se payer Arthur au cours de ses escapades (« tartines de beurre », « jambon tiède », et « la chope immense avec sa mousse »).

À Paris[2], les poètes amis (Banville en tête) se cotisent pour payer sa chambre et lui donner 3 francs par jour (à cette date, un ouvrier à Paris gagne 2 francs par jour). La lettre à Delahaye de « Jumphe 72 » loin de laisser entendre qu'il souffre de la faim dit très clairement le contraire :

> A cinq heures, je descendais à l'achat de quelque pain ; c'est l'heure. Les ouvriers sont en marche partout. C'est l'heure de se soûler chez les marchands de vin, pour moi. Je rentrais manger [...]

Aucun doute possible : Rimbaud a de quoi manger et, en outre, de quoi se soûler chez les marchands de vin.

À partir de juillet 1872, Rimbaud vit, littéralement, aux crochets[3] de Verlaine, qui est très riche[4], et qui paie tous les frais de voyage

---

1 Détail qu'il utilise dans la lettre de Charles d'Orléans à Louis XI et dans *Les Effarés*.
2 Pour le problème de la pauvreté de Rimbaud, voir « Rimbaud rentier », dans le vol. *« fraguemants » rimbaldiques*, cité, p. 185-189.
3 Rimbaud le reconnaît dans sa déposition au tribunal de Bruxelles, après le coup de revolver de Verlaine du 10 juillet 1873.
4 Verlaine avait hérité de son père 45.000 francs, somme considérable à l'époque.

(deux mois en Belgique, la traversée pour l'Angleterre), d'hôtel, de nourriture, de tabac et d'alcools (qui ne manquent jamais). Pour le séjour à Londres[1], on a dit, trop à la légère, que les deux amis menaient une vie de bohème, voire de misère. C'est Verlaine qui a créé cette légende, beaucoup plus tard (en particulier dans le poème *Laeti et errabundi*), pour auréoler de quelque manière cette période de sa vie. La réalité est tout autre. Il faut payer le loyer (7 shillings la semaine), la blanchisseuse (et la lingerie de Verlaine est importante), la nourriture, l'alcool et la bière qu'ils boivent énormément, le tabac qu'ils fument abondamment, sans compter le théâtre et le concert où ils vont assez souvent.

Après ces mises au point, l'interprétation des passages de *Fêtes de la faim* qui font allusion à la faim de Rimbaud exige quelques précautions.

Dans le syntagme initial de la seconde strophe : « Mes faims, tournez. », les tenants d'une expérience cruelle de la faim chez Rimbaud ont vu l'image des « vertiges de la faim » qui auraient torturé le poète. Mais il ne faut pas oublier que pour désigner la faim physiologique le mot faim s'emploie au singulier (inutile de multiplier les exemples) ; le pluriel « mes faims » laisse entendre qu'il ne s'agit pas de la faim physiologique, mais des appétits intellectuels qui entraînaient Rimbaud de divers côtés. Du coup, le verbe « tournez » peut évoquer une sorte de ronde[2] kaléidoscopique de ces « faims » métaphoriques ; l'image est renforcée par la suite du texte : « Paissez, faims, / Le pré des sons ! », où les faims, de toute évidence, ne sont pas des faims physiologiques.

Rimbaud lui-même propose une interprétation plus mesurée de sa faim physiologique, quand il écrit aux vers 3 et 4 de la quatrième strophe de *Fêtes de la faim* : « – C'est l'estomac qui me

---

1 Le manuscrit de *Fêtes de la faim* étant daté : « Août 1872 », il faut exclure pour ce texte le séjour à Londres ; mais *Faim* est certainement postérieur à ce séjour.
2 Il y a longtemps que plusieurs commentateurs ont rapproché ce « Mes faims, tournez » du « Tournez, tournez, bons chevaux de bois » de Verlaine (*Romances sans paroles, Bruxelles III*).

tire. / C'est le malheur.» Le sens du vers 3 est clair : il s'agit des tiraillements d'estomac ; ils peuvent être plus ou moins gênants, mais ils ne vont pas jusqu'aux vertiges. Et le vers 4 dilue la notion de faim en la faisant entrer dans la catégorie beaucoup plus large de «malheur[1]».

DES *FÊTES DE LA FAIM* À *FAIM*

Il s'agit d'affronter le texte tel qu'il est, sans faire intervenir d'idée préconçue. Là est d'un grand secours le traitement que Rimbaud a fait subir au texte de *Fêtes de la faim* pour le réduire au poème *Faim* dans *Alchimie du verbe*. Les modifications qu'il effectue sont trop importantes pour les attribuer à l'oubli ou à la négligence : elles sont voulues, calculées[2].

Rimbaud supprime au début et à la fin les deux vers «Ma faim, Anne, Anne, / Fuis sur ton âne». Il s'agit de l'un de ces «refrains niais», parmi les manifestations d'un art populaire primitif que Rimbaud dit avoir aimées, au début d'*Alchimie du verbe*. Il est clair que la rime *Anne / âne* est en quelque sorte automatique à ce niveau de poésie, et il est inutile d'aller à la recherche d'une telle rime dans des textes populaires, et encore plus inutile d'aller fouiller dans des textes que Rimbaud a pu lire l'explication de ce refrain[3].

---

1 En revanche, Rimbaud a vraiment connu la soif de l'ivrogne. Voir, entre autres témoignages, la lettre à Delahaye de «Jumphe 72» : «J'ai une soif à craindre la gangrène : les rivières ardennaises et belges, les cavernes, voilà ce que je regrette. / Il y a bien ici un lieu de boisson que je préfère. Vive l'académie d'Absomphe [...]». Et *Comédie de la soif* : «C'est ma soif si folle / Hydre intime sans gueules / Qui mine et désole.»
2 Voir plus haut «De *Bonne pensée du matin* à «A quatre heures du matin «».
3 Il y en a qui sont allés jusqu'à y voir une allusion à la reine Anne de *L'Homme qui rit*.

Rimbaud supprime aussi au vers 3 de la première strophe la quadruple répétition de «dinn!», qui était à la fois une de ces «musiques puériles», une de ces «erreurs qu'on me souffle» évoquées dans *Nuit de l'enfer*, et aussi un jeu de mots plutôt lamentable. Plus importante, mais tout aussi heureuse, est l'élimination de la quatrième strophe. Elle faisait allusion (on l'a vu) à la vie du poète, avec le vers «C'est l'estomac qui me tire» et elle diluait la notion de *faim* dans la notion vague de *malheur* au quatrième vers «C'est le malheur». Surtout, elle introduisait un thème nettement hétérogène, le thème de l'*azur*. Indirectement au premier vers avec ces «bouts d'air noir» qui s'expliquent par la phrase qui dans *Alchimie du verbe* suit la citation de *Faim* et de «Le loup criait» : «j'écartai du ciel l'azur, qui est du noir». Directement au second vers avec «L'azur sonneur» que Rimbaud avait une raison encore plus forte d'éliminer. Car la présence de Mallarmé y était trop évidente. Celui-ci avait écrit aux vers 29-30 de *L'Azur* «et je l'[l'azur] entends qui chante / Dans les cloches[1]»; et le dernier vers de son *Don du poème* disait : «Pour les lèvres que l'air du vierge azur affame» où se trouve clairement exprimée une faim qui n'a rien de physiologique (comme n'est pas physiologique la faim dans *Fêtes de la faim*). Or ces deux poèmes de Mallarmé se trouvaient dans le *Parnasse contemporain* de 1866 ; Rimbaud les avait certainement lus, mais tous les «bons poètes» les avaient lus, et Rimbaud a préféré ne pas courir le risque d'être accusé d'utilisation, quand il a repris *Fêtes de la faim* pour le publier dans *Une saison en enfer*.

Les trois suppressions signalées améliorent le texte de *Fêtes de la faim* : elles l'allègent de fioritures inutiles, et elles l'homogénéisent. Plus importante semble la suppression de la cinquième strophe. Elle constituait l'opposition entre le minéral (triomphant dans le reste du texte) et le végétal ; celui-ci représentant une sorte de salut pour le poète qui sort de l'obsession angoissante du monde minéral («je vais») pour apaiser sa faim avec les produits végétaux

---

1 La répétition de «dinn!» qui peut suggérer le son d'une cloche pourrait être alors une caricature des «cloches» mallarméennes...

(chairs de fruit blettes, doucette, violette). Probablement cette dernière suppression s'explique par le fait que Rimbaud avait besoin de la strophe cinq pour étoffer le nouveau poème qu'il crée dans *Alchimie du verbe* comme pendant au poème *Faim* qui est la réduction extrême de *Fêtes de la faim*.

Il n'est pas jusqu'aux modifications de détail qui ne se justifient; car elles améliorent le texte. Les deux derniers vers de la troisième strophe de *Fêtes de la faim* étaient :

> Les galets, fils des déluges,
> Pains couchés aux vallées grises !

Le texte de *Faim* est plus clair : il élimine l'image peu naturelle des galets *fils* des déluges, alors qu'ils ont été seulement mis à nu par les pluies (diluviennes); et cela donne : «Les galets des vieux déluges»; mais il introduit l'image des pains *semés* qui évoque la production du pain à partir des semailles. Ce n'est pas tout, Rimbaud élimine l'emploi classique, déjà archaïque à son époque, de la préposition *à* au sens de *dans* : cet archaïsme lui permettait d'avoir un heptasyllabe qui régularisait la mesure des vers de la strophe; mais il préfère rompre cette régularité au profit de la vérité de la langue, et il écrit l'octosyllabe : «Pains semés dans les vallées grises». Il y avait une libération analogue par rapport aux règles de la versification dans « A quatre heures du matin» au début d'*Alchimie du verbe*.

FAIM

Le texte publié dans *Alchimie du verbe* sous le titre *Faim* est donc l'essentiel du poème manuscrit intitulé *Fêtes de la faim*. Le nouveau titre indique déjà qu'il ne s'agit plus de *fêtes*, c'est-à-dire de célébration joyeuse, changement confirmé par la suppression du refrain et de la musique puérile.

Rimbaud commence en parlant de son « goût », mot qui était même souligné dans le manuscrit de *Fêtes de la faim*. Ce terme nuance fortement la notion de faim ; car il n'indique pas seulement l'impression que font les aliments sur les papilles gustatives, il sert aussi à désigner l'inclination que l'on a pour certaines choses et le plaisir qu'on y trouve ; on dit, par exemple, « j'ai du goût pour la musique classique », ce qui ne veut pas dire que je la mange. Le verbe « Mangez », adressé aux « faims », n'apparaît qu'au début de la troisième strophe et avec des compléments qui ne sont pas mangeables (« cailloux », « pierres », « galets »).

Dans l'ensemble du texte, c'est le minéral, la matière dure, qui domine. Les éléments qui ne sont pas minéraux sont les plus difficiles à expliquer.

Dans la première strophe, en dehors de l'énumération : terre, pierres, roc, charbons, fer, on a, au vers 3 : « Je déjeune toujours d'air » qui semble indiquer que Rimbaud ne mange rien à son déjeuner ; mais il se peut qu'il cache un autre sens, le poète, on l'a vu, ayant toujours mangé à sa faim.

Dans la deuxième strophe, on peut comprendre que les « faims » de Rimbaud puissent paître « le pré des sons » : d'une part, le mot *pré* implique *paissez* ; d'autre part, « le pré des sons » est une image qui revient avec « le clavecin des prés » dans *Soir historique* (*Illuminations*). Il s'agirait alors d'une nourriture spirituelle de bas étage, bonne pour les ruminants (« paissez »). Est-ce un coup de pied à Verlaine ?

Les vers 3 et 4 de cette dernière strophe sont énigmatiques avec leurs « liserons ». Ces convolvulacées apparaissent aussi à la cinquième strophe de *Michel et Christine* :

> Voilà mille loups, mille graines sauvages
> Qu'emporte, non sans aimer les liserons,
> Cette religieuse après-midi d'orage
> Sur l'Europe ancienne où cent hordes iront !

Dans sa lecture de ce poème, Yves Reboul écrit[1] :

> L'orage de *Michel et Christine* bouleverse la vieille Europe, mais «non sans aimer les liserons», ces mêmes liserons qu'on retrouve dans la deuxième des *Proses évangéliques* comme fleurs emblématiques de l'univers de misérables miracles proposé par Jésus, ou encore dans *Fêtes de la faim*, associés à telles représentations symboliques de l'Europe ancienne («Les cailloux qu'un pauvre brise / Les vieilles pierres d'églises...»). Qu'est-ce à dire, sinon que la perspective eschatologique inhérente à la version radicale du mythe barbare, celle de la subversion inévitable d'un monde finissant, se trouve assumée dans *Michel et Christine* comme une structure essentielle du discours, mais qu'en même temps elle se trouve mise en doute par le jeu même du vocabulaire?

On peut essayer d'appliquer cette grille de lecture aux vers 3 et 4 de la deuxième strophe de *Faim*. Les « liserons » seraient un obstacle à la subversion d'un monde finissant; ce qui explique aussi qu'ils représentent un «venin». Mais comment ce venin est-il «gai[2]»? Et comment les faims peuvent-elles «attirer» ce gai venin? On attendrait plutôt le verbe manger, les faims de Rimbaud éliminant cet obstacle.

Au premier vers de la troisième strophe de *Faim*, Rimbaud a remplacé «qu'un pauvre brise» par «qu'on brise», effaçant ce qui pourrait être une allusion sociale. Mais il demande ou commande («Mangez») à ses «faims» de manger «les cailloux», «Les vieilles pierres d'églises», «les galets», c'est-à-dire, dans la perspective politique proposée par Reboul, d'éliminer (digérer) le dur minéral du passé.

Ce qui est sûr, c'est qu'on n'a pas là quelque allusion à la faim physiologique (individuelle ou collective), mais à une faim spirituelle.

---

1 Yves Reboul, «Lecture de *Michel et Christine*», PS, *Colloque n° 2*, 10-12 sept. 1987, p. 52-59.
2 Rimbaud avait d'abord écrit dans *Fêtes de la faim* : « Puis l'humble et vibrant venin ». On ne voit pas le rapport entre «humble et vibrant» et «gai».

Cela apparaît de façon évidente aux deux derniers vers de cette troisième strophe. Pour «Les galets des vieux déluges», certains ont évoqué la légende de Deucalion et Pyrrha qui, après le déluge, jettent derrière eux des pierres qui deviennent des hommes[1]. Mais cela n'a aucun rapport avec le vers de Rimbaud qui ne parle pas d'hommes, mais de galets (= pierres) laissés à l'air par l'eau «des vieux déluges». Dans la perspective politique, suggérée par Reboul, ces «galets» seraient les restes des subversions avortées dans le passé (*Après le Déluge* des *Illuminations* fait allusion, dans le sillage de Hugo, aux révoltes populaires et, spécifiquement, à la Commune).

Rimbaud ajoute que ces «galets» sont (valeur de l'apposition) des «Pains semés dans les vallées grises». Cette image des galets-pains s'explique par l'épisode de l'*Évangile*[2], où le Tentateur propose à Jésus, qui vient de jeuner pendant quarante jours dans le désert, de transformer les pierres en pain. Cette allusion à l'*Évangile* reste bien dans le domaine de la faim : de la faim physiologique, puisque Jésus a longtemps jeuné ; mais surtout de la faim spirituelle, puisque Jésus répond au Tentateur : «L'homme ne vit pas seulement de pain, mais de toute parole qui vient de la bouche de Dieu.»

«LE LOUP CRIAIT»

Du point de vue formel, il y a eu, lors de la rédaction d'*Une saison en enfer*, une sorte de création par scissiparité : la strophe 2 du nouveau poème utilise la strophe 5 des *Fêtes de la faim*, qui a été supprimée dans la version *Faim* d'*Alchimie du verbe*. Peut-être y

---

1 Ovide, *Métamorphoses*, I, 125-145.
2 Simple allusion dans *Marc*, I, 12-13 ; l'épisode est narré dans *Matthieu*, IV, 1-11, et dans *Luc*, IV, 1-13.

a-t-il eu aussi de la part de Rimbaud une recherche d'équilibre, les deux poèmes résultant du travail de réfection dans *Alchimie du verbe* comportant chacun trois quatrains. En tout cas, le trait qui sépare les deux textes nouveaux atteste qu'il s'agit de deux poèmes séparés, comme un trait distinguait «Loin des oiseaux» de «A quatre heures du matin» au début d'*Alchimie du verbe*

C'est le contenu et le sens du nouveau poème «Le loup criait» qui présentent des difficultés.

L'apparition du loup dans un texte relatif à la faim s'explique naturellement par la locution proverbiale «une faim de loup». Le loup rimbaldien se conforme aussi, en un certain sens, à l'autre dicton populaire : «La faim fait sortir le loup du bois», car, après être sorti pour trouver une proie, il est revenu dans le bois «sous les feuilles» pour la manger (comme le loup de La Fontaine emporte l'agneau «au fond des forêts», «et puis le mange»). Mais il fait «un repas de volailles», et cette fois Rimbaud s'écarte d'une tradition pluri-millénaire qui dit que «le loup mange le mouton». Les volailles sont traditionnellement le repas du renard ; aurions-nous affaire à un loup renard ? Ou plutôt à un loup qui se serait trompé de nourriture ? En tout cas, le loup de Rimbaud crache «les belles plumes» qu'il n'arrive pas à avaler.

Le plus important dans cette strophe est la comparaison entre ce loup et Rimbaud au vers 4 : «Comme lui je me consume». La comparaison entre le poète et le loup a d'illustres exemples avant Rimbaud. Mais celui-ci s'écarte nettement du modèle présenté par Vigny (*La Mort du loup*), chez qui le loup se taisait : «Puis après, comme moi[1], souffre et meurs sans parler». Plus nuancé est le rapport avec *Les Hurleurs*[2] de Leconte de Lisle ; celui-ci emploie pour le titre le mot «hurleur» qui dit exactement le cri du loup

---

1 Le «comme lui» de Rimbaud me semble le petit signe révélateur du souvenir de Vigny.
2 Poème publié dans le recueil *Poèmes et Poésies* en 1855, et que Rimbaud connaissait, à coup sûr, car Leconte de Lisle faisait figure de chef d'école chez les «bons Parnassiens».

(*cf.* le proverbe «hurler avec les loups»), mais il termine son poème avec le vers : «Le cri désespéré de vos douleurs sauvages». L'emploi du verbe *crier* humanise le loup ; en effet, ou bien on crie de douleur (c'est la nuance choisie par Leconte de Lisle), ou bien on crie de colère (*cf.* «crier comme un enragé») ; c'est cette seconde nuance qu'adopte Rimbaud en spécifiant que le loup crie «En crachant les belles plumes / De son repas de volailles». De toute évidence, le loup est irrité de son repas de volailles, dont il doit cracher les belles plumes, nourriture indigeste pour lui.

Dans l'éclairage de l'assimilation de Rimbaud à son loup («Comme lui»), le repas de volailles, qui fait crier[1] le loup à cause des «belles plumes» qu'il doit cracher, est l'image de Rimbaud qui a mangé les volailles poétiques[2], cygne, albatros, pélican, aigle, phénix et même condor[3], mais qui déjà dans *Un cœur sous une soutane*, à la date «12 mai», écrivait de façon caricaturale :

> Ne devinez-vous pas que je deviens oiseau,
> Que ma lyre frissonne et que je bats de l'aile
> Comme hirondelle?...

Ce que Rimbaud-loup crache, ce sont «les belles plumes[4]» de ces «volailles». Le plumage, comme dit La Fontaine, constitue la beauté extérieure de l'oiseau, encore faut-il que le ramage (c'est-à-dire le chant) corresponde au plumage[5] (ce qui n'est pas le cas pour le corbeau). Ainsi l'adjectif «belles» est capital : il désigne ce qui est considéré comme beau selon la tradition poétique,

---

1 Il faut noter la valeur très forte de «je me consume» qui signifie : je m'épuise dans les efforts, les tourments.
2 Les métaphores aviaires relatives à la poésie sont traditionnelles depuis l'antiquité ; et en France depuis Du Bellay (*L'Idée*) jusqu'à Baudelaire (*Élévation*) et au-delà.
3 *Cf. Le Sommeil du condor* de Leconte de Lisle (*Poésies nouvelles*, 1858).
4 Rimbaud est peut-être parti d'expressions courantes qui désignent les écrivains : un homme de plume, une plume élégante, c'est une bonne plume, etc.
5 Dans la fable de La Fontaine, le renard dit au corbeau : «Sans mentir, si votre ramage / Se rapporte à votre plumage, / Vous êtes le phénix des hôtes de ces bois». Encore une «volaille», selon Rimbaud, pour désigner le summum poétique.

c'est-à-dire les enjolivements, les artifices, les «lambris précieux» et les «faux cieux», bref, tous les trompe-l'œil et les mensonges; et, d'une façon générale, l'enveloppe extérieure qui cache l'inanité du contenu.

Les deux premiers vers du second quatrain proposent «les salades, les fruits» comme substituts aisément disponibles («N'attendent que la cueillette») des volailles indigestes. C'est, en quelque sorte, le recours à une poésie, disons, de la nature. Il s'agit d'une tentation latente, mais souvent présente chez Rimbaud. Dans *Bannières de mai*, il écrit : «A toi, Nature, je me rends ; / Et ma faim et toute ma soif. / Et, s'il te plaît, nourris, abreuve.» Et on peut rencontrer dans son œuvre quelques tentatives dans ce sens, rarement éloquentes comme dans *Soleil et Chair*, mais plus intenses quand elles sont plus brèves, comme dans *Sensation* et surtout dans le quatrain «L'étoile a pleuré rose», et plus touchantes quand elles se réduisent à un simple trait comme le frêle «papillon de mai» du *Bateau ivre*.

Mais les vers 3 et 4 de la strophe semblent s'opposer aux deux premiers, ou au moins apporter une restriction à la possibilité du salut par la simple nature. Cette hypothèse ne résout pas tous les problèmes que posent ces vers 3 et 4. Que représente cette «araignée de la haie»? Et pourquoi ne mange-t-elle que des violettes, le *ne...que* éliminant la possibilité qu'offraient «Les salades, les fruits»? Et que représentent ici «les violettes», réservées à l'araignée, alors que dans *Fêtes de la faim* le poète, par opposition au dur minéral, avait recours «aux chairs de fruit blettes» et cueillait justement «La doucette et la violette»? «L'araignée de la haie» serait-elle le poète auquel la consommation des «salades» et des «fruits» est cette fois interdite et qui n'a plus pour s'alimenter que des «violettes», c'est-à-dire les plus humbles des fleurs?

La réaction de Rimbaud, en tout cas, loin d'être pessimiste ou déprimée, va être énergique et quasiment animale : la vie élémentaire est affirmée et assumée dans la troisième strophe, quatrain[1] qui a donné lieu aux interprétations les plus étranges. En général, la présence de « Salomon » et du « Cédron » a entraîné les commentateurs à chercher une explication dans la *Bible*, où effectivement on trouve ces deux noms au livre I des *Rois*, où il est même question (en 11) des autels sacrilèges construits pour les princesses et concubines de Salomon. Mais ces deux noms ne permettent pas de comprendre le texte dans sa littéralité. Quel rapport ont-ils avec « Que je dorme! que je bouille » ou avec « Le bouillon court sur la rouille » ? Ce n'est pas dans cette direction que l'on trouvera la solution. Ce n'est pas non plus du côté de la faim, où les tenants de cette solution font de la « rouille » une sauce marseillaise ou une maladie du blé. Il y a même une interprétation qui fait appel aux corporations et à la maçonnerie à cause de « loup » et de « Salomon ».

En réalité, cette strophe n'est sibylline qu'en apparence. Et Rimbaud fournit au lecteur le moyen qui permet de résoudre son logographe. Ce moyen est « visible à l'œil nu » et c'est un « tour / Si gai si facile[2] ». Plus d'un commentateur[3] l'a signalé à son apparition la plus voyante; mais, étrangement, aucun jusqu'ici, du moins à ma connaissance, n'a songé à l'utiliser pour l'ensemble de la strophe.

Il y a en effet dans ce quatrain un jeu de mots indiscutable. Il est clair que « Le bouillon court » est l'inversion de la locution culinaire : le court-bouillon. En apparence, cette constatation ne fait pas avancer dans la découverte du sens de ce quatrain. C'est qu'il ne faut pas s'arrêter là, mais voir si d'autres formes ne relèvent pas du même système.

Or il en est une qui se présente dès le dernier mot du vers qui précède « Le bouillon court » : le nom « Salomon » peut se lire :

---

1 Je reprends ici un article antérieur à 1984; voir *Sur Rimbaud*, PUM, Toulouse, 1985, p. 104-106.
2 Voir *Age d'or*, str. 3 et 4. Poème où l'on trouve un jeu de mots au v. 40 où « les voix » (= voies) sont « pas du tout publiques ».
3 Entre autres, R. Little, dans son article dans *French Studies* d'avril 1981 (XXXV, 2), à la p. 150.

mon salaud. Ici encore le phénomène a été vu[1], mais il n'a pas été exploité. Or « Aux autels de mon salaud » présente un sens clair dans un certain domaine. Je n'ai pas à citer les passages de Sade pour expliquer que dans le rituel érotique le corps nu du (ou de la) partenaire devient un « autel » spécial où l'adorateur célèbre des sacrifices et offre un encens très spéciaux.

S'il ne semble pas que Rimbaud ait lu les œuvres du divin marquis, il est sûr qu'il a lu *Rolla*. Dans le poème de Musset on lit :

> O femme ! étrange objet de joie et de supplice !
> Mystérieux autel où, dans le sacrifice,
> On entend tour à tour blasphémer et prier !

Et l'on a la preuve supplémentaire chez Verlaine, au poème XIV de *Chansons pour elle* :

> Je te veux, ma belle, en chemise,
> – Voile aimable, obstacle badin,
> Nappe d'autel pour l'alme messe [...].

Probablement, il s'agit d'une métaphore usée, puisque, par exemple, dans *Le Père Goriot* (1835), Vautrin, énumérant les frais qu'entraîne la vie de « lion », dit à Rastignac : « L'amour et l'église veulent de belles nappes sur leurs autels ».

À partir de là tout s'éclaire.

Je n'insiste pas sur « que je bouille », pour ne pas me faire gronder par le latiniste renforcé qu'était Rimbaud (*aestus, aestuo*). Mais l'homogénéité des textes du même auteur étant une preuve convaincante, je cite deux vers du couplet du « 12 mars » dans *Un cœur sous une soutane* :

> Ne devinez-vous pas pourquoi je meurs d'amour ? [...]
> Ne devinez-vous pas pourquoi je bous d'ivresse ?

---

1 Par exemple, par J. A. Hiddleston à la dernière note de son article dans *French Studies* de juillet 1981 (XXXV, 3), p. 301 ; mais il rejette cette hypothèse.

Quant au « bouillon » (qui se rattache à « que je bouille », bien sûr), il indique, de toute évidence, « les larmes blanches, bouillantes, – o douceurs ! – » de *Barbare* (*Illuminations*). Ce sens obscène est enregistré dans le *Dictionnaire érotique moderne* de Delvau[1], en 1864 :

> *Bouillon chaud.* Sperme, au moment de son introduction dans le vagin de la femme.
> *Bouillon pointu.* Lavement spermatique ; enculage. Dieu ! qu'est-ce que je sens ? – L'apothicaire poussant sa pointe : c'est le bouillon pointu (Parodie de *Zaïre*).

Rimbaud connaissait-il le *Dictionnaire érotique moderne* ? Il semble bien que oui ; c'était, en tout cas, un texte sacré du *zutisme* ; sans compter que les expressions qui viennent d'être citées font partie du langage banal militaro-estudiantin.

J'ajoute quelques vers d'une poésie libertine de Gautier, *L'épouseur de famille*[2] ; il s'agit d'une fille qui se masturbe, et au moment culminant apparaît

> Dans la petite coupe
> Une soupe
> Où manque le bouillon
> De couillon [...].

Rimbaud ne connaissait pas ce texte (mais sait-on jamais) ; l'important est d'y trouver « le bouillon / De couillon » ; expression usitée dans le langage obscène, et que Rimbaud, cette fois, devait connaître. Elle permet de résoudre l'à-peu-près[3] zutique opéré par

---

1 Première édition : « Freetown, imp. *Bibliomaniac society* (Bruxelles, J. Gay), 1864. In -12, X, 319 p., front. de Félicien Rops ».
2 Voir Gautier, *Œuvres poétiques complètes*, éd. établie par Michel Brix, Bartillat, 2004, p. 616-619 ; spécialement p. 618.
3 Je n'ai jamais postulé un « genre d'opération contrepèteusement asymétrique » (comme dit S. Murphy, *Stratégies de Rimbaud*, Champion, 2004, p. 555, n. 38), j'ai seulement eu tort, en 1984, d'employer librement le terme *contrepèterie*.

le gouailleur Rimbaud. « Le bouillon court sur la rouille » doit se lire : le bouillon roule sur la couille. Il fallait forcément voiler l'acte sexuel sodomite[1].

Pour le « Cédron », ce torrent le plus souvent sans eau qui se trouve au fond d'un ravin étroit séparant Jérusalem du Jardin des Olives (on peut équivoquer sans fin avec Arthur) où a lieu la Passion (*idem*), on devine ce qu'il représente ; je signale seulement qu'en hébreu Kidron signifie sombre.

Ainsi, la troisième strophe de « Le loup criait » évoque une scène sodomique entre « mon salaud[2] » et Rimbaud. C'était aussi l'attaque de *Bonne pensée du matin*[3] :

> A quatre heures du matin, l'été,
> Le sommeil d'amour dure encore.

qui annonce le « Que je dorme ! » ouvrant le troisième quatrain de « Le loup criait ».

De sorte qu'au total le commentaire le plus pertinent de ce quatrain est le *Sonnet du trou du cul*.

C'est du zutisme. Mais, outre le fait que la production rimbaldienne dans l'*Album zutique* ne saurait être négligée sans nuire fortement à la compréhension de l'ensemble de l'œuvre, et outre le fait qu'un courant zutique parcourt toute la production de Rimbaud depuis le début (voir *Un cœur sous une soutane* et même les vers latins[4]), on a affaire ici à un zutisme supérieur, crypté, mais dégagé de la chronique socio-historique et de l'actualité littéraire (les deux supports constants des textes de l'*Album*[5]). C'est un zutisme pur, essentiel.

---

1 On trouve les sodomites dans le passage de la *Bible* où il est question du Cédron : I *Rois*, xv, 12-13.
2 On pense tout de suite à Verlaine, mais il y a aussi Forain, Cabaner, ou d'autres encore.
3 Voir plus haut « De *Bonne pensée du matin* à "A quatre heures du matin" ».
4 Voir *Compositions de Rimbaud latiniste*, édition, traduction et commentaire de G. H. Tucker, dans le vol. II des *Œuvres complètes* de Rimbaud, Champion, 2007, p. 175-344.
5 L'actualité littéraire est aussi, par exemple, le support du poème *Ce qu'on dit au Poète à propos de fleurs*, poème zutique par anticipation, poli, il est vrai, mais zutique au fond.

Rimbaud arrive aux limites de la poésie obscèno-canularesque, raillerie terrible de ce que l'on considère comme la véritable poésie, et caricature de ce qu'il appelle lui-même «Alchimie du verbe». Il atteint les zones cimmériennes (ombre et tourbillons) de sa création. Deux ans plus tard[1], il écrira le texte intégré dans la lettre à Delahaye du 14 octobre 1875, texte qui finit sur un *etc.* prolongé par un trait se perdant sur la page, signe de la déperdition dans le vide, en quelque sorte, et après lequel il n'y a plus que le silence.

---

1 C'est parce que «Le loup criait» me semble à une limite de la création rimbaldienne, que je le situe à l'été 1873, quand Rimbaud met au net le texte d'*Une saison en enfer*. De même, je pense qu'il faut dater de juillet *1873* le texte «Plates-bandes d'amarantes», où Rimbaud pulvérise la poésie traditionnelle.

« LA FOLLE PAR AFFECTION »

(Rimbaud, Verlaine, Corbière)

« La Folle par affection » qui figure au vers 10 de « Plates bandes d'amarantes » (que Rimbaud présente comme une lettre « *Bruxelles,* / *Boulevart du Régent.* / *Juillet.* ») a donné de la tablature aux commentateurs. La plupart ont voulu y voir une allusion à Ophélie, parce que « la Juliette » apparaît au vers 12 de ce poème, et que Rimbaud a consacré un poème à *Ophélie*. Mais on ne voit pas en quoi cette hypothèse pourrait aider à comprendre le texte.

Il est plus intéressant de rapprocher, comme l'ont fait certains commentateurs après Goffin[1], cette formule de Rimbaud d'une formule analogue au début du poème de Verlaine *Images d'un sou* dans *Jadis et Naguère*, mais dont les 14 premiers vers avaient été envoyés à Lepelletier, de la prison de Mons, dans la lettre du 24 au 28 novembre 1873, sous le titre *Le Bon Alchimiste* (évoquant *L'Alchimie du verbe* rimbaldienne) et avec la mention : « Ma foi, la suite au prochain numéro », qui semble indiquer que Verlaine n'a pas eu le courage de recopier la pièce en entier (elle compte 66 vers). Il est vraisemblable que Rimbaud a connu ce texte de Verlaine, que celui-ci n'a évidemment pas pu composer dès les premiers jours de sa captivité[2]. Aux vers 5 et 6 du *Bon Alchimiste*, on lit : « La Folle-par-amour chante / Une ariette charmante. »

Ici encore les commentateurs achoppent. Jacques Robichez, par exemple (influencé peut-être par les commentaires du poème « Plates-bandes d'amarantes » de Rimbaud ?), se demande : « La

---

* *PS*, 2, avril 1985.
1 Voir, par exemple, S. Bernard, *op. cit.*, p. 441, n. 4.
2 Voir « Notes sur la genèse de *Cellulairement* », *RSH*, avril-juin 1957, p. 165-171.

Folle-par-amour du vers 5 est-elle Ophélie[1]?». En réalité, le texte de Verlaine est clair, grâce au mot très précis «ariette». Il s'agit d'une allusion à Nina, personnage central de la pièce dont je transcris la page de titre de la première édition :

> *Nina ou la Folle par amour*, comédie en un acte, en prose, mêlée d'ariettes. Par M.M.D.V. [Marsollier des Vivetières]. Musique de M. Dalayrac. Représentée, pour la première fois, par les Comédiens Italiens ordinaires du Roi, le 15 mai 1786.
> Paris, chez Brunet, MDCCLXXXVI.

Il est à peine besoin de rappeler la lettre de Verlaine à Rimbaud du 2 avril 1872, commençant ainsi : «C'est charmant, l'*Ariette oubliée*, paroles et musique! Je me la suis fait déchiffrer et chanter. Merci de ce délicat envoi!» et dont le post-scriptum contient ces mots : «Parle-moi de Favart, en effet». On sait qu'il s'agit d'une ariette (de laquelle Verlaine a tiré l'épigraphe de la première de ses *Ariettes oubliées*) qui se trouve dans la pièce de Favart *Ninette à la Cour ou le Caprice amoureux*, comédie en deux actes mêlée d'ariettes[2]. Cela suffirait à prouver que Rimbaud et Verlaine pouvaient connaître d'autres «comédies à ariettes» du XVIIIe siècle (d'où sortiront les opéras comiques). Mais cela est encore confirmé par la liste des objets laissés rue Nicolet par Verlaine après l'abandon du toit conjugal; elle signale : «Un recueil de pièces (XVIIIe siècle), entre autres *Ninette à la cour*, par Favart, avec une eau-forte initiale[3]».

Dans la pièce[4] de Marsollier et Dalayrac, Nina est devenue folle, parce qu'elle croit que celui qu'elle aime, Germeuil, a

---

1 Voir *Œuvres poétiques de Verlaine*, Garnier, 1969, p. 643, n. 5.
2 Dans Verlaine, *Œuvres poétiques complètes*, Pléiade, 1973, p. 1100, il est fait référence à l'édition d'Amsterdam, chez Johannes Baum, 1771, de *Ninette à la cour*; mais les grands Dictionnaires, Encyclopédies, etc., de la musique, de l'opéra, etc., placent en 1755 la mise en musique de cette œuvre par Duni.
3 Je ne sais pas si quelqu'un s'est occupé de retrouver ce recueil afin d'en connaître le contenu.
4 Dont le sujet est tiré des *Délassements de l'Homme Sensible* (1783-1793) de F.T.M. Baculard d'Arnaud.

été tué ; elle revient l'attendre tous les jours au banc[1] où elle le rencontrait avant sa disparition, et elle chante alors « une ariette touchante » ; heureusement Germeuil réapparaît et tout finit bien.

Il ne saurait y avoir de doute, « La Folle par affection » de Rimbaud, c'est « la Folle-par-amour » de Verlaine, et c'est « Nina ou la Folle par amour » de Marsollier et Dalayrac. Rimbaud, le ricaneur, pour se moquer de Verlaine, qui espère (follement, selon Rimbaud) un retour de l'ami qui l'a quitté, utilise caricaturalement les mêmes expressions que Verlaine (un peu comme il a raillé les *Fêtes galantes* dans sa *Fête galante* de l'*Album zutique*). Ainsi les vers 9 et 10 du poème en question de Rimbaud :

– Calmes maisons, anciennes passions !
Kiosque de la Folle par affection.

sont une allusion à la rupture entre Verlaine et Rimbaud, et le « Kiosque » de la Folle par affection, tout en étant une référence précise à la réalité urbaine de Bruxelles[2], fait allusion à la prison où se trouve Verlaine à Bruxelles[3], après le drame du 10 juillet 1873. Celle-ci est encore désignée au vers 7 : « Cage de la petite veuve !... », où Rimbaud joue sur le sens des mots. D'une part, Verlaine se considérait comme « un veuf » après la séparation d'avec sa femme ; d'autre part, la « veuve » est un passereau d'Afrique, à plumage noir, recherché comme oiseau de cage, disent les dictionnaires[4] ; et la cage, c'est la prison.

---

1 À tout hasard je cite les v. 17-18 de « Plates-bandes d'amarantes » : « Banc vert où chante au paradis d'orage, / Sur la guitare, la blanche Irlandaise », où le banc vert et le chant sur la guitare font penser à Nina la Folle par amour et aux « fêtes galantes » ; mais « la blanche Irlandaise » reste mystérieuse.
2 Le *GDU*, à l'article *Bruxelles*, décrit le « Boulevard du Régent », et parle aussi du « Parc », où « Un kiosque en fer fondu, placé au milieu d'un bassin verdoyant, est destiné aux concerts publics donnés les dimanches d'été » (Or, le poème de Rimbaud est daté de « juillet ») ; plus loin, ce dictionnaire signale « Le Palais du Roi », situé sur la Place des Palais, à l'issue de l'allée centrale du Parc.
3 L'hypothèse formulée par Robert Goffin dès 1937 (*Rimbaud vivant*, Cahiers du Journal des Poètes) semble fondée. Les objections de S. Bernard (*op. cit.*, p. 440, n. 1) ne tiennent pas, *cf.* la n. 10 de l'ar. « Les échos verlainiens dans les *Illuminations* », *RSH*, avril-juin 1962 ; dans le vol. *De la lettre à l'esprit*, cité, p. 36.
4 On trouve l'image, en couleurs, de cet oiseau dans les éditions récentes du *Petit Larousse illustré*.

On pourrait s'en tenir là. Mais un ensemble d'éléments[1] atteste que Verlaine et Rimbaud pouvaient connaître *Nina ou La Folle par amour* par d'autres voies. Notons qu'ont pu servir d'intermédiaires dans le domaine musical, pour Verlaine le demi-frère de sa femme, le musicien Charles de Sivry, auquel le poète est resté toujours lié, et pour Rimbaud son ami de Charleville, Bretagne, amateur de musique et excellent violoniste (d'après les *Souvenirs familiers* de Delahaye). On est d'autant plus fondé à songer au rôle des intermédiaires, que Verlaine dans le passage de la lettre du 2 avril 1872, cité plus haut, écrit : «Je me la [l'ariette] suis fait déchiffrer et chanter». Il n'est pas inutile de rappeler aussi que le groupe des Zutistes comptait un véritable musicien, Ernest Cabaner ; lors de son premier séjour à Paris, vers la fin de 1871, Rimbaud demeura quelque temps chez celui-ci, justement. Encore qu'il soit possible de supposer que Rimbaud connaissait *Nina ou la Folle par amour* dès le milieu de l'année 1870, à cause du titre qu'il donne à son poème (qu'il date du 15 août 1870) *Les Reparties de Nina* (ou *Ce qui retient Nina*). Si cette hypothèse était exacte, il faudrait considérer *Les Reparties de Nina* comme une raillerie de la croyance illusoire en l'amour féminin, raillerie d'autant plus cruelle que Rimbaud oppose à cette illusion une évocation vivement colorée de la nature. Ce qui est sûr, et qu'il faut souligner, parce que la chose est maintenant oubliée, c'est le très grand succès de *Nina* de Marsollier et Dalayrac pendant la première moitié du XIXe siècle. Les traces littéraires de ce succès semblent rares, mais les chercheurs trouveront, sans doute. C'est

---

1 J'économise la liste de la vingtaine (au moins !) d'Encyclopédies de la musique, de Dictionnaires de la musique, de Dictionnaires des musiciens, de Dictionnaires de l'opéra, etc., en français (le Fétis, bien sûr), en italien, en anglais (en particulier, *The New Grove Dictionary of Music and Musicians*, edited by Stanley Sadie, London, Macmillan, 1980), en allemand (en particulier, *Die Musik Geschichten und Gevenwart*, édit. de 1952), que j'ai consultés. D'une façon générale, d'ailleurs, ils se répètent tous. Quant à l'article de H. Q.[uittard], «La "Nina" de Dalayrac (1786)», *La Revue Musicale*, 5 (huitième année), 1er mars 1908, p. 154-155, il n'apporte aucun élément nouveau.

ainsi que je dois à l'attention d'André Guyaux l'indication d'un témoignage de poids. Dans son article « Quelques documents inédits sur André Chénier », publié dans la *Revue des Deux Mondes* du 1er février 1839, Sainte-Beuve écrit :

> *Nina, ou la Folle par amour*, ce touchant drame de Marsollier, fut représenté pour la première fois, en 1786 ; André Chénier put y assister ; il dut être ému aux tendres vers de la romance de Dalayrac :
>
> Quand le bien-aimé reviendra
> Près de sa languissante amie, etc.
>
> Ceci n'est qu'une conjecture, mais que semble confirmer et justifier le canevas suivant qui n'est autre que le sujet de Nina, transporté en Grèce [et Sainte-Beuve cite *Le Belle de Scio* de Chénier][1].

On voit qu'en 1839, Sainte-Beuve fait allusion à *Nina* et à sa romance, comme si elles étaient normalement connues des lecteurs de la *Revue des Deux Mondes*, qui s'adressait à un assez large public. Certes, Rimbaud n'a pas lu cet article de Sainte-Beuve, mais on peut penser qu'il a rencontré quelque allusion à *Nina* dans la quantité de textes qu'il a lus (y compris les journaux). Les *Annals of Opera*[2], après avoir déclaré : « very successful in France », signalent la dernière reprise à Paris, à l'Opéra Comique, le 5 janvier 1852 (date qui n'est pas trop éloignée de l'époque qui nous intéresse). De son côté le *Dictionnaire de la musique*, aux éditions Bordas[3], signale une édition[4] de *Nina ou la Folle par amour*, à Paris, Veuve Lanner, en 1842. Mais surtout l'air (que Verlaine appelle « ariette touchante ») « Quand le bien aimé reviendra », chanté par Nina dans l'œuvre de Marsollier et Dalayrac, était fameux, au point qu'il n'est pas impossible que

---

1 Voir Sainte-Beuve, *Œuvres*, Pléiade, I, 1956, p. 829.
2 Voir *Annals of Opera (1597-1940)* by Alfred Loewenberg, Societas Bibliographica, Genève, 1943. Deuxième éd. revue 1955 (colonne 429).
3 En 1980 (sous la direction de Marc Honegger), voir t. II, p. 8086.
4 Il existe aussi de Benoît Joseph Marsollier des Vivetières des *Œuvres choisies*, Paris, Aubrée, 1825, 3 vol.

Matilde Mauté l'ait chanté en présence de son fiancé, à cette époque où les jeunes filles de bonne famille agrémentaient les soirées en chantant et en jouant du piano.

Ce n'est pas tout. Le succès de *Nina ou la Folle par amour* a été renforcé, multiplié, par le succès des opéras-comiques que les musiciens italiens en ont tirés à leur tour.

Dès 1787, Paisiello met en musique la version italienne du texte de Marsollier, procurée par G. B. Lorenzi. L'œuvre, intitulée *Nina o sia La pazza per amore*, passe très tôt à Paris, où elle est représentée le 4 septembre 1791. Musicalement supérieure à l'œuvre de Dalayrac, on la considère comme l'un des chefs-d'œuvre du compositeur italien. Son succès fut très grand[1] ; une reprise à Paris est signalée en 1824.

À son tour, Pietro Antonio Coppola mit en musique une adaptation du texte de G. B. Lorenzi, effectuée par Giacomo Ferretti ; en Italie, l'œuvre fut représentée, sous le titre *La Pazza per amore*[2] en 1835, et reprise régulièrement jusqu'en 1872. En France, la première représentation à Paris, dans un texte traduit en français et sous le titre *Eva*, en 1839, fut un four. Mais l'œuvre fut représentée avec succès dans sa version italienne à Paris, le 6 mai 1854 (encore une date qui n'est pas trop éloignée de l'époque qui nous intéresse).

Il fallait aussi rappeler tous ces détails pour essayer d'expliquer une autre apparition littéraire de Nina, la Folle par amour. Car dans la *Litanie du sommeil* de Corbière, au vers 111 on lit : « Pavillon de *la Folle* et *Folle* du poncif !... » avec *la Folle* et *Folle* en caractère italique, comme étaient en italique aux vers 88-97 : *Mille et une nuits, Aladin, le Roi, Peau-d'Ane, l'Ogre, ma sœur Anne, dame Malbrouck, Femme Barbe-Bleue, Belle au Bois dormant* ; l'italique indiquant la

---

[1] Elle est encore représentée à Turin en 1910, à Naples en 1921, et même en 1940 à Milan pour le bicentenaire de la naissance de Paisiello (avec un disque Decca à cette occasion).

[2] Tel est bien le titre exact, alors que divers dictionnaires de la musique ou de l'opéra lui donne le titre de *Nina o La pazza per amore*.

citation. La formule «*Folle* du poncif!» semble renvoyer à un lieu commun connu de tous les lecteurs. Et surtout ce «Pavillon de *la Folle*» chez Corbière correspond au «Kiosque de la Folle par affection» de Rimbaud d'une façon si précise qu'on en vient à exclure l'explication qui se présente d'abord à l'esprit, à savoir que l'actrice de variété italienne, Armida Josephina Cuchiani, dont s'éprit Corbière en 1871, aurait fait connaître à celui-ci l'un ou l'autre des trois opéras-comiques de Dalayrac, de Paisiello, de Coppola, ou les trois à la fois. En effet la mot «kiosque» et «pavillon», quasi synonymes, font songer à un décor de théâtre pour la représentation de l'une ou de l'autre des trois versions de la *Folle par amour* : le banc (vert?) où Nina vient chanter son «ariette touchante» aurait été placé dans un kiosque ou un pavillon[1]. Comme les textes de Verlaine, de Rimbaud et de Corbière évoqués ici (*Le Bon alchimiste*, «Plates-bandes d'amarantes», *Litanies du sommeil*) sont pratiquement contemporains[2], on peut se demander s'il n'y a pas eu, aux alentours de 1870, une reprise à Paris de l'un des trois opéras-comiques dont Nina est l'héroïne. Je n'ai pas réussi à contrôler la chose.

Il y aurait intérêt à pousser les recherches sur la connaissance que pouvait avoir Rimbaud des opéras et des opéras-comiques. Dans le texte le plus énigmatique de celui-ci : «Est-elle almée?», on lit au vers 6 : «– Pour la Pêcheuse et la chanson du Corsaire[...]». Ici encore les majuscules font penser à des personnages de théâtre ou d'opéra. Or, il existe un opéra en deux actes intitulé *La bella Pescatrice*, livret de Saverio Zini, musique de Pietro Guglielmi,

---

1 Encore une remarque : un pavillon ou un kiosque dans la verdure s'appelle «une gloriette»; on peut se demander si Rimbaud n'est pas passé par l'intermédiaire sous-entendu «gloriette» pour écrire «balcon / Ombreux et très bas de la Juliette», avec jeu de mots entraînant double sens sur le mot «balcon» après «Après les fesses des rosiers»; sans compter que «balcon» appelle à la mémoire le nom «Juliette», selon le mécanisme mental que signale Rimbaud lui-même dans le vers qui vient après : «– La Juliette, ça rappelle l'Henriette».
2 *Le Bon alchimiste* de Verlaine est certainement de 1873; le poème de Rimbaud est de juillet 1873, s'il fait allusion à la captivité de Verlaine; *Les Amours jaunes* de Corbière ont paru en 1873.

représenté pour la première fois en 1789 à Naples; et un opéra en deux actes intitulé *Il Pirata*, livret de Felice Romani, musique de Vincenzo Bellini, représenté pour la première fois en 1827 à Milan, mais repris à Paris au Théâtre Italien, en 1846 (avec Mlle Grisi dans le rôle d'Imogène). Ce n'est pas tout. Sous le titre *Il Corsaro* il existe en italien quatre opéras : en 1831, paroles de Giacomo Ferretti, musique de Giovanni Pacini; en 1846, paroles d'Almerindo Spadetta, musique de Salvatore Pappalardo ; en 1847, paroles de G. Sacchero, musique d'Alessandro Nini ; en 1848, paroles de Francesco Maria Piave, musique de Giuseppe Verdi. Il y a deux opéras *The Corsair* en anglais (Samuel Arnold, 1801; Jonathan Blewitt, 1812). Il y a même un opéra-comique en trois actes, *Le Corsaire*, parole de La Chabeaussière, musique de Dalayrac, représenté au Théâtre Italien le 17 mars 1783. Comment Rimbaud pouvait-il connaître un ou plusieurs de ces opéras ? *Le Corsaire* de Dalayrac faisait-il partie, avec *Ninette à la cour* de Favart, du recueil de pièces du xviiie siècle qui figure dans la liste des objets laissés par Verlaine, rue Nicolet, lors de sa fuite ? Le problème se complique encore du fait que Rimbaud parle de «la chanson du Corsaire». Il n'est pas impossible qu'il s'agisse d'un air d'opéra devenu chanson (comme l'air de Nina était vulgarisé sous forme de chanson, on l'a vu). Dans ce cas, le champ à prospecter s'élargirait infiniment. Il existe, par exemple, l'opéra de Joseph Weigl, *L'amor marinaro*, représenté à Vienne pour la première fois en 1797, qui connut un certain succès en Europe dans la première moitié du xixe siècle et dont on avait tiré une chanson intitulée : *Il corsaro per amore*.

Une ultime remarque. La formule «*Bruxelles, / Boulevart du Régent. / Juillet*», mise par Rimbaud en tête de son poème «Platesbandes d'amarantes», rappelle les indications qu'il avait mises au-dessous du titre du poème *A la Musique* en 1870 : «Place de la gare, à Charleville» dans l'autographe du recueil Demeny, et même : «Place de la gare, tous les jeudis soir à Charleville» dans l'autographe donné à Izambard. On se souvient des vers 5-6 de ce dernier poème :

– L'orchestre militaire, au milieu du jardin,
Balance ses schakos dans la *Valse des fifres* [...].

Or, on a retrouvé le numéro du *Courrier des Ardennes* annonçant :

> À partir de jeudi prochain, la musique du 6ᵉ de ligne se fera entendre de sept heures à huit heures et demie du soir : le jeudi[1], place de la Gare, à Charleville, et le dimanche, à la Couronne-de-Champagne, à Mézières[2].

et donnant le programme du premier concert de la série, pour le jeudi 2 juin[3], où figure non pas la «Valse des fifres», mais la *Polka des Fifres*[4] de Pascal. La situation est semblable dans le texte «*Bruxelles, / Boulevart du Régent. / Juillet*». À Bruxelles aussi, «au kiosque» du Parc, on donnait des concerts les dimanches d'été[5]. Rimbaud, évoquant dans ce poème «la Folle par affection», ferait-il allusion à un morceau de musique qu'il a vraiment entendu ? Il faudrait consulter les journaux bruxellois pour savoir quels étaient les programmes de ces concerts au mois de juillet de 1872 et de 1873 : la présence d'un morceau tiré de *Nina ou la Folle par amour* dans l'un de ces programmes permettrait de dater le poème.

---

1   Rimbaud parle des concerts du *jeudi* à Charleville, comme l'attestent les vers 3-4 : «Tous les bourgeois poussifs qu'étranglent les chaleurs / Portent, les jeudis soir, leurs bêtises jalouses». Mais le Catalogue de la bibliothèque et du musée de Charleville (septembre 1966) reproduit (troisième page des documents) le programme du «dimanche 10 juillet 1870» qui concernait la ville de Mézières !
2   Cette annonce est reproduite dans l'*Album Rimbaud*, NRF, 1967, p. 40.
3   Le 2 juin 1870 est donc le *terminus a quo* pour dater *A la Musique*.
4   C'est bien *Polka des Fifres* qu'il y a dans le programme du jeudi 2 juin 1870 à Charleville. Par contre, le programme du 10 juillet 1870 (à Mézières) dit : «Polka-mazurka des Fifres».
5   Voir plus haut la note 2 p. 213.

LE TRÉPAS ET LE COQ

Que l'intertextualité interne, c'est-à-dire la comparaison de syntagmes ou de termes identiques dans divers passages de la production totale d'un auteur, soit d'une utilité fondamentale pour déterminer le sens de ce syntagme ou de ce terme, cela va de soi. Mais il serait insensé de poser comme règle absolue qu'un mot a toujours le même sens dans toutes ses occurrences le long des œuvres d'un écrivain : il faut tenir compte du contexte dans lequel ce mot est employé.

C'est ainsi que chez Rimbaud le mot *cœur* a au moins[1] trois sens distincts : tantôt il désigne l'organe conoïde et musculaire, qui, renfermé dans la poitrine, est le principal agent de la circulation du sang (Littré) ; tantôt il désigne la partie centrale de quelque chose (Littré), comme, par exemple, dans *Barbare* : «La pluie [...] jetée par le cœur terrestre éternellement carbonisé pour nous»; tantôt, dans un contexte obscène, il désigne l'organe sexuel masculin, comme cela apparaît clairement, par exemple, dans *Un cœur sous une soutane*. De même, chez Rimbaud, le substantif *mort* et le verbe *mourir* ne peuvent pas avoir toujours le sens premier de cessation réelle de la vie, mais doivent être pris parfois dans l'acception qu'ils ont dans le langage galant classique, où ils sont des équivalents de ce que désigne la périphrase bien connue : «la petite mort[2]».

---

* *Rimbaud, texte, sens et interprétation*, PUM, Toulouse, 1994.
1 Je dis «au moins», parce que, par exemple, aux vers 2 et 8 du *Cœur supplicié* (lettre à Izambard du 13 mai 1871) ou du *Cœur du pitre* (lettre à Demeny du 10 juin 1871) : «Mon cœur est plein de caporal», le mot «cœur» a le sens qu'il prend dans l'expression «avoir mal au cœur» (= avoir la nausée), «cela soulève le cœur», etc. (le v. 21 dit : «J'aurai des sursauts stomachiques»).
2 Voir plus haut : «*Bannières de mai* : prélude, prologue, programme».

Dans des cas de ce genre, c'est le contexte qui est décisif pour déterminer le sens exact[1] du terme employé. C'est bien ce qui se passe à propos du mot trépas, qui est un synonyme de «mort». Mais avant d'aborder l'exégèse des textes rimbaldiens où figure ce mot, je ne crois pas inutile de citer un passage de *L'Après-midi d'un faune*, texte à peu près contemporain des textes de Rimbaud, où Mallarmé emploie le mot «trépas» dans un sens qui n'a rien à voir avec la mort réelle ; c'est le faune qui parle :

> Mon crime, c'est d'avoir, gai de vaincre ces peurs
> Traîtresses, divisé la touffe échevelée
> Des baisers que les dieux gardaient si bien mêlée ;
> Car, à peine j'allais cacher un rire ardent
> Sous les replis heureux d'une seule (gardant
> Par un doigt simple, afin que sa candeur de plume
> Se teignît à l'émoi de sa sœur qui s'allume,
> La petite, naïve et ne rougissant pas :)
> Que de mes bras, défaits par de vagues trépas,
> Cette proie, à jamais ingrate, se délivre
> Sans pitié du sanglot dont j'étais encore ivre.

Là le mot «trépas» signifie la petite mort ; dans une version antérieure Mallarmé avait écrit : «par de lascifs trépas», où l'adjectif soulignait le sens sexuel de «trépas». On a ainsi un exemple de l'un des sens que peut prendre le mot «trépas». Il va de soi que celui-ci n'a pas toujours ce sens-là, comme il va de soi qu'on ne peut pas dire a priori qu'il aura ce sens-là chez Rimbaud. Il s'agit seulement de prendre conscience que le mot «trépas» peut avoir des sens différents selon le contexte où il est employé.

Ainsi mis en éveil, on risquera moins de tomber dans l'erreur de Suzanne Bernard quand elle rapproche[2] le dernier distique d'«O saisons, o châteaux[3]» :

---
1 Je maintiens qu'il n'y a jamais polysémie d'un terme dans un contexte donné : encore faut-il, en même temps, bien préciser le sens général du contexte.
2 *Op. cit.*, p. 449, suite de la n. 5.
3 Rimbaud ne met le circonflexe ni sur le *O* majuscule, ni sur le *o* minuscule.

Il faut que son dédain, las !
Me livre au plus prompt trépas !

de la formule : « J'étais mûr pour le trépas » vers la fin d'*Alchimie du verbe* (*Une saison en enfer*), sans tenir aucun compte de la différence énorme de ton et de style entre les deux contextes. Il suffit de citer le passage en question d'*Alchimie du verbe*, où la prose sérieuse, élaborée, presque solennelle, relate une expérience de vie et de mort :

> Aucun des sophismes de la folie, – la folie qu'on enferme, – n'a été oublié par moi : je pourrais les redire tous, je tiens le système.
> Ma santé fut menacée. La terreur venait. Je tombais dans des sommeils de plusieurs jours, et, levé, je continuais les rêves les plus tristes. J'étais mûr pour le trépas, et par une route de dangers ma faiblesse me menait aux confins du monde et de la Cimmérie, patrie de l'ombre et des tourbillons.

pour constater qu'il n'a aucun rapport avec les vers légers, flous et « solubles dans l'air », où Rimbaud chante (« Je chante aussi, moi », dit-il dans *Age d'or*), non sans ironie, le « Bonheur », qui était sa « fatalité », son « remords », son « ver », comme il dit dans *Alchimie du verbe* avant la reprise du poème « O saisons, o châteaux » dans une version modifiée ; or, on l'a signalé depuis longtemps, ces expressions se trouvent dans la dernière strophe du second *Nevermore* dans les *Poëmes saturniens* :

> Le Bonheur a marché côte à côte avec moi ;
> Mais la FATALITÉ ne connaît point de trêve :
> Le ver est dans le fruit, le réveil dans le rêve,
> Et le remords est dans l'amour : telle est la loi.

Voilà qui oriente déjà vers une raillerie des conceptions verlainiennes de la part de Rimbaud. Mais il y a plus : dans le distique rimbaldien cité, l'emploi de l'archaïque « las ! » (pour un collégien, consacré dans « Mignonne allons voir si la rose ») et de « dédain » au sens amoureux (pour un collégien, consacré dans « Quand vous serez bien vieille») parodie le style de la poésie galante des siècles classiques, style que Verlaine avait si brillamment ressuscité dans *Les Fêtes galantes*[1]. Dans ce contexte stylistique, le mot *trépas*, renforcé par l'adjectif «prompt», ne signifie pas la mort réelle ; il est employé au sens hyperbolique qu'il prend dans le langage de l'amour précieux (l'amoureux, c'était le «mourant»). Il suffit, je suppose, de citer ici la phrase fameuse de Monsieur Jourdain : «Vos beaux yeux, belle Marquise, me font mourir d'amour», sans accumuler les textes. Sauf un, cependant, parce qu'il se trouve dans *Les Fêtes galantes*, où le poème intitulé *Lettre* commence ainsi :

> Éloigné de vos yeux, Madame, par des soins
> Impérieux (j'en prends tous les dieux à témoins),
> Je languis et me meurs, comme c'est ma coutume
> En pareil cas […].

Cette fois Verlaine caricature le style précieux ; et si l'on veut voir ce qu'est la différence de style et de ton, on peut comparer *Lettre* des *Fêtes galantes* avec le poème X de *La Bonne Chanson*, où il est question aussi de la séparation et de l'absence.

Un problème analogue à celui qui vient d'être examiné à propos de *trépas*, se pose à propos du terme *coq* dans le troisième distique d'«O saisons, o châteaux» :

> O vive[2] lui, chaque fois
> Que chante son coq gaulois.

---

1 On aura noté des traits de style «galant» même dans le passage de *L'Après-midi d'un faune* («traîtresses», «ingrate»…).
2 Benoît de Cornulier («*Ô saisons ô châteaux* ou l'Alchimiste et le Pot au lait», *PS*, 8, sept. 1991, p. 16-25) donne à «vive lui» un sens fort : «Je forme le vœu qu'il vive» (*loc. cit.*, p. 20 et p. 22 avec la note 18). Cela me semble improbable. Dans les exclamations, «vive» n'exprime guère le souhait de vie, même lorsqu'il s'agit d'une personne («vive le roi», etc.) on a affaire à un pur enthousiame ; cela est évident quand il s'agit de choses («vive le vin»), ou encore dans l'exclamation archaïque «vive Dieu». La preuve qu'il ne faut pas donner un sens fort à «vive» dans «O vive lui», c'est que Rimbaud a remplacé ce syntagme par «Salut à lui» dans la version d'*Alchimie du verbe*.

À son propos Suzanne Bernard écrit[1] :

> C'est-à-dire : Vive le Bonheur, chaque jour, quand au matin le coq nous réveille. Rimbaud écrit dans *Alchimie du Verbe* : «Le Bonheur! Sa dent, douce à la mort, m'avertissait au chant du coq, – *ad matutinum*».

De nouveau elle établit un rapprochement sans tenir aucun compte de la différence des contextes. Glosons donc.

Le «Bonheur» peut posséder une «dent», au sens figuré, et tarauder notre âme, ne serait-ce que par le sentiment déchirant («déchirer», ça va avec les dents) de sa fragilité. Ici, il est indispensable de rappeler que, comme souvent, le texte baudelairien est derrière l'expression rimbaldienne[2]. Ce «Bonheur», dans *Alchimie du verbe*, semble l'équivalent *inverse* de l'«Irréparable», qui dans le poème homonyme de Baudelaire se confond avec «le long Remords», de sorte que «le roi des poètes» a pu dire, à partir de l'étymologie (*cf.* l'ancien verbe «remordre») :

> L'Irréparable ronge avec sa dent maudite
> Notre âme, piteux monument [...].

Mais comment le «Bonheur» aurait-il [= «son»] un «coq» et spécifiquement un «coq gaulois»? Il est clair, d'abord, que «gaulois» s'oppose à «latin» et, plus précisément, à «romain»; or, le coq d'*Alchimie du verbe* est, lui, «latin», et même précisément «romain», puisqu'il vient du bréviaire romain[3]; loin qu'il y ait identité entre le «coq gaulois» d'«O saisons, o châteaux» et le coq de la phrase d'*Alchimie du verbe*, il y a entre eux antithèse. Il est encore plus clair, ensuite, que l'adjectif «gaulois» comporte des connotations gaillardes. De là une double série de conséquences.

---

1 *Op. cit.*, p. 448, n. 3.
2 Verlaine a lui-même puisé dans *L'Irréparable* de Baudelaire, où l'on trouve le remords (v. 1), le ver (v. 3 «Et se nourrit de nous comme le ver des morts») et l'idée de la fatalité, qui sous-tend tout le développement et que Baudelaire appelle «l'Irréparable» (titre et v. 36) ou «l'irrémissible» (v. 32). Quant à Rimbaud, il y a trouvé aussi la «dent».
3 Voir : «au chant du coq, – *ad matutinum*, au *Christus venit*», dans le vol. *Matériaux pour lire Rimbaud*, PUM, Toulouse, 1990.

D'abord pour la phrase d'*Alchimie du verbe*. Il convient avant tout de la donner dans son intégralité :

> Le Bonheur ! Sa dent, douce à la mort, m'avertissait au chant du coq,
> – *ad matutinum*, au *Christus venit*, – dans les plus sombres villes [...].

Car, en supprimant « au *Christus venit* », Suzanne Bernard altère le sens général de cette phrase. *Christus venit* est une citation de l'hymne des *Laudes* du mercredi (*feria quarta*) de l'Office de l'automne et de l'hiver ; c'est un rappel à l'ordre, un appel à la sainteté (le Christ arrive, il faut être digne de lui). Ce que confirme le verbe « m'avertissait » : avertir, c'est mettre en garde, aviser qu'il y a risque, inviter à modifier le comportement. Dès lors le « Bonheur » dont parle Rimbaud dans cette phrase est un bonheur païen, qui s'oppose au rigorisme ascétique chrétien. On pense alors au bonheur tout physique provoqué par la « pénétrante caresse » de *Délires I*, dont l'intensité est « douce à la mort », c'est-à-dire ou bien douce jusqu'à la petite mort, si on prend le texte à la lettre, ou bien excessivement douce, si on prend « à la mort » comme une formule hyperbolique[1] (qu'enregistre Littré pour les sentiments : s'ennuyer, haïr à la mort ; et que Rimbaud emploie à la fin du deuxième paragraphe du premier fragment des *Déserts de l'amour* : « ému jusqu'à la mort par le murmure du lait du matin et de la nuit du siècle dernier »).

Ensuite pour le distique :

> O vive lui, chaque fois
> Que chante son coq gaulois.

Le « coq gaulois » a le sens obscène signalé depuis longtemps par Robert Goffin[2], et désigne l'organe sexuel de « lui », ce « lui » n'étant évidemment pas le « Bonheur » (contrairement à ce que disent les commentateurs), mais un homme (et vraisemblable-

---
1 *Cf.* Baudelaire, *À une passante* : « La douceur qui fascine et le plaisir qui tue ».
2 Dans *Rimbaud vivant*, Corrêa, 1937.

ment Verlaine, puisque le poème est de la période du «drôle de ménage»). Cette interprétation est confirmée par le brouillon d'«O saisons, o châteaux» (Bouillane de Lacoste l'a étudié dans sa thèse de 1950). Rimbaud avait commencé par écrire : «Chaque nuit son coq gaulois»; il a ensuite corrigé en :

> Je suis à lui chaque fois
> Si chante son coq gaulois

variante qui laisse peu de doute sur le sens de ces vers.

On constate ainsi qu'un autre tort des commentateurs est de ne pas tenir compte que dans le manuscrit de la main de Verlaine chaque distique est terminé par un point et constitue un tout indépendant, ayant en lui-même un sens plein; et ils oublient que dans une phrase isolée le pronom «lui» peut fort bien faire allusion à une personne qui n'est pas nommée (qui est «l'autre» par rapport au «je» qui écrit, comme dans la deuxième strophe, mise entre parenthèses, de *Honte* par exemple : «Ah! Lui, devrait couper son / Nez, sa lèvre, ses oreilles [...]»).

S. Bernard a vu que le dernier distique d'«O saisons, o châteaux» :

> Il faut que son dédain, las!
> Me livre au plus prompt trépas!

ne pouvait pas entrer dans son système d'explication. Elle écrit[1] : «il est difficile de rapporter le mot *dédain* du dernier distique autrement [*sic*] qu'à une personne». Dès lors, pour le cinquième distique :

> Ce Charme! il prit âme et corps
> Et dispersa mes efforts [...],

elle est amenée à dire : «On peut se demander si ce *Charme* n'a pas pris *âme et corps* dans Verlaine, dont Rimbaud dénoncerait ici l'influence néfaste». De la sorte, selon elle, «son dédain» dans le

---

1 *Op. cit.*, p. 448, n. 4.

dernier distique (séparé du cinquième par deux autres distiques, rappelons-le) pourrait se rapporter grammaticalement à *Charme*, devenu une personne (Verlaine). La complication semble inutile. Mais S. Bernard revient à son premier système d'explication, consistant à rapporter le pronom «lui» à un nom abstrait, à propos de la version d'«O saisons o châteaux» dans *Alchimie du verbe*. Dans cette version, la fin du poème devient :

> Ce charme a pris âme et corps
> Et dispersé les efforts.
>   O saisons, ô châteaux!
> L'heure de sa fuite, hélas!
> Sera l'heure du trépas.
>   O saisons, ô châteaux!

À propos de la modification du distique : «Il faut que son dédain, las! / Me livre au plus prompt trépas!» en «L'heure de sa fuite, hélas! / Sera l'heure du trépas», elle commente : «peut-être, racontant l'*histoire d'une de* [ses] *folies*, a-t-il [Rimbaud] voulu éliminer toute allusion à Verlaine, car on peut rapporter *sa fuite* à *charme*, alors qu'on ne peut le faire pour *dédain*[1]». Que Rimbaud ait voilé les allusions à Verlaine dans la version d'*Alchimie du verbe*, c'est incontestable, comme le prouve le remplacement du possessif *son* par l'article *le* dans le distique : «O vive lui, chaque fois / Que chante son coq gaulois». Mais qu'est-ce que la «fuite» d'un «charme»? Et comment pourrait-on dire qu'un «charme» prend la fuite, sinon en faisant de ce «charme» une personne? Il faut alors admettre (comme le faisait S. Bernard plus haut) que ce «charme» a réellement «pris âme et corps» (devenant, selon toute vraisemblance, Verlaine, avec qui Rimbaud vivait quand il a écrit ce poème). Rien n'est donc changé pour l'essentiel, «sa fuite» ne peut être que la fuite d'une personne, et l'on est seulement passé par un détour compliqué. Il vaut mieux, semble-t-il, tenir compte de l'indépendance de chaque distique (indépendance soulignée, d'ailleurs, dans la version d'*Alchimie du verbe* par le retour du refrain «O saisons, o châteaux!» entre les deux

---

1 *Op. cit.*, p. 449, suite de la n. 5.

derniers distiques[1]) et référer «sa fuite» à un personnage qui n'est pas nommé, comme c'était le cas pour «lui» dans «Vive lui» ou «Salut à lui» des deux versions du troisième distique.

Il y aurait lieu, on le voit, d'étudier non seulement le vocabulaire de Rimbaud, mais aussi son style; car il est passé maître dans l'art de nuancer le ton de ses textes, et par conséquent leur sens. La version d'«O saisons, o châteaux» dans *Une saison en enfer* en fournit un exemple. Grâce à quelques retouches, on l'a vu, Rimbaud y a voilé les notations obscènes du manuscrit antérieur et oblitéré certaines allusions à Verlaine. Il a surtout supprimé une référence très directe à la poétique verlainienne. Personne, à ma connaissance, n'a signalé que le distique :

> Quoi comprendre à ma parole
> Il faut qu'elle fuie et vole

qui figurait dans le manuscrit et n'a pas été repris dans la version d'*Alchimie du verbe*, constitue un condensé ironique de la poétique de Verlaine, telle qu'elle apparaît dans le fameux *Art poétique*. Le premier vers du distique correspond à la deuxième strophe de Verlaine :

> Il faut aussi que tu n'ailles point
> Choisir tes mots sans quelque méprise :
> Rien de plus cher que la chanson grise
> Où l'Indécis au Précis se joint.

Et le deuxième vers du distique correspond aux trois derniers vers de la huitième strophe de Verlaine :

> Que ton vers soit la chose envolée
> Qu'on sent qui fuit d'une âme en-allée
> Vers d'autres cieux à d'autres amours.

où se retrouvent le verbe *fuir* et le verbe *voler*.

---

1 Dans le texte écrit de la main de Verlaine (celui-ci met le circonflexe sur le *o* minuscule, mais non sur le *O* majuscule, la règle étant alors de ne pas accentuer les majuscules), on trouve le refrain «O saisons ô châteaux!»

Le manuscrit d'*Art poétique* est daté «Mons. Avril 1874»; mais il n'est pas sûr du tout que Verlaine ait vraiment créé en prison toute la masse de poèmes qu'il place pendant sa captivité : pour une bonne part il n'a fait alors que les mettre au net[1]. Par contre, il est vraisemblable qu'au cours de leur vie commune Verlaine et Rimbaud ont cherché à élaborer une poétique, et qu'ils ont échangé leurs idées à ce sujet. Verlaine préconisait une poésie du flou et de l'évanescent. Rimbaud l'a pratiquée dans plusieurs de ses poèmes de 1872. Mais ce ne fut chez lui qu'un épisode, et qui ne l'engagea même pas tout à fait; il se moqua très vite de tout cela. Le poème «O saisons, o châteaux» semble bien du côté de la raillerie. Même dans la version d'*Alchimie du verbe* le poème a une fonction de caricature ironique, de condamnation d'un certain «Bonheur». Il est suivi de l'adieu définitif à une période de sa vie (*O saisons*) et à l'illusion qui l'habitait (*o châteaux*) :

> Cela s'est passé. Je sais aujourd'hui saluer la beauté.

On retrouve ainsi dans «O saisons, o châteaux» le mélange de trois éléments qui revient plus d'une fois dans les textes que Rimbaud a écrits pendant la période du «drôle de ménage» : sarcasme contre Verlaine, jugement sur sa propre situation, poésie mystérieuse et prenante.

---

1 Voir «Notes sur la genèse de *Cellulairement*», *RSH*, avril-juin 1957, p. 165-171.

ENVOI

En général, jusqu'à il y a peu, les critiques prétendaient expliquer toute l'œuvre de Rimbaud à partir d'une notion générale qu'ils appliquaient tant bien que mal aux différents textes. On a eu ainsi un Rimbaud enfant, un Rimbaud voyant, un Rimbaud voyou, un Rimbaud alchimiste et cabaliste, un Rimbaud déambulateur, un Rimbaud joueur, un Rimbaud maudit...

Mais il ne s'agit pas de prolonger le balayage hygiénique entrepris par Étiemble[1] ; il est plus utile de changer de méthode : au lieu de s'efforcer de retrouver dans les textes quelque idée totalisante excogitée préalablement, il faut commencer par le texte lui-même.

Une lecture littérale méticuleuse du texte, attentive au moindre détail du vocabulaire, de la syntaxe, du style (images, tropes, etc.), du contenu et du contexte historique, politique, social, religieux, a les meilleurs chances d'arriver au sens véritable de chaque texte analysé. L'ensemble de ces mises au point particulières déterminera le sens général de l'œuvre, qui apparaîtra dans toute sa richesse, dominée, malgré les fluctuations et les changements de cap, par l'unité du génie rimbaldien.

C'est la voie que prend toujours plus souvent le travail des commentateurs depuis un demi-siècle.

---

1 *Cf. Le Mythe de Rimbaud*, t. I : *Genèse du mythe (1869-1940)*, Gallimard, 1954 ; t. II : *Structure du mythe*, *ibid.*, 1952.

BIBLIOGRAPHIE

à partir de 1960 et relative aux *Poésies* de Rimbaud

I
ÉDITIONS ET OUVRAGES GÉNÉRAUX

ADAM, Antoine (éd.), A. R., *Œuvres complètes*, Gallimard, « Bibliothèque de la Pléiade », 1972.
BERNARD, Suzanne (éd.), A. R., *Œuvres*, Garnier, 1960. Révisions par André Guyaux, 1981, 1983, 1987, 1991, 2000.
BONNEFOY, Yves *R. par lui-même*, Le Seuil, 1961 ; n^{lle} éd. 1994.
BORER, Alain (éd. collective), A. R., *Œuvre-vie*, Arléa, 1991.
BRUNEL, Pierre (éd.), A. R., *Œuvres complètes*, Livre de Poche, La Pochothèque, 1999.
BRUNEL, Pierre, *Rimbaud*, Livre de Poche, « références », 2002.
CHADWICK, Charles, *R.*, Londres, Athlone Press, 1979.
COHN, Robert Greer, *The Poetry of R.*, Princeton University Press, 1973.
FONDANE, Benjamin, *R. le voyou*, Bruxelles, Complexe, 1990.
FORESTIER, Louis (éd.), A. R., *Œuvres complètes*, Laffont, « Bouquins » 1992 ; n^{lle} éd. 2004.
GIUSTO, Jean-Pierre, *R. créateur*, PUF, 1980.
GLEIZE, Jean-Marie, *A. R.*, Hachette, « Portraits littéraires », 1993.
GUYAUX, André (éd.), A. R., *Œuvres complètes*, Gallimard, « Bibliothèque de la Pléiade », 2009.
HACKET, Cecil Arthur, *R. A. Critical Introduction*, Cambridge University Press, 1981.
HACKET, Cecil Arthur, (éd.) A. R., *Œuvres poétiques*, Imprimerie Nationale, 1986.
HENRY, Albert, *Contributions à la lecture de R.*, Académie Royale de Belgique, 1998.
KITTANG, Atle, *Discours et jeu. Essai d'analyse des textes d'A. R.*, Presses Universitaires de Bergen et de Grenoble, 1975.
MARGONI, Ivos (éd.), A. R., *Œuvres / Opere*, Milano, Feltrinelli, 1964 ; n^{lle} éd. 1978.
MEYER, Bernard, *Sur les Derniers vers. Douze lectures de R.*, L'Harmattan, 1996.
MONCEL, Christian, *R. et les formes monstrueuses de l'amour*, Riorges, 1980.
MOUQUET, Jules et ROLLAND DE RENEVILLE, André (éd.), A. R., *Œuvres complètes*, Gallimard, « Bibliothèque de la Pléiade », 1946 (révisions juqu'en 1963).

MURPHY, Steve, *Le premier R. ou l'apprentissage de la subversion*, C.N.R.S. et PUL, 1990.
MURPHY, Steve, *R. et la ménagerie impériale*, C.N.R.S. et PUL, 1991.
MURPHY, Steve (éd.), A. R., *Œuvres complètes I Poésies*, Champion, 1999.
RAY, Lionel, *A. R.*, Seghers, « Poètes d'aujourd'hui », 1976.
RICHARD, Jean-Pierre, *Poésie et profondeur*, Seuil, 1955.
RICHTER, Mario, *Viaggio nell'ignoto. R. e la ricerca del Nuovo*, La Nuova Italia Scientifica, 1993.
RUFF, Marcel, *R.*, Hatier, « Connaissance des Lettres », 1968.
STEINMETZ, Jean-Luc (éd.), A. R., I *Poésies*, II *Vers nouveaux. Une saison en enfer* [...], GF Flammarion, 1989.

II

C'est dans les revues spécialisées ou dans les numéros spéciaux de revues ou dans les actes de colloques, qu'on trouvera le plus grand nombre d'études consacrées à des poésies de R.

Revues spécialisées

R. vivant (depuis 1971).
Cahiers du Centre culturel A. R. (parutions irrégulières depuis 1962).
Études rimbaldiennes (1969, 1970, 1972).
R. série dans *La Revue des lettres modernes* (1972, 1973, 1976, 1981).
Circeto (1983, 1984).
Parade sauvage (1 numéro annuel depuis 1984).
Bulletin de Parade Sauvage (8 numéros de 1985 à 1993).

Numéros spéciaux de revues

Une vingtaine depuis 1960.

Actes de colloques

Une vingtaine depuis 1960.

INDEX DES ÉCRIVAINS CITÉS*

BALZAC, Honoré de : 24, 45, 53, 72, 90, 92, 96.
BANVILLE, Théodore de : 13, 17, 32, 38, 45, 57-69, 130, 168, 169, 195.
BARBEY D'AUREVILLY, Jules : 89.
BAUDELAIRE, Charles : 49, 53, 59, 109, 117-120, 123, 128, 145, 149, 152, 153, 157, 170, 178, 204, 225, 226.
BÉRANGER, Pierre-Jean de : 82, 83, 94, 167.
BOILEAU, Nicolas : 166.
BOREL, Petrus : 49.
BRETON, André : 14.
BUFFON, Louis Leclerc de : 89.

CHATEAUBRIAND, François René de : 51.
CHÉNIER, André : 215.
CORBIÈRE, Tristan : 211, 216, 217.
CORNEILLE, Pierre : 132.

DESBORDES-VALMORE, Marceline : 39, 110.
DU BELLAY, Joachim : 95, 204.
DUCASSE, Isidore [Lautréamont] : 49, 50.

FLAUBERT, Gustave : 75, 82, 86.

GAUTIER, Théophile : 17, 19, 20, 25, 31, 119, 130, 208.
GIDE, André : 29.
GLATIGNY, Albert : 38, 62, 128, 163.
GONCOURT, Edmond et Jules de : 29.

HORACE : 23.
HUGO, Victor : 40, 41, 47, 59, 60, 65, 66, 88, 94, 109, 110, 112, 113, 120, 121, 123, 125, 138, 139, 167, 183, 202.

JARRY, Alfred : 139.

LA FONTAINE, Jean de : 87, 161, 166, 203, 204.
LECONTE DE LISLE, Charles Marie : 69, 99, 100, 203, 204.
LONGFELLOW, Wadsworth : 69.

MALLARMÉ, Stéphane : 17, 118, 138, 140, 198, 222.
MARGUERITE DE NAVARRE : 165.
MAUPASSANT, Guy de : 72.
MENDÈS, Catulle : 38.
MÉRAT, Albert : 55, 56.
MICHELET, Jules : 16.
MIRABEAU, Gabriel Riqueti de : 139.
MOLIÈRE : 67, 144, 166.
MUSSET, Alfred de : 16, 24, 32, 94, 145, 207.

NERVAL, Gérard de : 19, 89.

O'NEDDY, Philothée : 48, 143, 144.
OVIDE : 202.

RABELAIS, François : 22, 23, 25, 26, 28, 29, 31, 32, 195.
RACAN, Honoré de : 160.
RACINE, Jean : 62, 118, 131, 166.
RICHEPIN, Jean : 168, 175.
RONSARD, Pierre de : 15, 16, 23.
ROUSSEAU, Jean-Jacques : 146, 163, 183.

SADE, marquis de : 207.
SAINTE-BEUVE, Augustin : 215.
SAND, George : 95.
SPINOZA, Baruch : 179.

LE TASSE : 160.

---

* À l'exception de Verlaine, dont le nom revient presque à chaque page.

Vallès, Jules : 43, 86.
Vigny, Alfred de : 164, 170, 203.
Villiers de L'Isle-Adam, Auguste de :
   53, 90.

Virgile : 110.
Voltaire : 27, 28, 106, 131, 163.

Zola, Émile : 72, 86, 87, 96.

INDEX DES ŒUVRES DE RIMBAUD

POÉSIES

Accroupissements : 85, 96, 124.
Age d'or : 174, 179, 183-192, 206, 223.
A la Musique : 85, 218, 219.
«Les anciens animaux» : 137.
«A quatre heures du matin» : 135-157, 197, 199, 203.
Les Assis : 51, 52, 118.
Au Cabaret-Vert : 195.
Bannières de mai : 13, 63, 64, 134, 146, 159-182, 188, 191, 205, 221.
Le Bateau ivre : 13, 21, 34, 35, 50-60, 117-130, 148, 156, 205.
Bonheur : 182.
Bonne pensée du matin : 13, 48, 135-157, 197, 209.
Ce qu'on dit au Poète à propos de fleurs : 34, 35, 60, 65, 85, 96, 169, 209.
Chanson de la plus haute tour : 168, 172, 173, 174, 183.
Chant de guerre Parisien : 85, 154.
Le châtiment de Tartufe : 40, 67, 144.
Les Chercheuses de poux : 84, 187.
Le Cœur du pitre : 17, 19, 221.
Le Cœur supplicié : 15, 17, 18, 19, 20, 221.
Le Cœur volé : 17, 20, 21.
Comédie de la soif : 50, 166, 167, 168, 171, 172, 177, 197.
Credo in unam : 13, 60.
Le Dormeur du val : 121, 122.
Les Effarés : 195.
«L'Enfant qui ramassa les balles» : 52.

«Entends comme brame» : 33, 35.
«Est-elle almée?» : 217.
L'Eternité : 64, 169, 170, 172, 175, 182.
Faim : 114, 193, 197, 199.
Famille maudite : 53.
Fête galante : 213.
Fêtes de la faim : 114, 177, 193, 196-201, 205.
Fêtes de la patience : 172, 174, 175.
Le Forgeron : 85.
L'homme juste : 35, 65, 85.
Honte : 227.
Larme : 131-134, 156.
«Loin des oiseaux» : 154, 156, 203.
«Le loup criait» : 114, 203, 209, 210.
Ma Bohême : 20, 33, 194.
Les Mains de Jeanne-Marie : 25, 43.
La Maline : 195.
Mémoire : 53, 54, 64, 128, 156, 169.
Mes Petites amoureuses : 14, 18, 26, 30, 31, 32, 41, 111.
Michel et Christine : 146, 200, 201.
Ophélie : 60, 111, 164, 211.
L'Orgie parisienne : 46, 47,
«O saisons, o châteaux» : 222, 224, 227, 229, 230.
Patience : 63.
Les Pauvres à l'Eglise : 85.
«Plates-bandes d'amarantes» : 131, 134, 185, 210, 211, 213, 217, 218.
Les Poètes de sept ans : 34, 52, 77, 91, 146.

Première soirée : 111.
Les Premières Communions : 71-116.
Les Remembrances du vieillard idiot : 53, 54.
Les reparties de Nina : 55, 162, 214.
Ressouvenir : 55.
Roman : 111, 122.
Sensation : 60, 205.
Les Sœurs de charité : 18, 22, 50.

«Les soirs d'été» : 55.
Soleil et Chair : 13, 57, 59, 60, 61, 13, 146-147, 178, 205.
Le Songe de l'écolier («Ver erat») : 126.
Sonnet du trou du cul : 140, 147, 209.
Venus Anadyomène : 14, 62.
Voyelles : 24, 25, 34, 35, 46, 47, 49, 51, 69.

PROSES

Adieu : 48, 147, 149, 156, 180, 182, 194.
Alchimie du verbe : 53, 114, 146, 149, 150, 154, 161, 169, 170, 174, 181, 182, 188, 191, 197, 198, 199, 203, 211, 223, 224, 225, 226, 228, 229, 230.
Antique : 69.
Après le Déluge : 126, 129, 147, 202.
Aube : 13, 126, 148.
Barbare : 178, 208, 221.
Being Beauteous : 69, 126, 151.
Bottom : 125.
Délires I : 226.
Délires II : 186.
Démocratie : 180.
Départ : 180.
Les Déserts de l'amour : 146, 160, 226.

Dévotion : 33, 75, 190.
L'Eclair : 178.
Enfance : 101, 114.
Enfance I : 90.
Enfance II : 146.
Enfance IV : 51.
Fairy : 137, 162.
Génie : 146.
Illuminations – feuillet 12 : 38-39.
L'Impossible : 179.
Jeunesse : 101, 114.
Jeunesse IV : 68.
Matin : 146.
Matinée d'ivresse : 126, 142, 148, 157, 186.
Mauvais sang : 126, 194.
Métropolitain : 146.

TABLE DES MATIÈRES

ABRÉVIATIONS 9

AVERTISSEMENT 11

AVANT-PROPOS 13

DE QUELQUES VOCABLES 15

DE QUELQUES SYNTAGMES 37

PRÉSENCE DE BANVILLE 57

LES PREMIÈRES COMMUNIONS. I 71

LES PREMIÈRES COMMUNIONS. II 81

LES PREMIÈRES COMMUNIONS. III 103

LE BATEAU IVRE ET LA POÉTIQUE 117

LES RIMES DE *LARME* 131

DE *BONNE PENSÉE DU MATIN* À «A QUATRE HEURES DU MATIN» 135

BANNIÈRES DE MAI, PRÉLUDE, PROLOGUE, PROGRAMME 159

AGE D'OR ET VERLAINE 183

DE LA FAIM AU BOUILLON 193

« LA FOLLE PAR AFFECTION »
(Rimbaud, Verlaine, Corbière) 211

LE TRÉPAS ET LE COQ 221

ENVOI 231

BIBLIOGRAPHIE 233

INDEX DES ÉCRIVAINS CITÉS 235

INDEX DES ŒUVRES DE RIMBAUD 237

Achevé d'imprimer par Corlet Numérique - 14110 Condé-sur-Noireau
N° d'Imprimeur : 65028 - Dépôt légal : novembre 2009 - *Imprimé en France*